Käthe Kollwitz: Die Mütter, Holzschnitt

Masken des Krieges · Ein Lesebuch

Die Neuauflage dieses Buches erscheint anläßlich des 20jährigen Bestehens des Signal-Verlages in Baden-Baden.

Wir danken allen Mitarbeitern, Autoren und Verlagen, die zum Gelingen des Lesebuches beigetragen haben.

Masken des Krieges

Ein Lesebuch

2., völlig neu bearbeitete und erweiterte Auflage

Herausgegeben von

Hans Frevert und Marieluise Christadler

SIGNAL-VERLAG · BADEN-BADEN

Bildvorlage für Schutzumschlag: Waltraut Bücking, München

Das Material für das Kapitel „Der Spanische Bürgerkrieg“ wurde von Jörg Becker und das Material für die Kapitel „Imperialistische Kriege III/IV“ und „Abschreckung oder Entspannung?“ von Gertrud Kühnlein zusammengestellt. Die „Didaktischen Hinweise“ wurden von Carla Kramer erarbeitet.

CIP-Kurztitelaufnahme der Deutschen Bibliothek

Masken des Krieges: e. Lesebuch
hrsg. von Hans Frevert und Marieluise Christadler
unter Mitarbeit von Gertrud Kühnlein, Carla Kramer und Jörg Becker
2., völlig neu bearb. und erw. Aufl. — Baden-Baden:
Signal-Verlag, 1979.
ISBN 3-7971-0194-5
NE: Frevert, Hans (Hrsg.)

Printed in Germany

Druck: Mittelbadischer Zeitungsverlag GmbH, Bühl

Buchbinderarbeiten: J. Spinner, Ottersweier

ISBN 3 7971 0194 5

INHALTSVERZEICHNIS

Wann ist denn endlich Frieden
In dieser irren Zeit
Das große Waffenschmieden
Bringt nichts als großes Leid
Es blutet die Erde
Es weinen die Völker
Es hungern die Kinder
Es droht großer Tod
Es sind nicht die Ketten
Es sind nicht die Bomben
Es ist ja der Mensch
der den Menschen bedroht

Die Welt ist so zerrissen
Und ist im Grund so klein
Wir werden sterben müssen
Dann wird wohl Friede sein
Es blutet die Erde
Es weinen die Völker
Es hungern die Kinder
Es droht großer Tod
Es sind nicht die Ketten
Es sind nicht die Bomben
Es ist ja der Mensch
der den Menschen bedroht

Wolf Biermann

Einführung

DAS MENSCHENLEBEN UND DER KRIEG DER MENSCHEN

Die Menschheitsgeschichte ist eine Geschichte von Kriegen, anders kennen wir sie nicht. Sie war ja eine Geschichte des Kampfes mit dem Mangel, darum lockten die Reichtümer anderer zum Raube. Der Mangel — heute in der Dritten Welt schrecklicher denn je — kann heute überwunden werden. Die gleichen Fortschritte von Wisschaft und Technik, die die Abschaffung des Krieges heute notwendig machen, wenn die Menschheit weiterleben soll, machen diese Abschaffung auch möglich: der Krieg ist nicht mehr nötig, um den eigenen Mangel durch Beraubung von anderen zu stillen, er hindert vielmehr die Überwindung des Mangels. Militärische Rüstung, kalter Krieg und heißer Krieg sind die großen Produktionsverschwendungen unserer Zeit; ohne sie brauchte heute kein Mensch zu hungern, durch sie hungert heute Zweidrittel der Menschheit. Wer über diesen Irrsinn jammert, soll den Ursachen nachgehen: dem Bündnis von blinden Haß-, Rache- und Rechtsgefühlen auf der einen und kalten materiellen Interessen auf der anderen Seite. Dieses Bündnis hindert heute die Rettung vor Hunger und Krieg. Wer erkennt, daß die Abschaffung des Krieges heute auf der Tagesordnung der Menschheitsgeschichte steht, muß diesem Bündnis zu Leibe rücken, und d. h. er muß nach den Interessen fragen, die dafür sorgen, daß die Gefühle immer wieder hochgepeitscht werden und daß die Ursachen der Konflikte nicht beseitigt werden. Kampf gegen den Krieg ist also mit nüchterner, unbestechlicher, radikaler und mutiger Gesellschaftskritik identisch.

In der Vergangenheit konnte man sich so weitgehende Ziele wie die Abschaffung des Krieges noch nicht setzen. Neben den Gründen zum Kriege, die im Innern des Menschen vorhanden sind — Machtgier und verdrängte Aggressionstriebe —, gab es genug äußere Gründe, die den Krieg zu einer unvermeidlichen, ja unentbehrlichen Einrichtung im Völkerleben machten: solange die Menschheit in Völker und Staaten eingeteilt ist und diese des Mangels und des Neides wegen um Siedlungsraum, Reichtümer, Sklaven kämpften und sich gegenseitig bedrohten, und solange man diese Begehrlichkeiten mit Waffen durchsetzen oder vereiteln konnte, solange konnte kein Volk auf die Bereitschaft zum Kriege verzichten. Dagegen kam aller Jammer über das Elend des Krieges nicht auf. Daß einzelne sich weigerten, das Töten mitzumachen, war wichtig als Erinnerung an den Widerspruch zwischen Menschlichkeit und Krieg, als Erinnerung an die Berufung des Menschen, sich über die Natur zu erheben, — aber das konnte die Völker und Staaten von dem Griff nach den Waffen — entweder zum Angriff oder mindestens zur Verteidigung — nicht abhalten.

Das mußte auch die christliche Kirche erfahren. Zunächst gehörten die kleinen christlichen Gemeinden zu jenen wenigen, die aus dem allgemeinen Kriegsbetrieb austraten und sich der Liebe und dem Frieden verpflichteten. Als sie an Zahl immer mehr zunahmen, als auch Beamte und Offiziere sich der Gemeinde anschlossen, als schließlich eintrat, was man noch einige Jahrzehnte vorher für unmöglich gehalten hatte: daß nämlich der Kaiser und die Fürsten der Völker Christen wurden, da kam man an den Kreuzweg einer Entscheidung: Sollten die Christen weiterhin ihre Aufgabe darin sehen, eine strenge Alternative zum kriegerischen Verhalten vorzuleben, dann aber unter Verzicht auf Teilnahme an den Regierungsgeschäften, mit denen unvermeidlich die Teilnahme an Rüstung und Krieg, selbst beim friedwilligsten Fürsten, verbunden war, — oder sollten Christen auch Regierungsämter übernehmen können, also auch die Verwaltung der Gewaltmittel, die eine Hauptaufgabe jeder Regierung ist?

Die Entscheidung fiel für die zweite Möglichkeit. Sie fiel verdächtig rasch, unter unerfreulichen Begleiterscheinungen. Historisch muß man sagen: die Kirche hat sich von der Versuchung zur Macht verführen lassen. Aber sachlich muß man sagen: auch wenn sie der Versuchung strikt widerstanden hätte, hätte sie sich für die Teilnahme der Christen an der Verwaltung der Macht entscheiden müssen. Der Dienst der Liebe, zu dem das Evangelium die Jünger Jesu ruft, kann sich nicht auf die private Sphäre beschränken; die Macht den Machtgierigen zu überlassen, um sich die Hände nicht mit Politik schmutzig zu machen, und damit die Menschen den Machtgierigen ausliefern — das kann nicht der Weg der Liebe sein, Liebe muß politisch werden. Sie muß sich dafür interessieren, in wessen Händen die Gewaltmittel sind und wie sie verwendet werden.

In ihrer ganzen Geschichte haben die Menschen versucht, den Mißbrauch der Gewaltmittel zu verhindern, indem sie das Recht, sie anzuwenden, monopolisiert haben. Das ist der wichtigste Vorgang in der Entstehung der Staaten: die Staatsführung bekommt das Monopol der Gewaltanwendung. Nun kann zwischen legaler Gewalt — das ist die von den Staatsorganen ausgehende — und illegaler Gewalt unterschieden werden. Diese Legalisierung der Gewalt hat fundamentale Bedeutung für das menschliche Zusammenleben. Ohne Recht, d. h. ohne Legalisierung der Gewalt, gibt es keinen Frieden, weder innerhalb eines Staates noch zwischen den Staaten. Nun gibt es aber

bis zum heutigen Tage zwischen den Staaten noch keine Legalisierung der Gewalt, höchstens erste, schwache Ansätze dazu (Völkerbund, UNO); zwischen den Staaten herrscht im wesentlichen immer noch das Faustrecht.
Wofür sollten sich nun die Christen entscheiden? Beteiligten sie sich an der Verwaltung der Gewaltmittel innerhalb des Staates, dann taten sie sicher etwas Gutes; denn damit war Aussicht, daß gewissenhafte, innerlich von Machtgier freie Menschen in die Staatsverwaltung, an die Gerichte und in die Regierungen kamen. Das war unleugbar eine Konsequenz der Liebe, dafür durften sie sich nicht zu gut sein.
Aber unvermeidlich mußten sie dann auch teilhaben an der Verteidigung des Staates nach außen, also am Kriegswesen. Konnte man den Krieg nicht abschaffen, so konnte man ihn doch vielleicht mäßigen und zähmen. So sehen wir denn die ernsten Christen — und nur von denen soll hier die Rede sein — in den vergangenen Jahrhunderten eine ganz verschiedene Haltung einnehmen: Die einen meinten, der Dienst der Christen inmitten dieser kriegerischen Menschheit könne nur in striktem Nicht-Mitmachen bestehen (das waren besonders die sog. „historischen Friedenskirchen", die Mennoniten, Quäker und andere kleine Gruppen); sie haben sich ganz dem Verbinden der Wunden, die der Krieg schlug, gewidmet und damit die Erinnerung aufrechterhalten, daß der christliche Glaube dem Krieg radikal feind ist. Die anderen meinten, bei der Verwaltung der Gewaltmittel mitmachen zu sollen mit dem Ziel, ihren Mißbrauch zu verhüten und die Bestie des Krieges, da man sie nicht beseitigen kann, wenigstens zu bändigen. Später erwuchsen ihnen in Humanisten und Sozialisten aller Art dafür wichtige Bundesgenossen. Beide Entscheidungen müssen, wenn sie aus der Verantwortung der Liebe getroffen wurden, respektiert werden; sie waren gegensätzliche Versuche, den Menschen gegen den Krieg zu helfen.
Die Bändigung des Krieges versuchte man auf zweierlei Weise: 1. durch die Unterscheidung von gerechten und ungerechten Kriegen, und 2. durch Regeln für die Kriegsführung. Beides hat eine Tradition, die in die vorchristliche Zeit zurückreicht.
Es ist zu verstehen, daß dieses Ziel, den Krieg der menschlichen Zivilisation zu unterwerfen, des Schweißes der Edlen wert war. Einiges ist auf diesem Wege erreicht worden, vieles blieb nur auf dem Papier stehen.
Jene beiden Versuche — die Unterscheidung des gerechten Krieges vom ungerechten und die Regelung der Kriegsführung — entsprechen einem sittlichen Bedürfnis, das in uns allen lebendig ist. Wir merken es an unserer Reaktion auf politische Nachrichten von militärischen Aktionen, bei denen wir gar nicht anders können, als die beiden Fragen nach dem Recht und nach der Menschlichkeit zu stellen, — und an unsere Empörung und unserem Entsetzen, wo beides in deutlicher Weise verletzt wird. Aber wir müssen uns klar sein: heute ist die Hoffnung auf eine Zivilisierung des Krieges irreal geworden. Der Krieg ist nur noch der Feind der Völker, nicht mehr ein in Frage kommendes Mittel, ihr Leben zu erhalten. Er kann nicht mehr und durch nichts mehr gerechtfertigt werden. Wir können ihn nur noch verneinen und uns nur noch entscheiden, uns nicht an ihm zu beteiligen.

*

Zugleich aber starrt die Menschheit in Waffen. Zugleich werden jährlich Hunderte von Milliarden Mark für Rüstung verschwendet, statt für die Bekämpfung der schon beginnenden Welthungerkatastrophe verwendet zu werden, die mehr Menschenleben kosten wird als alle bisherigen Kriege der Geschichte zusammen. Zugleich stehen Millio-

nen Menschen unter Waffen. Alle Vernunftgründe haben das bisher nicht verhindert. Was sollen wir einzelnen, wir Ohnmächtigen, dagegen tun?
Es gibt kein Rezept, das uns aus dieser tiefen Verlegenheit mit einem Schlage heraushelfen könnte. Es gibt auch kein Rezept, das uns aus den Konfliktsituationen befreien könnte, in denen wir ständig stehen, da wir ja Angehörige dieser hochbewaffneten Staaten sind, von ihnen in Anspruch genommen werden und uns mit den Menschen des Landes, in dem wir leben, solidarisch fühlen. Es lassen sich nur ein paar Hinweise geben, die aber die Richtung deutlich machen können, in der wir uns heute bewegen sollten:
1. Der Abscheu vor jeder Gewalt, insbesondere vor der tötenden Gewalt, muß in uns noch viel mehr lebendig und von uns noch viel mehr verbreitet werden. Er gehört zum Wesen des echten Christentums und zum Wesen eines echten Humanismus. Das Leben ist etwas Herrliches; wir haben kein Recht, Menschenleben zu zerstören. Wir sollen die Freiheit und die Selbstentfaltung eines jeden Menschen wünschen. So darf Gewalt uns nur eine ultima ratio, eine äußerste Möglichkeit sein, nur da gerechtfertigt, wo sie im Dienste des Schutzes des Lebens steht, und immer nur mit Selbstüberwindung anzuwenden.
2. Wir sollen darum, soweit es nur möglich ist, der Gewaltlosigkeit den Vorzug vor der Gewalt geben. Das gilt nicht nur fürs Privatleben, für die Erziehung usw., sondern auch für die Entwicklung freier Demokratie in unserer Gesellschaft und für die Bekämpfung des Aberglaubens der Gewalt im Staatsleben. Wir müssen gegen diesen Aberglauben die Phantasie der Gewaltlosigkeit entwickeln. Die Lehren von Mahatma Gandhi und Martin Luther King sind nicht etwa ein wirklichkeitsferner Idealismus, sie sind realistischer als der Militarismus, dem die Völker immer noch verfallen sind; sie müssen unser tägliches politisches Brot werden. Methoden der gewaltlosen Demonstration, des gewaltlosen Widerstandes und des gewaltlosen Druckes müssen ausgearbeitet und eingeübt werden, und die dazu nötige Bereitschaft zu Opfer und Martyrium ist dasjenige Heldentum, das unter uns verehrt werden soll und zu dem jung und alt sich rüsten soll, anstelle der antiquierten Verehrung kriegerischer Tugenden.
3. Wir können darum unter uns gar nicht genug Menschen haben, die sich am Kriegswesen nicht mehr beteiligen, die den Wehrdienst verweigern und sich durch keine noch so klugen Scheingründe zu ihm bereitfinden, die vielmehr die Jahre, die andere beim Militär verbringen, für Friedensdienste opfern wollen. Sie sind Menschen der Zukunft, abgewandt dem Militär-Unwesen der Vergangenheit, das leider noch zähe Gegenwart ist. Sie treten in sinnvolles Tun mit ihrem Friedensdienst, wogegen jeder, der mit Militär zu tun hat, weiß, wie tief ihn die Frage nach dem Sinn seines Tuns anficht. Beim III. Weltkongreß für Laienapostolat in Rom im Jahre 1967 sagte der holländische Delegierte Thom Kerstien unter großem Beifall: „Können wir nicht langsam, aber sicher einen Zustand erreichen, wo der obligatorische Militärdienst durch einen zwangsweisen Sozialdienst für Männer wie für Frauen ersetzt wird? Wo Männer bereit sind, die Armut im eigenen Lande oder in Übersee zu bekämpfen, und wo Mädchen bereit sind, einen sozialen Dienst an alten Leuten, an Geisteskranken und allen Arten von gestrandeten Menschen am Rand des Lebens zu leisten? Ist eine törichte Utopie zu glauben, daß, würden wir nur den Anfang machen, eine Situation entstehen könnte, in der unsere Kinder auf die Frage: ‚Wo hast du gedient?‘ nicht mehr antworten: ‚In der 15. Division oder in der königlichen Marine‘, sondern ant-

worten können: ‚Ich diente in einem Krankenhaus im Kongo, in einer Schule in Cochabamba oder beim Straßenbau in Kambodscha'?"

4. Wer den Frieden will, muß heute politisch werden, in ungleich größerem Maße als früher. Das gilt gerade für diejenigen, die mit Ernst Christen sein wollen. Rückzug ins private Leben ist Versündigung gegen das christliche Liebesgebot. Politisch werden bedeutet heute: a) innerhalb des eigenen Staates für Durchsetzung der Demokratie auf allen Gebieten eintreten. Je willenloser, obrigkeitstreuer und unpolitischer ein Volk in der Hand der Mächtigen ist, desto leichter kann es in Kriege verstrickt werden. Entwicklung demokratischer Mitbestimmung auf allen Ebenen des gesellschaftlichen Lebens, Erziehung zur Zivilcourage, Sicherung der freien und unverfälschten Information über alle Weltereignisse, Freiheit der Massenmedien von staatlicher und kapitalistischer Macht, Freiheit der Rede, der Versammlungen und der Demonstrationen, — das sind unerläßliche Mittel der Kriegsbekämpfung in unserer Zeit. b) Politisch werden heißt heute kritisch werden. Je mehr Menschen sich frei machen von den Klischees, mit denen man andere Völker und andere politische Systeme anzusehen pflegt, je mehr Menschen kritisch fragen nach den Interessen, die hinter der Rüstung, hinter der Völkerverhetzung, hinter der Nicht-Beseitigung von Konfliktursachen stehen, und je mehr Menschen diesen mächtigen Interessen offen entgegentreten und ihre Entmachtung anstreben, desto schwerer wird es werden, Völker zu manipulieren und kriegswillig zu machen, und desto mehr wird es gelingen, den Rüstungswahnsinn zu bekämpfen.

5. Die Millionen Menschen, die heute in Kasernen leben als die Werkzeuge der militärischen Macht, werden äußerlich zusammengehalten durch die militärische Disziplin und innerlich durch den Eid, den man sie hat schwören lassen. Zur Schuld der christlichen Kirchen gehört, daß sie sich solange dazu hergegeben haben, diesen inneren Kitt des Militärs durch ihre Eidesermahnung noch zu befestigen und dem Eid eine religiöse Bindungskraft zu geben. Mit dem Eid geben Menschen die eigene Entscheidung ab; willenlos sind sie nun bereit, auf Befehl Bomben zu werfen, in Volksmassen zu schießen, Staatsstreiche zu ermöglichen. Der Soldateneid ist etwas qualitativ anderes als der Zeugeneid und der Beamteneid. Beim Zeugeneid verspreche ich etwas für die Gegenwart: jetzt die Wahrheit zu sagen; mit diesem Versprechen bleibt mein künftiges Handeln frei. Der Eid, den ein Beamter — oder etwa ein Regierender auf die Verfassung schwört, bindet ihn für die Zukunft, aber diese Bindung betrifft das, was jetzt schon dem Schwörenden bekannt ist und worüber er urteilen kann: den Wortlaut der Verfassung und der Gesetze und die Beschreibung seiner Amtspflichten. Beim Soldateneid aber macht der Schwörende andere Menschen zu Herren seiner Zukunft, und zwar gerade für Situationen und Handlungen, die jetzt noch nicht bekannt sind und die er jetzt noch nicht beurteilen kann. Auch wenn dem Befehlsempfänger, wie es in manchen Staaten der Fall ist, das Recht gegeben wird, einem erkennbar unrechtmäßigen und unsittlichen Befehl den Gehorsam zu verweigern, so ist das doch eine Grenze, die nur ganz extreme Einzelbefehle ausschließt. Die von der Regierung befohlenen militärischen Aktionen mitzumachen, innerhalb dieser Aktionen die Waffen in die Richtung einzusetzen, in der es befohlen wird, und solange, als es befohlen wird, und zwar ohne eigenes Urteil, ob das richtig ist oder nicht, — das ist es, wozu sich der Schwörende ins Unbekannte hinein verpflichtet, und gerade dieses Versprechen eines blinden, nicht ans eigene Urteil gebundenen Gehorsams macht den Soldateneid für die Regierenden inter-

essant. Eben dies macht ihn auch tiefproblematisch. Diesem Eid getreu wird blind marschiert, getötet und gestorben. Die Einführung der allgemeinen Wehrpflicht hat in allen Staaten eine durch die Gesetze zum Schutze der Kriegsdienstverweigerer nur wenig gemilderte Terrorsituation geschaffen: der durchschnittliche junge Mann wird zum Eid gezwungen und durch den Eid in ein Instrument verwandelt. Diese Macht des Militärs über die Gewissen muß aufgelöst werden. Die Kirchen sollen nicht für den Soldateneid, sondern gegen ihn sprechen. Nicht die Entmündigung des Menschen durch den Eid, sondern das Mündigwerden zu eigenem Urteil und zu eigener Entscheidung ist das Ziel, das jeder bei sich selbst und bei anderen anstreben soll.

6. Es kann keiner das Gewissen des anderen regieren. Solange es Staaten gibt, wird es Bedrohung eines Staates durch den anderen geben. Solange es gesellschaftliche Machtpositionen, in Kapitalbesitz oder Kommandogewalt gegründet, ohne ausreichende Kontrolle gibt, wird es Unterdrückung geben. Alle Argumente, die gegen den Gebrauch militärischer Gewalt sprechen — religiöse, moralische und rationale —, werden immer wieder zu schwach sein, alle Menschen von der Beteiligung am Militärwesen abzuhalten; viele werden sich dennoch für verpflichtet halten, dem Ruf zu den Waffen zu folgen, um ihr Land, ihre Gesellschaftsordnung usw. vor vermeintlichen oder wirklichen Bedrohungen zu schützen. In dieser Situation haben Darstellungen der nackten, alle Zwecke durchstreichenden Grauenhaftigkeit jedes Krieges und erst recht des modernen Krieges und scharfes Argumentieren gegen Rüstung und Krieg nicht den Sinn, die Soldaten schlecht zu machen, wohl aber, jedes gedankenlose Mitmachen zu bekämpfen. Es muß jeder durch das ganze Feuer der Überlegungen hindurch; jede Entscheidung muß immer wieder geprüft werden, immer bereit zur Revision gegenüber neuen Einsichten und Situationen. Der blinde Befehlsempfänger — das ist einer der gefährlichsten Menschen in einer Zeit, in der die Gewaltmittel so fürchterlich gewachsen sind.

Es gibt Situationen, in denen der Griff zu den Waffen sich auch dem aufdrängt, der Gewalt tief verabscheut. Nicht in unserem hochindustrialisierten Europa, wo die Sinnwidrigkeit des Krieges allmählich auch dem Gedankenlosesten klar wird. Wohl aber dort, wo das Elend der Massen, die Gewissenlosigkeit der Besitzenden und die Ausbeutung durch koloniale Abhängigkeit zum Himmel schreien. In den alten ethischen Anleitungen wurde derjenige, der dem Befehl der Obrigkeit als Soldat treu gehorcht, hoch bewertet, der Aufrührer aber streng verurteilt. Setzen wir das unbesehen fort, dann müssen wir dem, der als Glied einer regulären Armee eine Freiheitsbewegung niederschlagen hilft, eher zustimmen, als dem, der in einer Freiheitsbewegung mitkämpft. Erkennen wir aber, daß viele reguläre Armeen heute ungeheure Unterdrückungsmaschinerien sind, dann wird sich das umkehren. Auch der Entschluß zu revolutionärer Gewalt ist tief problematisch. Auch und gerade für denjenigen, der unterdrückten Menschen helfen will, kann Gewalt nur die ultima ratio, das äußerste Mittel sein, und wo er bedenkenlos der Gewalt huldigt, ist der Zweifel berechtigt, ob es ihm wirklich um bessere Gerechtigkeit geht oder doch nur um Befriedigung seiner Haß- und Machtgelüste. Aber wenn er nach ernster Prüfung meint, keinen anderen Weg mehr vor sich zu haben als den Weg der Gewalt, dann kann es sein, daß er mehr im Sinne jener alten Kriterien handelt als derjenige, der in der regulären Armee dient. Wir stehen heute vor der Frage, ob, wenn es überhaupt noch einen vertretbaren Gebrauch militärischer Gewalt gibt, dieser am ehesten bei Befreiungsbewegungen zu finden ist. Ob also ein bellum iustum (ein gerechter Krieg) heute am ehesten noch als eine revolutio iusta (eine gerechte Revolution) möglich ist. Hier wird niemandem die Entscheidung durch einen anderen abgenommen. Romantische Verherrlichung der Revolution ist nicht am Platze. Auch revolutionäre Gewalt ist grausam, abscheulich, schuldbeladen. Aber es kann Situationen geben, wo man dieser Frage nicht ausweichen kann. Auch in ihnen wird es wichtig sein, daß Menschen vorhanden sind, die sich für die Nicht-Beteiligung an der tötenden Gewalt entscheiden, die allein den Dienst helfender, die Wunden verbindender Liebe tun wollen. Sie erinnern alle daran, daß Unrechtleiden besser ist als Unrechttun, daß auch der Feind ein von Gott geliebter Mensch und unser Bruder ist, daß die Gewalt ein gefährlicher Weg ist, der schon oft ganz anderswohin geführt hat, als beabsichtigt war, daß sie darum, begrenzt, kontrolliert, solange wie möglich vermieden und sobald wie möglich beendet werden muß. Krieg ist das Menschenunwürdige. Frieden ist das Menschenwürdige. In einem Vortrag in Paris sagte im Mai 1968 Helder Camara, der Erzbischof von Recife in Brasilien:

„Erlauben Sie mir, daß ich es wage, schlicht und einfach zu sagen: ich achte diejenigen, die von ihrem Gewissen getrieben, sich gezwungen sehen, sich für die Anwendung von Gewalt zu entscheiden, — nicht die allzu leichte Gewalt der ‚Salon-Guerilleros‘, sondern die Gewaltanwendung durch diejenigen, die ihre Ernsthaftigkeit durch das Opfer ihres Lebens bewiesen haben. Es scheint mir, daß das Gedächtnis des Camillo Torres und des Che Guevara ebensoviel Respekt verdienen, wie das des Pastors Martin Luther King. Wen ich anklage, das sind die eigentlichen Träger der Gewalt, alle, die auf der Rechten oder auf der Linken, die Gerechtigkeit verletzen und den Frieden verhindern; ich selber glaube, den Weg eines Pilgers für den Frieden gehen zu müssen: ich persönlich will tausendmal lieber umgebracht werden, als selber töten.“

Helmut Gollwitzer

Heiliger Krieg

DER ERSTE KREUZZUG

Vom Bewußtsein des christlichen Evangeliums her sind Kreuzzüge jeglicher Art eine fast unausdenkbare Provokation des christlichen Gewissens. Die Reinigung des christlichen Denkens kann nur fortschreiten, wenn das Kreuzzugsdenken und die Kreuzzugsvorstellungen überwunden und aus dem christlichen Lebensbereich verbannt werden. Es ist die Aufgabe der Jugend aller Sprachen, die bedrohlichen Kreuzzüge von morgen zu verhindern.

Friedrich Heer

„Verjagt das gemeine Gezücht"

Von Jerusalem und Konstantinopel kommt schlimme Nachricht zu uns. Die Seldschuken, ein fremdländisches, gottloses Volk, ist in das Land der Christen eingedrungen und hat es mit dem Schwert, durch Plünderungen und Brandstiftungen verwüstet. Besonders das Schicksal des heiligen Grabes muß euch zu Herzen gehen. Es ist in der Gewalt jenes sündhaften Volkes ebenso wie die heiligen Stätten, die von den Unreinen geschändet und besudelt werden.

Unerschrockene Ritter, Nachkommen unbesiegter Vorfahren, gedenkt der Tapferkeit eurer Väter. Besitz hält euch nicht, denn das Land, das ihr bewohnt, ist überall von Meer und Bergen umgeben und zu eng für eure große Zahl; es hat keinen Überfluß an Reichtümern und nährt kaum jene, die es bearbeiten. Aus diesem Grunde streitet ihr euch, führt Kriege gegeneinander und bringt euch gegenseitig um. Hört auf, euch zu hassen und zu bekriegen. Geht hin zum heiligen Grabe, nehmt das Land den verruchten Heiden ab und macht es zu eurem eigenen, jenes Land, von dem die Schrift sagt, daß Milch und Honig dort fließt. Jerusalem ist der Nabel der Welt, ein Land, fruchtbarer als alle anderen, ein zweites Paradies, vom Heiland durch seine Gegenwart ausgezeichnet, durch sein Leiden geheiligt, durch seinen Tod erlöst. Nun ist die Stadt Gottes von seinen Feinden besetzt und versklavt.

Deshalb bitte und ermahne ich euch, die Armen wie die Reichen, daß ihr euch beeilt, dieses gemeine Gezücht aus den von euren Brüdern bewohnten Gebieten zu verjagen. Wenn diejenigen, die dort hinziehen, ihr Leben verlieren, auf der Fahrt, zu Lande oder zu Wasser oder in der Schlacht gegen die Heiden, so werden ihnen in jener Stunde ihre Sünden vergeben werden, das gewähre ich nach der Macht Gottes, die mir verliehen wurde.

Aufruf des Papstes zum 1. Kreuzzug, 1096

Vor der Gewalt ist der Geist der Gewalt

Es waren mal zwei Menschen. Als sie zwei Jahre alt waren, da schlugen sie sich mit den Händen.

Als sie zwölf waren, schlugen sie sich mit Stöcken und warfen mit Steinen.

Als sie zweiundzwanzig waren, schossen sie mit Gewehren nach einander ...

Wolfgang Borchert

Als die Nachricht vom Zug nach Jerusalem sich in allen Gegenden des Abendlandes verbreitet hatte, unternahmen die Väter die Reise, indem sie ihre noch kindlichen Söhne mitnahmen. Daraus ergab sich, daß wenn selbst die Eltern einiger tot waren, die Kinder dennoch den Weg fortsetzten, sich an die Anstrengungen gewöhnten und an das Elend und die Entbehrungen jeder Art und sich den erwachsenen Männern in keiner Weise unterlegen zeigten. Diese Kinder nun bildeten ein Bataillon und hatten sich Fürsten gegeben, die sie unter sich gewählt hatten. Diese junge und einzigartige Mannschaft hänselte (während der Belagerung Jerusalems) oft die Kinder aus der Stadt, jeder bewaffnet mit langen Rohrhalmen anstelle der Lanzen. Jeder hatte aus Weidenruten sich einen Schild geflochten, und jeder trug, je nach seinen Kräften, kleine Bogen und Pfeile. Diese Kinder nun, ebenso wie die aus der Stadt, rückten vor und trafen sich mitten in der Ebene, während die Eltern auf beiden Seiten zuschauten. Die Einwohner der Stadt begaben sich auf die Wälle, und die Unsrigen traten aus ihren Zelten, um dem Kampf beizuwohnen. Man sah, wie sie einander aufreizten, schreiend vorstürzten und sich oft blutige Schläge versetzten, ohne daß jedoch Todesgefahr bestand. Oft auch belebten diese Vorspiele den Mut der reifen Männer und forderten neue Kämpfe heraus. Wenn sie den ohnmächtigen Kampfeseifer sahen, der die zarten Glieder und schwachen Arme beseelte, die freudig Waffen jeder Art schwangen, so gingen gewöhnlich die älteren Zuschauer vor und verwickelten sich untereinander in einen Kampf.

Guibert von Nogent

Einmal sahen die kleinen Kinder des Sultans einen christlichen Gefangenen. Sie wollten, daß er geköpft werde. Aber der Sultan lehnte das ab und sagte: „Ich will nicht, daß sie sich so früh schon daran gewöhnen, Blut zu vergießen; in ihem Alter wissen sie nicht, was es heißt, ein Moslem oder ein Ungläubiger zu sein, und so würden sie sich daran gewöhnen, leichtfertig mit dem Leben eines anderen umzugehen."

Beha-eddin

Gott allein kennt die Zahl der Scheiterhaufen

O, daß so viel Blut geflossen, daß man so viel Frauen nichts gelassen, ihre Scham zu schützen als die Fläche ihrer Hände. Zwischen dem Stoß der Lanzen und der Schwerter ist der Schreck so furchtbar, daß das Antlitz der Kinder weiß wird vor Angst.

Abu'l-Muzaffar al-Abiwardi

Am Freitag früh unternahmen wir einen allgemeinen Sturm auf die Stadt, ohne ihr schaden zu können; wir waren bestürzt und in großer Furcht. Als dann die Stunde kam, in der unser Herr Jesus Christus für uns den Kreuzestod erlitt, erklomm einer unserer Ritter die Stadtmauer. Bald nachdem er hinaufgestiegen war, flohen alle Verteidiger

von den Mauern durch die Stadt, und die Unseren folgten ihnen und trieben sie vor sich her, sie tötend und niedersäbelnd bis zum Tempel Salomons, wo es ein solches Gemetzel gab, daß die Unsrigen bis zu den Knöcheln im Blut wateten.
Vollends in die Stadt eingedrungen verfolgten und massakrierten unsere Pilger die Sarazenen bis zu dem Tempel, wo sie während des ganzen Tages den Unseren den wütendsten Kampf lieferten, so daß der ganze Tempel von ihrem Blut überrieselt war. Nachdem die Unsrigen die Heiden endlich zu Boden geschlagen hatten, ergriffen sie im Tempel eine große Zahl Männer und Frauen und töteten oder ließen leben, wie es ihnen gut schien. Frauen, die in die befestigten Häuser und Paläste geflohen waren, durchbohrten sie mit dem Stahl, Kinder, noch saugend, rissen sie an den Füßen von der Mutterbrust oder aus ihren Wiegen und warfen sie gegen die Wand und brachen ihnen das Genick. Bald durcheilten die Kreuzfahrer die ganze Stadt und rafften Gold, Silber, Pferde und Maulesel an sich; sie plünderten die Häuser, die von Reichtümern überströmten. Dann, glücklich und vor Freude weinend, gingen die Unsrigen hin, um das Grab unseres Erlösers Christus zu verehren, und entledigten sich ihrer Dankesschuld. Am folgenden Tag erkletterten die Unsrigen das Dach des Tempels, griffen die Sarazenen, Männer und Frauen, zogen das Schwert und schlugen ihnen die Köpfe ab. Einige stürzten sich von der Höhe des Tempels herab. Man befahl auch, alle toten Sarazenen aus der Stadt zu entfernen wegen des unsäglichen Gestanks, denn die Stadt war mit ihren Leichnamen gefüllt. Die lebenden Sarazenen mußten die Toten hinausschaffen und türmten sie zu haushohen Haufen. Niemals zuvor hat man von einem ähnlichen Blutbad unter den Heiden gehört. Scheiterhaufen gab es wie Grenzsteine, und niemand außer Gott kennt ihre Zahl.

Unbekannter Chronist des 1. Kreuzzugs

Vision eines christlichen Friedens

Was hast du mit dem Kreuze zu schaffen, du gottloser Soldat?

Abgeschmackt ist das Argument, das man vorbringt, daß in den heiligen Schriften Gott als „Herr der Heerscharen", als „Gott der Rache" bezeichnet wird. Es ist doch ein gewaltiger Unterschied zwischen dem Gott der Juden und dem Christengott, wenn es auch, strenggenommen, seiner Natur nach ein und derselbe Gott ist. So groß David war — weil er ein Krieger und von Blut befleckt war, durfte er das Haus des Herrn nicht bauen, verdiente er nicht, ein Vorläufer des friedfertigen Christus zu sein.
Die ganze Heilige Schrift, ob du nun das Alte oder Neue Testament aufschlägst, läßt nichts anderes hören als Frieden und Eintracht, und das Leben der Christen ist auf nichts als Krieg eingestellt. Was ist das für eine bestialische Wildheit, die durch alle diese Gründe sich weder überwinden noch mildern läßt? Wie lange soll dieser Widerstreit zwischen Lehre und Leben noch dauern? Schmückt nur eure Gebäude, eure Kleider mit dem Kreuzeszeichen — Christus wird kein Zeichen anerkennen als das, das er selbst den Seinen vorgeschrieben hat, das der Eintracht. Hat nicht das himmlische Jerusalem, nach dem sich aller Christen Sehnsucht richtet, seinen Namen von jener Vision des Friedens, deren irdisches Abbild die Kirche in sich trägt? Was hat die Mitra mit dem Helm zu tun, was der Krummstab mit dem Schwert? Wie reimt sich das zusammen, das Volk mit dem Friedensgruß zu segnen und die Welt zu den heftigsten Kämpfen aufzurufen? Mit Worten Frieden darzubieten und mit der Tat den Krieg zu entfesseln? Schon ist es beinahe dahin gekommen, daß es für dumm und gottlos gilt, gegen den Krieg auch nur zu mucksen. Man kommt in den Geruch, dem Volk schlecht zu raten und den Fürsten einen üblen Dienst zu leisten, wenn man zum Frieden rät. Der gottlose Soldat, der für eine Handvoll Geld zur Schlachtbank, zum blutigen Gemetzel geführt wird, trägt das Kreuzeszeichen voran, und zum Symbol des Krieges wird, was Kriegsfeindschaft lehren sollte. Wie soll der Soldat das Vaterunser beten? Du unflätiger Mund erkühnst dich, ihn Vater zu nennen, während du deinen Bruder zu erwürgen trachtest? „Geheiligt werde dein Name" — während er doch nicht schlimmer entheiligt werden kann als durch diese gegenseitigen Raufereien. „Dein Reich komme" — so betest du, während du durch Blutvergießen nur dein eigenes Reich aufrichten möchtest. „Dein Wille geschehe auf Erden wie im Himmel" — aber er will Frieden und du rüstest zum Kriege.
Ein Friede kann nicht so ungerecht sein, daß er nicht auch dem „gerechtesten" Kriege vorzuziehen wäre. Stelle einmal alle Posten in Rechnung, die der Krieg fordert, und du wirst sehen, was für ein Gewinn dabei herausschaut. Schaut doch endlich einmal auf das schon viel zu lange geduldete Elend der Kriege zurück.

Die Viper beißt die Viper nicht, und der Luchs zerreißt den Luchs nicht. Wenn die Tiere kämpfen, so tun sie es mit ihren angeborenen Waffen, mit denen sie die Natur ausgestattet hat. Doch unsterblicher Gott! Mit was für Waffen bewaffnet die Wut die Menschen, die doch wehrlos geboren sind! Wahre Höllenmaschinen lassen Christen gegen Christen los! Wer würde glauben, daß die Kanonen von Menschen erfunden seien! Und die Tiere stürmen nicht in solchem Massenaufmarsch zum Verderben der anderen vor. Die führen auch nur Krieg, wenn sie der Hunger oder die Sorge für ihre Jungen zur Wut reizt. Ist aber nicht für die Christen das kleinste Unrecht genug, um einen Vorwand zum Kriege abzugeben?

Der größte Teil des Volkes verabscheut den Krieg und betet um den Frieden. Nur ganz wenige, deren gottloses Glück von dem Unglück der Gesamtheit genährt wird, wünschen den Krieg. Ob es billig ist, daß ihr verbrecherischer Wille größeres Gewicht habe als der Wille aller Guten, das entscheidet selbst! Ihr habt gesehen, wie durch die Bündnispolitik bisher nichts erreicht worden ist; ebensowenig durch Gewalt- und Revanchepolitik.

Erasmus von Rotterdam

Soziale und ideologische Kriege I

DER DEUTSCHE BAUERNKRIEG

Der Esel will Schläge haben, und der Pöbel will mit Gewalt regiert sein; das wußte Gott wohl. Deshalb gab er der Obrigkeit nicht einen Fuchsschwanz, sondern ein Schwert in die Hand.
Martin Luther

Die Forderungen der Bauern

Zum ersten: Es ist unser Wille und Meinung, daß wir, die ganze Gemeinde, einen Pfarrer anzunehmen und abzusetzen Macht haben.
Zum zweiten: Daß wir nicht mehr noch weniger Steuer zu geben gedenken, als man vor 200 Jahren getan hat.
Zum dritten: Sind wir nicht gesinnt, Botendienste für die Herrschaft oder den Adel zu tun.
Zum vierten: Sind wir nicht bereit, Vogteigeld zu geben.
Zum sechsten: Wollen wir Wasser, Weide, Wald und Jagd frei haben, einem jeglichen nach seiner Notdurft an seinem Wohnsitz zum Gebrauch.
Zum siebten: Keinem Bürger oder Bauern soll, wenn die Sache nicht um Leib oder Leben geht, mit Gefangennahme oder Gewaltanwendung Schaden zugefügt werden.
Zum achten: Daß Marktgeld und Weinzoll wegfallen, aber das Wegegeld erhoben wird.
Zum neunten: Ein jeglicher Einwohner von Stadt und Dorf soll Erlaubnis haben, Bier zu brauen nach einer festgelegten Ordnung.
Zum zehnten: Das Gericht über Hals und Hand soll der Stadt und dem Rat von Frankenhausen, wie es von altersher gewesen ist, zustehen.
Zum dreizehnten: Daß die Gemeinde von Frankenhausen den Rat zu wählen und abzusetzen Macht habe und außerdem eine Ordnung der Löhne und aller Notdurft aufzurichten befugt sei.

Aus den Forderungen der Bauern von Frankenhausen

Die Vorwürfe der Herren

Es hat der Teufel die Leute so geblendet, daß sie sich weder raten noch helfen lassen wollen. Denn obwohl sie große Klagen über die Fürsten vorbringen, so ist doch kein Grund auf der Erde hinreichend, Aufruhr zu erregen und Gewalt gegen die Obrigkeit zu gebrauchen. Denn es ist ein sehr ernstes Gebot Gottes, die Obrigkeit zu ehren und zu fürchten. Darauf hat Gott so geachtet, daß Aufruhr nie ungestraft geblieben ist.
Nun ist die Bürde, die die Untertanen an Geld oder Steuer tragen, gering gegenüber der Sorge und Mühe, die die Fürsten tragen. Die Bauern geben geringe Steuern, dafür sitzen sie sicher, können Weib und Kind ernähren, können Kinder zu Zucht und Ehre erziehen. Sie klagen aber, daß man ihnen nicht gestatten wolle, das Evangelium zu hören. Dennoch soll man deswegen keinen Aufruhr anfangen. Will ihn die Obrigkeit

deswegen töten, so soll er's erleiden und nicht zum Schwert greifen und andere Leute anstacheln, ihn mit Gewalt zu erretten. Wer das Schwert nimmt, soll durch das Schwert umkommen. Es lästert niemand das Evangelium stärker als diese Buben, die unter dem Deckmantel des heiligen Namens allen Mutwillen treiben. Das ist ihr Evangelium: den Reichen das Ihre zu nehmen, andern Weib und Kind zuschanden zu machen, die Obrigkeit zu beseitigen, damit ihnen niemand wehren kann.
Weil nun die Bauern so sehr Unrecht haben, sollt ihr sie getrost angreifen, wie man Mörder angreift, sollt den Landfrieden retten helfen, eure Weiber und Kinder gegen diese Mörder schützen. Damit tut ihr Gott einen großen Gefallen.

Aus einer Flugschrift Melanchthons: Die Historie Thomas Müntzers

„Schmiedet pinkepanke auf den Ambossen der Fürsten"

Die reine Furcht Gottes zuvor, liebe Brüder. Wie lange schlaft ihr, wie lange steht ihr Gott seinen Willen nicht zu? Seid nicht so verzagt, nachlässig, schmeichelt nicht länger den verkehrten Phantasten. Fangt an und streitet den Streit des Herrn! Wenn eurer nur drei sind, die, gelassen in Gott, allein seinen Namen und Ehre suchen, werdet ihr hunderttausend nicht fürchten. Nun dran, dran, dran, es ist Zeit, die Bösewichter sind ganz verzagt wie die Hunde. Fordert die Brüder auf, daß sie zum Burgfried kommen. Es ist über die Maßen hoch, hoch vonnöten. Laßt euch nicht erbarmen. Seht nicht an den Jammer der Gottlosen. Sie werden euch so freundlich bitten, werden greinen, flehen wie die Kinder. Dran, dran, solange das Feuer heiß ist. Laßt euer Schwert nicht kalt werden, laßt euch nicht erlahmen. Schmiedet pinkepanke auf den Ambossen der Fürsten und Herren, werft ihnen die Türme zu Boden! Es ist nicht möglich, daß ihr der menschlichen Furcht sollt los werden, während sie leben. Man kann euch von Gott nicht reden, solange sie über euch regieren. Gott geht euch voran, folgt, folgt!

Thomas Müntzer bittet die Mansfelder Bergleute um Hilfe

Wie die Fürsten „mit Hilfe Gottes den Sieg erlangt"

Wir geben Euer Lieb zu wissen, was uns in diesen Landen hier zu Thüringen begegnet: daß wir mit Herzog Georg gestrigen Tages vor Frankenhausen gezogen, wo eine merkliche Versammlung der Bauern gelegen. Da sie nun das Fähnlein zu Roß und zu Fuß sahen, schrieben sie uns, daß sie Christus bekennten, wie wir ihn auch bekennten, und wenn wir uns ihrem Vorschlag entsprechend verhielten, wollten sie uns auch nichts tun. Darauf wurde ihnen geantwortet, wenn sie den Müntzer samt seinem Anhang in unsere Hände ausliefern wollten, so würden wir die anderen auf Gnad und Ungnad annehmen. Aber die Antwort verzog sich. Also brachten wir unser Geschütz nahe bei ihnen auf einen Berg, ließen unser Fußvolk und die Reiter eilends nachfolgen, das Geschütz auf sie richten und abschießen. Als aber die Bauern das sahen, sind sie alle flüchtig geworden, wir darauf mit den Unseren nachgeeilt, und wer angetroffen wurde, ist erstochen worden. Wir haben auch alsbald die Stadt im Sturm angegriffen, sie erobert und alles, was darin sich an Mannspersonen fand, erstochen, die Stadt geplündert und also an diesem Tage mit der Hilfe Gottes den Sieg erlangt. Und es sind der widerspenstigen Leute an die 6000 tot liegen geblieben und an die 600 gefangen, ohne die, die seither gefunden und gefangen worden sind.

Landgraf Philipp von Hessen an den Erzbischof von Trier nach der Schlacht von Frankenhausen

Soziale und ideologische Kriege II

DER DREISSIGJÄHRIGE KRIEG

Kein sel'ger Tod ist in der Welt
Als wie vor'm Feind erschlagen,
Auf grüner Au, im freien Feld,
Darf nicht hören groß Wehklagen.

Zeitgenössisches Lied

„Ich kann's nicht länger ausstehen"

Ach, meine tausend herzallerliebste Agatha. Ehelichen Gruß und Treue bevor. Von Deiner Gesundheit einmal zu hören, wäre mir eine überaus große Freude wie auch ein tröstliches Schreiben zu empfangen. Mich belangend bin ich halb gesund, voller Läuse, nackend, die armseligste Kreatur und verlassen. Wir sind nicht geachtet, ob einer krank, gesund, stehend oder liegend sei, gilt alles gleich. Kein Mensch redet fürs Kölnische Regiment, wir sind nur noch 150 Mann. Ach mein, was schreibe ich Dir. Wir haben heftig eingebüßt und haben keine Ehre davon. Der Feind hat uns verfolgt und umgeben, gejagt bis nach Münster in Westfalen, liegen in Leibes- und Lebensgefahr, sind täglich am Feind. Wir liegen vor der Stadt unter freiem Himmel. Seit drei Monaten bin ich nicht aus den Kleidern gekommen. Hätte ich nur Stroh unter mir. Meine Sachen, mein Knecht und Pferd, wohl 400 Reichstaler Schaden, alles fort. In summa: kein Glück ist auf dieser Seiten; bleibt nichts als daß ich mein junges Leben verliere, wie es anderen täglich geschieht. Wir liegen auf der Straße wie das tote Vieh und leiden großen Mangel. In vier Tagen bekomme ich ein Pfund Brot und nicht mehr. O es ist nicht auszusprechen, wie wir leiden. Ich habe noch kein einziges Quartier, Bürger oder Bauern gehabt, habe allezeit im Felde gelegen.
Ich bitte dich abermalen fußfällig und um Christi Jesu willen, helf mir mein Abschied zu bekommen, es kostet mir sonsten mein Leben, wenn wir zu den Kaiserlichen gestoßen werden und nur für Schanzen und Grabenfüllen gehalten, wie jederzeit geschieht, daß das kölnische Volk in die Spitze gesteckt wird. In summa, ich kann's nicht länger ausstehen. Ach, wie warte ich mit Verlangen wiederum aufs Antwortschreiben. Habe ich Dich erzürnt, verzeihe es mir. Hiermit, mein getreuer Schatz, viel tausend guter Nacht. Dein Ehemann bis in den Tod. Christian Schneiden.

Brief eines Fähnrichs an seine Frau, 1634

Gefangen, geschlagen, gefoltert

Als Anno 1640 die kaiserlichen und schwedischen Armeen zu Saalfeld ein Feldlager aufschlugen, wurde Franken und Thüringen nah und fern verderbet. Am Sonntag Exaudi fielen früh vier Uhr die Kaiserlichen ein, als die meisten Bürger noch in den Betten ruhten. Da wurde ich und mein Weib wohl fünfmal in der Stunde gefangen;

wenn ich von einem loskam, nahm mich ein anderer. Ich ward mit Stricken gebunden, daß ich mich weder im Gehen noch Greifen behelfen konnte, sollte entweder Geld geben oder reiche Leute verraten. Weil ich nun niemand verraten wollte, hieb mir einer mit dem Hirschfänger auf den Kopf, daß das Blut zu den Ohren hereinlief. Noch mehr: eben dieser setzte mir aus Mutwillen den Hirschfänger auf den Bauch, wollte probieren, ob ich fest wäre, und drückte ziemlich hart darauf. Zweimal in einer Stunde haben sie mir den schwedischen Trunk mit Mistjauche gegeben, wodurch meine Zähne fast alle wackelnd geworden. Denn ich wehrte mich, als man mir einen großen Stecken in den Mund steckte, so gut ich Gefangener konnte. Endlich führten sie mich mit Stricken fort und sagten, sie wollten mich aufhängen, brachten mich zum Mühltor hinaus auf die Brücke. Da nahm einer von ihnen den Strick, womit beide Füße zusammengezogen waren und stieß mich ins Wasser. Sobald ich mich wehrte, schlugen sie auf mich ein. Als sie sich nun nicht allein müde gearbeitet hatten, sondern auch dachten, ich würde im Wasser ersaufen, ließen sie die Stricke fahren. Da wischte ich unter die Brücke wie ein Frosch und konnte mir keiner beikommen. Es ging mir das Wasser bis über den halben Leib. Da warfen die Schelme Stöcke, Ziegelsteine und Prügel hinter mir her, um mir den Rest vollends zu geben.

Aus der Autobiographie des Pfarrers Bötzinger

Hungersnot und Seuchen

In diesem 1635. Jahr hat Gott seine drei Hauptstrafen: Krieg, Teuerung und Pestilenz nicht allein über Württemberg, sondern über ganz Deutschland geschickt, an welcher Seuche im ganzen Reich etliche hunderttausend Menschen meistenteils pfleglos gestorben. Viele, sonst vermögende Leute, die sich des Bettelns schämten, starben Hungers. Die Teuerung wurde endlich so groß, daß die Leut im Land Eicheln mahlen lassen und Brot davon gegessen, so bitter es auch gewesen. Teils haben sie auch den Mühlstaub und Kleienbrot gegessen, desgleichen Nesseln und Schnecken ohne Salz und Schmalz. Ja wenn einem Soldaten das Pferd krepiert, haben sich die Leute um das Aas geschlagen, auch Hund und Katzen gefressen und sind zuletzt doch verschmachtet. Allhier in Stuttgart hielt das Sterben so stark an, daß man auf einen Tag fünfzig und sechzig Personen (sonst zwei bis drei) begraben und neue Kirchhöfe eröffnet und Hunderte in eine große Grube gelegt hat.

Neben der Pest nahm auch die weiße und rote Ruhr viele Menschen hinweg. Im Jahre 1636 war die Hungersnot fast noch größer, so daß die Toten aus den Gräbern gestohlen und verzehrt wurden. Zu Neustadt auf der Hardt mußte der Kirchhof deshalb wie in Worms bewacht werden. Auch Lebende wurden hin und her erschlagen und verzehret. So schlachtete eine Frau ihr eigen Kind, salzte es ein, fraß es und starb darüber im Gefängnis.

Im Jahre 1637 stieg das Elend aufs höchste, nachdem kaum zweihundert Bauern in der unteren Pfalz mehr übrig waren, da die übrigen teils an Hunger und Pest bereits gestorben, teils von den Kaiserlichen erwürgt oder als Soldaten hinweggeschleppt worden waren. Der Hunger aber zwang Leute zu den unnatürlichsten Nahrungsmitteln wie Gras, dürren und grünen Baumblättern, Fellen von Tieren, Mäusen und Fröschen.

Narziß Schwelin: Württembergische kleine Chronica und Gottfried Andräas Lebensschreibung

Und die Schuldigen sitzen in stolzer Ruhe

Wie jämmerlich stehen nun die großen Städte! Wo zuvor tausend Gassen waren, sind nun nicht mehr hundert. Wie elend stehen die kleinen Städte, die offenen Flecken! Da liegen sie verbrannt, zerfallen, zerstört, daß weder Dach, Gesparr, Türen oder Fenster zu sehen sind. Man wandert zehn Meilen und sieht nicht einen Menschen, nicht ein Vieh, nicht einen Sperling. In allen Dörfern sind die Häuser voller Leichname und Äser, Mann, Weib, Kinder und Gesinde, Pferde, Schweine, Kühe und Ochsen, neben- und untereinander, vom Hunger und von der Pest erwürgt und voll Würmer, und sie sind von Wölfen, Hunden und Krähen gefressen, weil niemand gewesen, der sie begraben. Deutschland liegt in Schmach, Jammer, Armut und Herzeleid; die vieltausend mal tausend armen jungen Seelen, die in diesem Krieg unschuldig hingeschlachtet worden sind, schreien Tag und Nacht unaufhörlich zu Gott um Rache, und die Schuldigen, die dies verursacht, sitzen in stolzer Ruhe, Freiheit, Frieden und Sicherheit und führen Gastereien und Wohlleben.

Joachim Betkius

Die Friedensbewegung der Aufklärer

Wider die heroische Schlächterei

Man kann sich nichts Schöneres, Tüchtigeres, Glänzenderes und Wohlgeordneteres vorstellen als die beiden Armeen! Die Trompeten, Hörner, Trommeln, Querpfeifen und Kanonen vollführten ein wahres Höllenkonzert. Zunächst mähten die Geschütze auf jeder Seite etwa 6000 Mann nieder; dann befreite das Musketenfeuer die beste aller Welten von 9000 bis 10 000 Schurken, die sie bisher verpestet hatten, und endlich waren die Bajonette der zureichende Grund des Todes von einigen tausend Mann. Der Gesamtverlust mochte sich auf etwa 30 000 Seelen belaufen. Candide zitterte wie ein Philosoph und versteckte sich während dieser heroischen Schlächterei so gut er konnte. Zu guter Letzt, als jeder der beiden Könige ein Tedeum in seinem Lager anstimmen ließ, faßte er den Entschluß, sich auf und davon zu machen. Er stieg über Berge von Toten und Sterbenden und erreichte zunächst ein Dorf, das in Schutt und Asche lag. Es war ein Avarendorf, das die Bulgaren nach den Bestimmungen des Völkerrechts niedergebrannt hatten. Hier mußten aus tausend Wunden blutende Greise mit ansehen, wie ihre erwürgten Frauen noch im Sterben ihre Kinder an die blutenden Brüste preßten. Dort hauchten Mädchen mit aufgeschlitzten Bäuchen ihre letzten Seufzer aus, nachdem einige Helden ihre natürlichen Bedürfnisse an ihnen befriedigt hatten. Andere, die halb verbrannt waren, flehten schreiend um den Gnadenstoß, und ringsum bedeckten Gehirne und abgehauene Arme und Beine den Boden.

Voltaire

„Die verdammten Barbaren“

Fast alle Wochen hörten wir neue, ängstigende Geschichten von eingebrachten Deserteurs, die, wenn sie auch noch so viele List gebraucht, sich in Weibsbilder verkleidet, in Tonnen und Fässer versteckt, dennoch ertappt wurden. Da mußten wir zusehen, wie man sie durch 200 Mann achtmal die lange Gasse auf und ab Spießruten laufen ließ, bis sie atemlos hinsanken — wie sie des folgenden Tags aufs neue dran mußten, die Kleider vom zerhackten Rücken heruntergerissen, und wie wieder frisch drauflos gehauen wurde, bis Fetzen geronnenen Blutes ihnen über die Hosen hinabhingen. Dann sahen Sch. und ich uns zitternd und todblaß an und flüsterten einander in die Ohren: „Die verdammten Barbaren!“

Was hiernächst auf dem Exerzierplatz vorging, gab uns zu ähnlichen Betrachtungen Anlaß. Auch da war des Fluchens und Karbatschens von prügelsüchtigen Jünkerleins und hinwieder des Lamentierens der Geprügelten kein Ende. Wir selber tummelten uns zwar wacker. Aber es tat uns nicht minder in der Seele weh, andere um jeder Kleinigkeit willen so umbarmherzig behandelt und uns selber jahrein jahraus so kujoniert zu sehen: oft ganze fünf Stunden lang, in unsere Montur eingeschnürt, wie geschraubt stehen, in die Kreuz und Quer pfahlgrad marschieren, und ununterbrochen blitzschnelle Handgriffe machen zu müssen, und das alles auf Geheiß eines Offiziers, der mit wütendem Gesicht und erhobenem Stock vor uns stand und alle Augenblicke dreinzuschlagen drohte.

Kamen wir dann todmüde ins Quartier, so ging's über Hals und Kopf, unsere Wäsche zurechtzumachen und jedes Fleckchen auszumustern, denn bis auf den blauen Rock war unsere ganze Uniform weiß. Gewehr, Patronentasche, Koppel, jeder Knopf an der Montur, alles mußte spiegelblank geputzt sein. Zeigte sich an einem dieser Stücke die geringste Untat, oder stand ein Haar in der Frisur nicht recht, so war, wenn man auf den Platz kam, die erste Begrüßung eine derbe Tracht. Selbst den Sonntag hatten wir nicht frei; dann mußten wir auf das properste Kirchenparade machen. Kurz und gut, wir hatten zu nichts Zeit als zum Hungerleiden. Zu verkaufen hatt' ich nichts, und mein Sold ging meist für Wäsche, Puder, Schuhwachs, Kreide, Schmirgel, Öl und anderes Plunderzeug auf. Jetzt fing ich erst recht an, Trübsal zu blasen, und keinem Menschen konnt' ich so recht von Herzensgrund meine Not klagen. Des Tags ging ich umher wie der Schatten an der Wand. Des Nachts legt' ich mich ins Fenster, guckte weinend in den Mond hinauf und erzählte dem mein bittres Elend.

Ulrich Bräker

Für einen allgemeinen Völkerstaat

Da die fortrückende Kultur der Staaten mit dem zugleich wachsenden Hange, sich auf Kosten der anderen durch List oder Gewalt zu vergrößern, die Kriege vervielfältigen und durch immer vermehrte, auf stehendem Fuß und in Disziplin erhaltene, mit stets zahlreicheren Kriegsinstrumenten versehene Heere immer größere Kosten verursachen muß, indes die Preise aller Bedürfnisse (bei bleibender Löhnung) fortdauernd wachsen; kein Friede auch so lange dauert, daß das Ersparnis während demselben dem Kostenaufwand für den nächsten Krieg gleichkäme — so muß, was guter Wille hätte tun sollen, aber nicht tat, endlich die Ohnmacht bewirken: daß ein jeder Staat in seinem Inneren so organisiert werde, daß nicht das Staatsoberhaupt (dem der Krieg eigentlich nichts kostet), sondern das Volk, dem er viel kostet, die entscheidende Stimme habe, ob Krieg sein solle oder nicht. Denn dieses wird es wohl bleiben lassen, aus bloßer Vergrößerungsbegierde oder um vermeinter Beleidigungen willen sich in Gefahr persönlicher Dürftigkeit (die das Oberhaupt nicht trifft!) zu versetzen.

Die menschliche Natur erscheint nirgend weniger liebenswürdig, als im Verhältnis ganzer Völker gegeneinander. Der Wille, einander zu unterjochen oder an dem Seinen zu schmälern, ist jederzeit da; und die Rüstung zur Verteidigung, die den Frieden oft noch drückender macht als selbst den Krieg, darf nie nachlassen. Nun ist hierwider kein anderes Mittel als ein Völkerrecht möglich, denn ein dauernder allgemeiner Friede durch das sogenannte Gleichgewicht der Mächte ist ein bloßes Hirngespinst. „Aber solchen Zwangsgesetzen", wird man sagen, „werden sich Staaten doch nie unterwerfen; und der Vorschlag zu einem allgemeinen Völkerstaat, unter dessen Gewalt sich alle einzelnen Staaten freiwillig bequemen, gilt doch nicht für die Praxis."

Ich meinerseits vertraue dagegen doch auf die Theorie, die von dem Rechtsprinzip ausgeht, wie das Verhältnis unter Menschen und Staaten sein soll. (Denn) was aus Vernunftgründen für die Theorie gilt, das gilt auch für die Praxis.

Immanuel Kant

Soziale und ideologische Kriege III

FRANZÖSISCHE REVOLUTION UND BEFREIUNGSKRIEG

Der Zeitpunkt zu einem neuen Kreuzzug ist gekommen, zu einem Kreuzzug für die allgemeine Freiheit. — *Brissot*

Schafft erst bei euch selber Ordnung, bevor ihr die Freiheit woandershin tragt. — *Robespierre*

„Das Vaterland ist in Gefahr"

Eure Verfassung beruht auf den Prinzipien der ewigen Gerechtigkeit. Um sie zu zerstören, hat sich eine Allianz von Königen gebildet. Ihre Bataillone sind im Vormarsch, sie sind zahlreich, einer strengen Disziplin unterworfen und seit langem in der Kriegskunst geübt. Fühlt ihr nicht wie ein edler Eifer euren Mut entflammt? Wollt ihr dulden, daß ausländische Horden sich wie ein reißender Strom über eure Felder ergießen, daß sie eure Ernten vernichten und unser Vaterland mit Mord und Brand überfallen ...

Unsere Armeen sind noch unvollständig, eine trügerische Selbstsicherheit hat den Elan der Vaterlandsliebe zurückgedämmt; die angeordnete Rekrutierung hatte nicht den Erfolg, den eure Volksvertreter erhofft hatten. Innenpolitische Wirren verschlimmern die Lage. Unsere Feinde geben sich wilden Siegeshoffnungen hin, die für euch eine Herausforderung und Beleidigung sind.

Beeilt euch, Bürger, rettet die Freiheit und rächt eure verlorene Ehre. Die Nationalversammlung erklärt: Das Vaterland ist in Gefahr.

Aufruf der französischen Nationalversammlung zur Mobilmachung gegen die Allianz der Fürsten, 12. 7. 1792

Ach, Franken, helft! Jetzt ist es Zeit!

Es ist gewißlich an der Zeit,
Daß die Franzosen kommen,
Zum Heil der lieben Christenheit,
Zur Freiheit aller Frommen;
Nun wird das Lachen werden rar
Bei der Aristokraten Schar,
Denn diese werden heulen.

Ach, Franken, helft! Jetzt ist es Zeit!
Kommt doch in unsre Lande!
Und stürzt die Ungerechtigkeit!
Und löset unsre Bande.
Macht uns von allem Übel los
Und setzt durch einen Gnadenstoß
Die Despotie vom Throne!

Friedrich Wilhelm von Schütz

„Traut den Versprechungen der Franzosen nicht!“

Ehrliche, treue und rechtschaffene deutsche Männer! Traut den Vorspiegelungen, den Versprechungen der Franzosen nicht. Bedenkt, daß die Franzosen von jeher Deutschlands Feinde waren! Erinnert euch an das grauenvolle Elend, unter dem eure Väter und euer Vaterland durch ihre Bedrückungen seufzten!
Sie werden euch zwar zurufen: wir sind nicht mehr die alten Franzosen, wir kommen nicht als Feinde — wir sind eure Brüder und wollen euch vom Joch eurer Tyrannen befreien!
Aber glaubt den Heuchlern nicht; sie sind verkappte Wölfe in Schafskleidern. Sie wählen jetzt einen anderen Weg, um euch zu unterjochen. Jetzt kommen sie als eure Brüder und kündigen euch Errettung und Erlösung an, suchen aber durch giftige Lästerungen den Samen zu verderblichen Unruhen in eure Herzen zu legen, das Zutrauen zu untergraben und die Liebe zu töten, die euch mit euren Fürsten verbindet. Und dies alles aus keiner anderen Absicht, als euch von euren Fürsten zu trennen, um ohne Gefahr unseren freien väterlichen Boden erobern zu können.
Sie werden unser geliebtes Vaterland sich unterwerfen, euch nach Willkür Gesetze vorschreiben, unsere Staatsverfassung, die unseren Vätern so ehrwürdig war, zertrümmern, alle Gewalten, Ordnungen und Gesetze auflösen, uns nach Willkür regieren und nichts übrig lassen — als mit Schande, von Gram und Kummer verzehrt, in die Grube zu steigen.
Wenn also noch deutsches Blut in euren Adern wallt, wenn euch eure Freiheit, eure Ehre lieb ist, so zeigt euch als Deutsche, verbindet euch mit euren Fürsten durch neue heilige Schwüre der Treue, ergreift die Waffen zu ihrer, zu eurer, zu eurer Kinder Verteidigung!

Aufruf eines Unbekannten von 1792

Zwanzig Jahre später

Mich juckt's in alle Finger, den Säbel zu ergreifen. Wenn es jetzt nicht Sr. Majestät unseres Königs und aller übrigen deutschen Fürsten und der ganzen Nation Fürnehmen ist, alles Schelmfranzosenzeug mitsamt dem Bonaparte und all seinen ganzen Anhang vom deutschen Boden zu vertilgen: so scheint mich, daß kein deutscher Mann mehr des deutschen Namens wert sei. Jetzo ist es wiederum Zeit zu tun, was ich schon Anno Neun geraten, nämlich die ganze Nation zu den Waffen anzurufen, und wann die Fürsten nicht wollen und sich dem entgegensetzen, sie samt dem Bonaparte wegzujagen. Denn nicht nur Preußen allein, sondern das ganze deutsche Vaterland muß wiederum heraufgebracht und die Nation hergestellt werden.

Blücher an Scharnhorst am 5. Januar 1813

„Du sollst den Stahl in Feindesherzen tauchen“

Frisch auf, mein Volk! Die Flammenzeichen rauchen,
Hell aus dem Norden bricht der Freiheit Licht.
Du sollst den Stahl in Feindesherzen tauchen;
Frisch auf, mein Volk! Die Flammenzeichen rauchen,
Die Saat ist reif; ihr Schnitter, zaudert nicht!
Das höchste Heil, das letzte, liegt im Schwerte!
Drück dir den Speer ins treue Herz hinein!
Der Freiheit eine Gasse! — Wasch die Erde,
Dein deutsches Land, mit deinem Blute rein.

Es ist kein Krieg, von dem die Kronen wissen,
Es ist ein Kreuzzug, ’s ist ein heil’ger Krieg!
Recht, Sitte, Tugend, Glauben und Gewissen,
Hat der Tyrann aus deiner Brust gerissen;
Errette sie mit deiner Freiheit Sieg!
Das Winseln deiner Greise ruft: Erwache!
Der Hütte Schutt verflucht die Räuberbrut,
Die Schande deiner Töchter schreit um Rache,
Der Meuchelmord der Söhne schreit nach Blut.

Der Himmel hilft, die Hölle muß uns weichen!
Drauf, wackres Volk! Drauf, ruft die Freiheit, drauf!
Hoch schlägt dein Herz, hoch wachsen deine Eichen,
Was kümmern dich die Hügel deiner Leichen?
Hoch pflanze da die Freiheitsfahne auf!

Theodor Körner, 1813

Pazifismus und Antimilitarismus vor 1914

Die Hoffnung, den Krieg aus der Welt zu vertilgen, ist nicht nur sinnlos, sondern zutiefst unsittlich.
Heinrich Treitschke

Der Krieg wird und muß verschwinden. Die Idee des Weltfriedens ist keine Utopie, sie geht mit unausweichlicher Gewißheit ihrer Erfüllung entgegen.
Charles Richet

Die Waffen nieder! Eine Frau kämpft für den Frieden.

Die Dinge stehen so: Millionenheere — in zwei Lager geteilt, waffenklirrend — harren nur eines Winkes, um aufeinanderloszustürzen. Aber in der gegenseitigen zitternden Angst vor der unermeßlichen Furchtbarkeit des drohenden Ausbruchs liegt einigermaßen Gewähr für dessen Verzögerung.
Hinausschieben ist jedoch nicht Aufheben.
Die sogenannten „Segnungen" des Friedens, welche das bewaffnete Angstsystem zu erhalten strebt, die werden uns immer nur von Jahr zu Jahr garantiert, immer nur als „hoffentlich" noch einige Zeit vorhaltend hingestellt. Von der Abschaffung des Krieges von gänzlicher Aufhebung des Gewaltprinzips, davon wollen die zur „Aufrechterhaltung des Friedens" waffenbrüderlich verbündeten Gewalten nichts wissen.
Was ist das für ein unnatürliches Ding, welches nicht aufhören und nicht anfangen, nicht verneint und nicht bejaht werden darf. Ein ewiges Vorbereiten auf das, was durch die Vorbereitung vermieden werden soll, zugleich ein Vermeiden dessen, was durch die Vermeidung vorbereitet wird?
Klein, das steht fest, ist die Zahl derer, die den Kriegszustand noch wollen. Unendlich groß hingegen sind die Massen jener, die den Frieden wollen. Wer da die weiße Fahne schwingt, der hat eine Gefolgschaft von Millionen hinter sich.
Die Friedensbewegung hat in den letzten Jahren eine ungeahnte Beschleunigung und Ausbreitung angenommen. Aber es ist notwendig, daß überall dort, wo Friedensanhänger existieren, dieselben auch öffentlich sich als solche bekennen, den bestehenden Friedensvereinen beitreten, neue gründen und sich persönlich an praktischen Aufgaben beteiligen.

Bertha von Suttner

Soldaten, bleibt Menschen

Je älter ich werde und je länger ich über das Problem des Krieges nachdenke, um so fester wird in mir die Überzeugung, daß die einzige Lösung dieser Frage in der strikten Verweigerung der Wehrpflicht liegt. Leo Tolstoi

Vaterland ist nichts als ein Wort. Mit diesem Wort schuf man die Armee, dieses Wort erhält sie am Leben.
Die schrecklichste Folge der Vaterlandsliebe ist der Militarismus. Der Militarismus wurde geboren, als einige Leute allen ihren Willen aufzwingen wollten. Die Staatsautorität hält sich nur mit Hilfe des Militarismus, nur mit Hilfe von Gewalt gegen jeden, der sich ihr widersetzt.
Aus den Kasernen bringt man die Verehrung der Gewalt, des Glaubens an die Gewalttätigkeit heim. Die Berufssoldaten, die Offiziere, denen man uns drei Jahre lang körperlich und seelisch ausliefert, bilden eine eigene Kaste, eine Kaste von Rüpeln. Der be-

ste Offizier, der vollendete Militär ist der, der sich bei jeder Gelegenheit als der perfekte Rohling erweist. Was könnte auch Intelligenz und Charakter von Menschen wert sein, die statt eines Werte schaffenden Werkzeugs eine Waffe zum Töten tragen? Verglichen mit der Intelligenz, der friedlichen Energie, die nötig sind, um die Zukunft zu bauen, repräsentieren die Säbelträger Dummheit und Gewalttätigkeit vergangener Zeiten. In der Armee wird, zum Nachteil des Fortschritts, die brutale Gewalt gefördert, idealisiert und mit Auszeichnung bedacht. Solches Verhalten greift von der Kaserne wie eine ansteckende Krankheit auf den ganzen sozialen Körper über. Für jeden Bürger ist die Wehrpflicht eine Lehrzeit in Brutalität und Gemeinheit. Die moralische Feigheit, die Gewohnheit der Unterordnung, das ist es, was wir aus der Kaserne heimbringen. Junge Männer, wenn ihr glaubt, die Quälereien, Beleidigungen, Borniertheit, Strafen und die übrigen Schandtaten, die euch in der Kaserne erwarten, nicht ertragen zu können: DESERTIERT! Wenn aber die Furcht vor dem Unbekannten, der Ärger und die Verfolgungen, die euch dann erwarten, euch ängstigen, so geht zum Regiment. Aber tut euer Mögliches, um Menschen zu bleiben. Kameraden, euer Verstand muß euch verbieten, andere Menschen zu töten. Ihr werdet euch weigern, zu gehorchen, wenn man euch zu Mördern machen will! Euer Gewissen als Arbeiter verbietet euch, auf andere Arbeiter zu schießen.

Wenn man euch eines Tages befiehlt, gegen irgendeinen Feind zu marschieren, gegen die unglücklichen Brüder, die Ausgebeuteten eines anderen Landes, so handelt verantwortungsbewußt und tut, was euer Verstand euch gebietet.

Wenn man euch gegen Streikende einsetzt: SCHIESST NICHT!

Man will Tötungsmaschinen aus euch machen. Wehrt euch dagegen, revoltiert! Mögen die zittern, die euch gegen eure Brüder bewaffnen, denn euer Feind, das sind die, die euch ausbeuten, euch unterdrücken, euch befehlen und täuschen!

Manuel du Soldat, 1902

Wer am Militarismus verdient

Es kann nicht verkannt werden, daß die Existenz der stehenden Heere in denen sich der Militarismus in seiner ausgeprägtesten Form segmentiert, an und für sich den internationalen Frieden bedroht, eine selbständige Kriegsgefahr bildet. Dabei mag ganz davon abgesehen werden, daß die Steigerung der militärischen Lasten, jene Schraube ohne Ende, zu der Neigung führen kann, einen günstigen Augenblick militärischer Überlegenheit nicht unbenützt verstreichen zu lassen. Das stehende Heer erzeugt eine moderne Kriegerkaste, eine Kaste von Personen, die sozusagen von Kindesbeinen an auf den Krieg dressiert sind, eine privilegierte Konquistadorenkaste, die im Kriege Abenteuer und Beförderung sucht. Hinzu kommen diejenigen Kreise, die im Falle eines Krieges ihr besonderes Schäflein scheren, die Lieferanten von Waffen, Munition, Kriegsschiffen, Pferden, Ausrüstungs- und Bekleidungsmaterial. Kurz: die Armeelieferanten. Beide Gruppen von speziellen Kriegsinteressenten sind versippt mit den höchsten Staatsämtern, besitzen großen Einfluß auf diejenigen Instanzen, die formell über Krieg und Frieden zu entscheiden haben. Sie hetzen als Kolonialtreiber das „teure Vaterland" in gefährliche, kostspielige, für sie höchst profitable Abenteuer, um dann als Flottentreiber dieses selbige Vaterland auf Kosten anderer zu retten. Willst du den Frieden, bereite den Krieg vor — keine größere Kriegsgefahr als eine solche Friedenssicherung!

Karl Liebknecht

Ein Lehrer wird zum Pazifisten

Als ich bei einer Reserveübung im Lockstedter Lager einen dienstfreien Nachmittag hatte, sah ich einer scharfschießenden Batterie zu. Die Offiziere blickten durch ihre Feldstecher ins Gelände. Dahinten, wohl 1000 Meter entfernt, bewegte sich etwas. Kommandorufe. Die Kanoniere richteten, und schon flog das Geschoß surrend davon, platzte mit lautem Knall über der anreitenden Kavallerie und streute seinen Bleiregen auf die beweglichen blauen Scheiben. So auch das zweite, dritte, vierte Geschoß. Es war, als hätte jeder dieser stählernen Zylinder ein Gehirn. Das Kriegsmaschinenwesen hatte sich zu genialer, zu künstlerischer Höhe entwickelt. Man ließ das Maschinengewehr schnurren, und schon spritzte es Kugeln, dichter, als der Regen fällt! Das war die eine Erkenntnis, die mich erschauern ließ, wenn ich an Krieg dachte. Die andere, nicht minder erschreckende, war die, daß die sogenannten Feinde, auf die man im Ernstfall zu schießen hatte, keine anderen Menschen waren als wir selber, daß unsere wirklichen Feinde anderswo, am wenigsten im Graben gegenüber zu finden waren.
So kamen mit unwiderstehlicher Gewalt die „Visionen vom kommenden Krieg“ über mich.

W i l h e l m   L a m s z u s

Das Menschenschlachthaus. Visionen vom kommenden Krieg.

Die Erde hat sich aufgetan ... es blitzt und knallt, es donnert, und der Himmel reißt entzwei und fällt entflammt herab — die Erde fliegt in Stücken auf ... die Menschen und die Erde explodieren und fahren rund wie Feuerräder durch die Luft ... und dann ... ein Krach, ein wütendes Getöse schlägt uns auf die Brust, daß wir rücklings zu Boden fliegen und besinnungslos im Sand nach Atem ringen ... Wir lugen furchtsam über die Erdwälle hinaus.
Hat sich die Hölle aufgetan?
Das schreit und gellt, das brüllt so unnatürlich wild und schrankenlos, daß wir uns enger aneinanderschmiegen ... und zitternd sehen wir, wie unsere Gesichter, unsere Uniformen rote, nasse Flecken haben und erkennen deutlich Fleischfasern auf dem Zeug. Und zwischen unseren Beinen liegt, was vorher nicht gelegen hat — weiß glänzt es auf vom dunklen Sande und spreitet sich ... eine fremde, abgerissene Hand ... und da ... und da ... Stücke Fleisch, daran die Uniform noch haftet —, da wissen wir's und Grauen fällt uns an: Da draußen liegen Arme, Beine, Köpfe, Rümpfe ... die heulen in die Nacht hinaus, das ganze Regiment liegt dort zerfetzt am Boden ... Ich kann nicht mehr ... die Hände zittern mir ... Da fängt auf einmal eine Stimme hinter uns zu singen an ... feierlich — langgedehnt ... „Nun danket alle Gott ...“, das ist der Wahnsinn, der da singt ... wir alle sind dem Wahnsinn nahe ... ich seh' mich um und seh' in grau verzerrte Backen und in flackernd aufgestörte Augenlichter ... und plötzlich schlägt die singende Stimme um in ein lautes, unverschämtes Lachen ...
„Ha! ha! ha! ha!“ So hallt es schauerlich und mischt sich mit dem sterbenden Gewinsel draußen ... und immer lauter, immer wilder lacht es auf und lacht Triumph über das nackte, jämmerliche Sterben, das am Boden liegt.
„Tambour!! Schlagen!!“ brüllt die Stimme. „Helm ab zum Gebet!!“
Wir kennen ihn: es ist der Reservist, der einer frommen Sekte angehört. Ein Sergeant hat ihn gefaßt und will ihn halten ... der Hauptmann ist hinzugesprungen, der Irre

aber reißt sich los und springt voran auf einen Schützengraben ... hoch steht er, eine schwarze, wilde Silhouette gegen den blassen Himmel und breitet segnend in die kranke Nacht die Arme aus ... wie ein verzückter Priester steht er da und rast und segnet die zerfetzte Dunkelheit:
„Im Namen des Vaters, des Sohnes und des heiligen Geistes." Da packen ihn von hinten Arme und reißen ihn herunter ... sie ringen ihn zu Boden ... „Vater unser!" heult er auf und schlägt und tritt um sich und betet fort aus wütendem Leibe, bis ihm zuletzt der Atem versagt ... sie haben ihn an Händen und Füßen gebunden und geknebelt ... Nun aber, nun geschieht, was unerhört — und doch geschehen muß. Und als die Stimme ruft, wird mir zumut', als hätt' ich alles schon einmal erlebt ...
„Herr Hauptmann!" ruft die harte, nackte, freche Stimme, die wir alle kennen, „haben Sie nicht Watte, daß wir uns die Ohren zustopfen können?"
Wir haben uns wie auf Kommando umgedreht. Es ist der Landwehrmann, der Holsteiner, der vor dem Hauptmann steht und auf ihn eingestikuliert. „Ich wollt nur fragen, ob das wilde Tiere, oder ob das sozusagen Menschen sind, die ihr kaputt gerissen habt!"
Doch kurz und scharf, wie wir gewußt, pariert die schneidende Kommandostimme: „Was wollen Sie von mir! Reißen Sie die Knochen zusammen! ... Hören Sie nicht! Sie sollen sich augenblicklich an Ihren Platz scheren!"
Da aber bricht sie los, die Stimme der Natur und schallt so roh und reißet alle Schranken nieder:
„Mörder!" brüllt es aus lästerlichem Mund, „Menschenmörder!! Man soll sie alle wie Hunde abstechen!!"
Wir fahren zusammen und sind elektrisiert ... das war's, was uns allen auf der Zunge lag ... das ist die Auslösung, die kommen muß ... wir halten es nicht länger aus, in dieser Leichenkammer still zu liegen ...
„Nehmen Sie die Hacken zusammen!!" flammt es noch einmal auf ... da wissen wir's, der Hauptmann ist ein Narr ... er hat das Spiel von vornherein verloren ... und nun ... es ist wie Schattenbilder vor meinen Augen ... wie eine gespenstische Laterna magica ... ich sehe, wie der Landwehrmann sein Seitengewehr gezogen hat ... der Hauptmann steht mit gespanntem Revolver vor ihm und gibt ihm einen Befehl ... da erhält er prompt von hinten einen Kolbenschlag auf den Kopf, daß er lautlos zu Boden stürzt ... und aus den Gräben springen sie auf ... „Mörder!" schreit es, „Mörder!! Schlagt sie tot!!"
Und nun geht's los ... ich fühle, ich bin verrückt geworden ... ich weiß nicht, wo ich bin ... Tiere seh' ich ringsum in unnatürlichen todrasenden Verrenkungen ... mit blutunterlaufenen Augen, mit schäumenden, gefletschten Mäulern fallen sie einander an und würgen sich und wollen sich in Stücke reißen ... ich springe auf ... ich muß hinweg, mir selber zu entfliehen, oder ich bin im nächsten Augenblick mitten darin in dieser irren todgeweihten Meute ... ich stolpere über den Schützengraben ... ich stürze in die Nacht hinaus und trete auf quappendes Fleisch ... trete auf harte Köpfe und stolpere über Waffen und Helme ... es greift wie Hände nach meinen Füßen, daß ich gehetzt, ein aufgestörtes Wild, von dannen jage ... und immer neue Leichen — atemlos — von einem Feld zum andern hin ... Entsetzen wimmert über meinem Haupt ... Entsetzen wimmert unter meinen Füßen ... und nichts als sterbendes, zerrissenes Fleisch ...
Ist denn die ganze Erde explodiert! ... Gibt es denn nichts als Tote diese Nacht! ... Ist denn die ganze Menschheit füsiliert! ...

Wie lange bin ich schon gelaufen ... ich hör', wie meine Lungen pfeifen ... und hör', wie meine Schläfen brausen ... der Atem stockt ... ich kann nicht mehr ... ich taumle rückwärts ... falle tot zu Boden ... nein! ich sink auf etwas Weiches nieder und bleibe still auf meinem Sitz und lausche in die Nacht hinaus ... ich kann nichts als das Blut in meinen Ohren hören ...

Wilhelm Lamszus

Aufklärung statt Hetze

„Nur so, auf das gute Schwert gestützt, können wir den Platz an der Sonne erhalten, der uns zusteht, aber nicht freiwillig eingeräumt wird."

Ähnlichen Äußerungen begegnen wir tagtäglich in unserer nationalistischen Presse. Daß diese gerade der Feder des deutschen Kronprinzen entstammt, macht sie zwar nicht bedeutender, aber wesentlich bedenklicher. Bei uns herrscht eine namenlose Überschätzung des Militarismus. Der letzte alldeutsche Zeilenschinder träumt von der weltbeglückenden Sendung der Bajonette. Wenn jemand die ungeheuren Rüstungen als häßliche Notwendigkeit hinstellt, so ist das bei der kritischen Weltlage allenfalls begreiflich. Aber dieses blinde, urteilslose Vertrauen auf die bewaffnete Macht ist eine wahre Kulturschande. Der Glaube an die Bajonette verdrängt immer mehr die politischen Überzeugungen. Wie die reaktionäre Presse treibt es auch der größte Teil der Liberalen. Auch bei den sogenannten Intellektuellen trübt sich das Urteil, wenn es sich um militärische Dinge handelt. Unsere Regierung ist nicht verpflichtet, aus Katastrophen zu lernen. Wenn es nur das Volk täte. Aber die „nationale" Presse verhindert die Aufklärung: Generäle mit merkwürdig viel freier Zeit reisen im Lande umher, um die nötige Begeisterung anzufachen; Reserveoffiziere tragen die kriegerische Stimmung in die Familien, und damit auch die Kinder nicht leer ausgehen, arbeiten die Jungdeutschlandbünde auf eine vollkommene militärische Verblödung hin. In Frankreich wagt ein Mann vom Weltruf eines Anatole France gegen den Rüstungstaumel zu reden. Erhebt sich nicht auch bei uns eine Stimme von Ernst und Gewicht, die den Trubel des militaristischen Karnevals übertönt?

Carl von Ossietzky

Imperialistische Kriege I

DER ERSTE WELTKRIEG

Bei der Jugend wird mit den Kriegssuggestionen angefangen
Otfried Nippold

● Psychologische Vorbereitung

Für kleinere Kinder zum Selberlesen

Die Jungen spielen nicht mit Puppen. In der Stube spielen die Jungen mit Bleisoldaten. Es gibt Reiter und es gibt Fußsoldaten. Die Fußsoldaten halten die Gewehre so, als wenn sie schießen wollten. Andere Fußsoldaten haben eiserne Spitzen auf den Gewehren. Die eisernen Spitzen nennt man Bajonette. Die Soldaten halten die Gewehre so, als wenn sie mit den Bajonetten stechen wollten.
Die Jungen spielen Krieg mit ihren Soldaten. Es gibt nämlich vielerlei Soldaten. Es gibt Deutsche, Franzosen, Engländer, Italiener, Russen, Chinesen, Japaner. Und von jeder Sorte gibt es Fußsoldaten und Reiter. Die Fußsoldaten nennt man Infanteristen. Die Reiter nennt man Kavalleristen. Außerdem gibt es noch Artilleristen. Die Artilleristen schießen mit Kanonen. Dann gibt es noch Pioniere. Man muß viel Geld sparen, wenn man von jeder Sorte eine Schachtel haben will. Wer seine Soldaten hübsch in Ordnung hält, der kann gut Krieg spielen. Da muß er natürlich zwei Parteien haben. Dann muß die eine Partei gegen die andere kämpfen.
Manche Jungen spielen so Krieg: Jeder stellt seine Soldaten auf, damit sie recht schön aussehen. Und dann nimmt jeder eine kleine Kanone und schießt damit auf seine Feinde. Bei wem dann die meisten Soldaten umgefallen sind, der hat verloren.

Berthold Otto

Aus einem deutschen Jugendbuch

Deutschlands Jugend muß tüchtig sein in den Werken des Friedens, zugleich aber auch unerschrocken im Kriege, sonst wird unser liebes deutsches Vaterland unfehlbar eines Tages hinabsinken von der Höhe, auf der es heute noch steht. Das gute deutsche Schwert erwarb uns alles, Einheit, Größe, Macht und Wohlstand, und mit dem Schwerte müssen wir diese hohen Güter auch zu schützen wissen. Nicht rauflustig und zanksüchtig soll der junge Deutsche sein, aber waffenkundig muß er werden ... Dann, deutsche Jugend, wirst du dich der Väter würdig zeigen, die unter Hermann dem Cherusker das Land vor den Römern schützten, die unter Karl dem Großen das erste Deutsche Reich gründeten, die unter Friedrich dem Einzigen einer Welt von Feinden widerstanden, unter Blücher sich nach erlittener Schmach erhoben, um (Napoleon) vom deutschen Boden zu vertreiben, die unter Kaiser Wilhelm dem Großen ... nach Frankreich zogen, um in Versailles unser neues Deutsches Reich zu errichten.

J. von der Goltz

Aus einem französischen Schulgeschichtsbuch

1. Wir waren die Besiegten, weil unsere Armee nicht zahlreich genug war, ferner schlecht aufgebaut und schlecht geleitet, weil wir auch nicht genügend Festungen besaßen.
2. Wir waren die Besiegten, weil viele Franzosen die Freuden des Friedens allzu sehr liebten. Aber wir haben Nachbarn, die ein gewaltiges Heer unterhalten und unaufhörlich Gewehre und Geschütze herstellen.
3. Wir waren die Besiegten, weil viele Franzosen glaubten, daß es nicht mehr nötig sei, das Soldatenhandwerk von Grund auf zu lernen.
4. Wir sind besiegt worden, weil viele Franzosen glaubten, die Zeit der Kriege sei vorbei. Sie sagten, alle Menschen müssen sich lieben, der Krieg ist eine Barbarei. Die Deutschen jedoch lehrten in ihren Schulen, daß der Krieg den Menschen zur Ehre gereiche. Sie lieben erst ihr Vaterland und dann die Menschheit. Sie hassen Frankreich und versäumen keine Gelegenheit, uns als Erbfeind zu behandeln. Seit langem bereiten sie sich auf den Krieg gegen Frankreich vor und tun dies noch.

Ernest Lavisse

Ein deutscher Student in Frankreich

Ich bin Student in Grenoble. Wenn ich „Monsieur" angesprochen werde, komme ich mir wie ein Abenteurer vor, der ferne Meere durchkreuzt, auf einer Insel landet, von fremden Stämmen bewohnt. Ich treibe mich in Bars umher, trinke Absinth, der mir nicht schmeckt, und komme mir dabei sehr lasterhaft vor. Ich sitze im Café, es macht auf mich großen Eindruck, daß niemand den Hut abnimmt, auch ich behalte meinen Hut auf, ich denke mir, voilà, das ist die verruchte Grande Nation.
Links von mir wohnt ein ehemaliger österreichischer Offizier. Er lehrt mich das ABC des Mannes von Welt. „Hüten Sie sich vor den Studentinnen", sagt er, „die philosophieren sogar im Bett und sind auch keine Jungfrauen. Wenn Sie etwas lernen wollen, gehen Sie ins Puff . . ." Ich gehe lieber in den Verein deutscher Studenten. Wir sprechen über Nietzsche und Kant, wir sitzen steif auf unseren Stühlen, wir trinken mit gewölbter Brust große Gläser dünnen Biers, um uns „zu Hause" zu fühlen, wir schimpfen auf den französischen Schmutz, wir dünken uns Pioniere einer höheren Kultur und beschließen den Abend, indem wir die Fenster öffnen und „Deutschland, Deutschland über alles in der Welt" singen. Wir gehen niemals allein nach Hause, immer zu zweien, wir sind im Lande des „Erbfeindes", man kann nie wissen, wir haben den Krieg von 1870/71 gewonnen, wir haben Elsaß-Lothringen erobert, eines Nachts wird man von uns Revanche fordern.

Ernst Toller

Theologische Aufrüstung

Wir wollen nicht nur Bataillone von Kriegern mobilmachen, nein, auch eine heilige Streitmacht von Betern. *Wilhelm II.*

Vaterlandsliebe bis zum Tode fürs Vaterland — eine Tugend der Heiden, millionenfach bewährt, vom Christentum nicht ad acta gelegt, sondern anerkannt als selbstverständliche, natürliche heilige Pflicht. Ein Stück Menschenwürde, ein Stück Menschenrecht. Hier liegt die Wurzel alles gerechten Krieges: Liebe zum Allernächsten und Schutz des heimischen Herdes. Wundervoll, wie alles zu den Fahnen strömt! Da schweigen die persönlichen Interessen, da schweigt die Furcht vor Not und Tod; es geht in die sicherste Gefahr wie zum Feste. Wundervoll, wie Zucht und Ordnung die Massen bewältigt, wie jeder einzelne sich einreiht, die Truppen sich gliedern, die Führer Gehör finden, gegenseitiges Vertrauen alle umschlingt! Dies alles schenkt uns die Not der Zeit. Das alles ist die köstliche Frucht der Vaterlandsliebe. Das alles müßte, wenn es recht stünde, das Christentum auch in Friedenszeiten in den Menschen fertigbringen. Weshalb tut es das nicht? Ich weiß es nicht. Aber solange und weil es das nicht fertigbringt, solange und darum muß Krieg kommen auf Erden.

Aus einer Rede des Marburger Theologieprofessors Martin Rade

● Begeisterung

Die deutsche Flagge, sie soll weh'n,
Sonst wollen wir nicht leben!
Woll'n siegen oder untergeh'n,
Pardon wird nicht gegeben.
Wer fällt, der fällt! Schlagt drein! Schlagt drein!
Tot lieber als kein Deutscher sein!

Leipzig, 7. August 1914

Jedenfalls habe ich die Absicht, draufzugehen „wie Blücher". Das ist jetzt einfach unser aller Pflicht. Und die Stimmung ist allgemein so unter den Soldaten, besonders seit Englands Kriegserklärung, die nachts in der Kaserne bekannt wurde. Damals haben wir vor Aufregung, Wut und Begeisterung bis früh um drei Uhr nicht geschlafen. Es ist eine Lust, mit solchen Kameraden zu ziehen. Wir werden siegen! Das ist bei solch kraftvollem Willen zum Sieg gar nicht anders möglich. Meine Teuren, seid stolz, daß Ihr in solcher Zeit und in solchem Volke lebt und daß Ihr auch mehrere Eurer Lieben in diesen stolzen Kampf mitsenden dürft.

Walther Limmer, geboren 1890, gefallen 24. September 1914

Kattowitz, den 7. September 1914

... Dann möchte ich Dich bitten, zuerst mit mir den Versuch zu machen, mich als Kriegsfreiwilliger ins Heer eintreten zu lassen. Ich habe jetzt schon oft gehört, daß man, wenn man es durchaus will, auch mit 16 Jahren eingestellt wird. Andererseits weißt Du ja, daß ich kein Schlappschwanz bin, der bei körperlicher Arbeit gleich zusammenklappt. Paul ist auch gestern abgedampft.

Kattowitz, den 12. September 1914

Erst jetzt merke ich, was Du mit den Voraussetzungen meinst, die Du für den Eintritt ins Heer aufstellst. Da befindest Du Dich aber in einem gewaltigen Irrtum, wenn Du denkst, ich bin nicht mit Leib und Seele dabei, als Freiwilliger einzutreten. Ich bitte Dich also umgehend um Einwilligung zu meinem Eintritt ins Heer. Du wirst noch eher zustimmen, wenn Du erfährst, daß ich, wenn ich jetzt aus der Schule austrete, ohne weiteres Zeugnis für Unterprima erhalte. Das Alter spielt, wie ich sicher weiß, keine Rolle. Ich weiß, daß für Dich kein Opfer fürs Vaterland zu groß ist und hoffe darum bestimmt auf Deine Zusage.

Werner Nowak, geboren 1898, gefallen 1918

Mein Colonel, Im Schützengraben, 29. Dezember 1916

ich bitte um Verzeihung, daß ich mich nicht auf dem Dienstweg an Sie wende. Es ist in einer persönlichen Angelegenheit. Mein Name im Regiment ist Unteroffizier Duthoy, geboren in Rumigny in den Ardennen 1897, am 27. April 1915 für die Dauer des Krieges verpflichtet. Diese Angaben sind falsch. Mein wirklicher Name ist Jean Carré, ich bin 1900 in Faouet geboren. Am Tage meiner Einstellung war ich 15 Jahre. Da ich 17 sein mußte, um als Rekrut angenommen zu werden, habe ich mir eine falsche Identität zugelegt. So ist es mir gelungen, nach der Ausbildung an die Front zu kommen und mit den anderen Soldaten meine Pflicht zu tun. Meine Eltern waren einverstanden. Da ich im Januar das entsprechende Alter haben werde, bitte ich darum, meinen richtigen Namen annehmen zu dürfen. Ich bin kein größerer Patriot als andere, aber ich bin der Meinung, daß jeder Franzose, der stark genug ist, um Soldat sein zu können, feig wäre, wenn er zu Hause bliebe — unabhängig vom Alter.

Jean Carré, gefallen März 1918

In den Schützengräben

's gibt kein schöner Leben, als in Schützengräben
Vor dem Feind zu liegen Tag und Nacht,
Wenn die Kugeln singen und Granaten springen,
Daß die ganze Gegend ringsum kracht.
Und dann die Schrapnelle, die mit Windesschnelle
Heulend, sausend kommen durch die Luft.
Ist das Herz zersprungen und der Knall verklungen,
Ist der ganze Schuß doch meist verpufft.

Wenn dereinst der Frieden uns wird sein beschieden
Und wir kehr'n ins Vaterland zurück,
Wenn wir dann bei Muttern wieder richtig futtern,
In der warmen Stube, welches Glück!

Bei der Gläser Klingen werden wir dann singen,
Was wir alles haben durchgemacht:
's gibt kein schöner Leben, als in Schützengräben
Vor dem Feind zu liegen Tag und Nacht!

Walter Zimmermann

Schüleraufsätze aus dem Jahre 1915

Wenn ich 18 Jahre alt wäre

würde ich zum Meldeamt gehen und mich freiwillig zum Infanteriedienst melden. Nach einiger Zeit würde ich dann nach meiner Garnison reisen, und nun begänne der Dienst. Zwar würde er schwere Anforderungen an meine Kräfte stellen, aber das wäre mir gleich, wenn ich nur meinem Vaterlande dadurch helfen und es schützen könnte. Nach etwa acht Wochen Ausbildungszeit würde ich ins Feld vorm Feind kommen. Damit wäre mein glühendster Wunsch erfüllt. Nach weiteren zwei Wochen würde ich mich im Schützengraben befinden. Wo, wäre mir ganz gleich. Am liebsten an der gefährlichsten Stelle.

Wenn ich 18 Jahre alt wäre

so würde ich mich sofort als Kriegsfreiwilliger bei der Kavallerie melden. Bei der Ausbildung würde ich mich sehr anstrengen und sehr für mein Pferd sorgen. Ich würde es so pflegen, daß es zutraulich zu mir würde. Dann wäre es mein größter Wunsch nach dem Balkankriegsschauplatz auszurücken. Ich würde inmitten meiner Schwadron unter den Klängen der Musik aus Langensalza ausziehen. Die Einwohner würden uns mit Blumen schmücken. Auf den Bahnhöfen würden wir schön verpflegt werden, und wir würden sehr lustig sein. Bald würden wir durch Österreich-Ungarn kommen, da gäbe es viel zu sehen, und ich würde Ansichtskarten nach Hause schicken. Dann ging es direkt nach dem Kampfgebiet. Ich würde tapfer kämpfen und wenn es nötig wäre, den Heldentod fürs Vaterland erleiden.

Wenn ich 18 Jahre alt wäre

so meldete ich mich zur Infanterie. Ich müßte dort Gewehrübungen machen, Märsche und Sturmangriffe lernen. Wenn ich alles gelernt hätte, käme ich ins Feld ... Am besten gefielen mir Sturmangriffe. Man könnte bei Angriffen feste Hurra rufen. Ich stieße alles, was mir in den Weg kommt, mit dem Bajonette nieder. Bald würde ich vielleicht Gefreiter oder Unteroffizier.

Wenn ich 18 Jahre alt wäre

würde ich mich als Freiwilliger bei den Fliegern melden. Dort müßte ich zuallererst den Apparat kennenlernen, im Falle, daß nicht alles funktioniert. Dann müßte ich flicken lernen, wenn mal am Flügel ein Loch ist. Dann werden auch Probefahrten unternommen, wo ich vielleicht Bomben abwerfen müßte. Wie schön muß es doch sein, wie ein Pfeil durch die Luft zu sausen, unter sich das herrliche Landschaftsbild. Auch Erkundungsfahrten würde ich dann unternehmen, und den Feinden deutsche Grüße in die Städte senden.

● Ernüchterung

Man sagt, er ist den schönen Heldentod gestorben. Warum sagt man nie, er hat eine herrliche Heldenverstümmelung erlitten? Man sagt, er ist für das Vaterland gefallen. Warum sagt man nie, er hat sich für das Vaterland beide Beine amputieren lassen?

Arthur Schnitzler

Salomé, am 1. Februar 1915

Gestern abend war die Luft dunstig und trübe. Dazu unablässig am Horizont Kanonendonner und Gewehrfeuer. Wir haben noch neun alte Leute in der Kompanie. Was die alles erlebt haben. Wie die von Deutschland als etwas ganz fremd Gewordenem hören. Heimweh und Friedenssehnsucht bei den meisten. Die dürfen gar nicht nach Hause denken, ohne in eine unergründliche Schwermut zu fallen. Sie reden langsam und schleppend, von dem unentrinnbaren Verhängnis des Krieges vollkommen erdrückt.

Im Schützengraben, am 3. Februar 1915

Man sieht wenig: das völlig zusammengeschossene Dorf Givenchy, davor ein Rübenfeld, auf dem die Toten der letzten Stürme noch immer unbegraben liegen. Wir stecken tief im Lehm. Kleider und Stiefel mit einer dicken Kruste überzogen. Eine häßliche Art, Krieg zu führen. Aus Schlamm und Dreck, in dem die Toten steckenbleiben, knallt man sich gegenseitig an, ohne daß viel ausgerichtet wird.

Reinhold Siebolts, geboren 1894, gefallen 1915

23. Juni 1915

Ein Gedanke jagt mir so durch den Kopf: „Du bist ja ein toter Mann!" Die vielen Patrouillen, die ich gemacht, die Gefährlichkeit und Angst sind nicht ohne Einwirkung geblieben. Daß ich mich dann als erschossen gesehen habe, ist schließlich ganz natürlich. Aber grausig ist's schon, wenn man's zu deutlich sieht. Ich meinte das Zischen der todbringenden Kugel zu hören, fühlte das Aufklatschen und Eindringen des Geschosses in meinen Körper. Und dann die Angst, wie Du zu Hause die Meldung aufnehmen würdest — meine Sehnsucht nach Dir übertraf allen Schmerz. Mit der letzten Anstrengung gelang es mir noch, Dein Bild aus der Brusttasche zu ziehen. Allmächtiger Vater, nein — so darf es nicht kommen. — Glaubst Du an solche Erscheinungen?

28. Juli 1915

Wir rücken heute nacht über den Fluß und morgen früh treten wir in Aktion, wir sollen stürmen! — Mir ist so weh ums Herz. Meine Kameraden sitzen alle zusammen, singen Soldaten- und Heimatlieder, doch auf ihren Gesichtern steht es anders geschrieben. Falls es sein sollte, auf Wiedersehen in einer anderen Welt. Ich kann nicht mehr schreiben.

Josef Birnbeck, geboren 1897, gefallen 5. August 1915

Pfingstmontag 1915

Ich kann sagen, daß während meiner Dienstzeit noch niemals die Kluft zwischen dem Offizier und dem Mann so klaffend tief gewesen war wie gerade jetzt während der Kriegszeit. Nicht wenig hat zu diesem unerfreulichen Verhältnis die Tatsache beigetragen, daß sich die Offiziere zu keinerlei Einschränkung bequemen. Währenddem wir uns mit halber Brotration begnügen müssen, finden in der Messe Eß- und Trinkgelage statt, bei welchen sechs bis sieben Gänge aufgetischt werden. Im Frieden sagte man dazu nichts; paßt das aber für die jetzige, tiefernste Zeit? Ein weiterer Grund zur Unzufriedenheit ist der Wucher, welcher mit uns in der Kantine getrieben wird. Ein Trinkgeschirr Bier kostete bisher 20 Pfennig, nun kostet es auf einmal 30 Pfennig. In der Messe kostet (dasselbe) 16 Pfennig. Ebenso schlimm ist es mit der Wurst. Wo kommen die Kantine-Ersparnisse hin? Die Leute sagen, die Offiziere verfressen sie. Ich bin nicht geneigt, letzteres zu glauben, aber wo bleibt das viele Geld? Vielleicht wird es anders, wenn wir erst einmal im Gefecht gewesen sind. Ist es nicht ein Skandal, daß jetzt schon fünf unserer Offiziere das Eiserne Kreuz bekommen haben, wo wir noch keinen Schuß abgegeben haben?

Richard Stumpf

Der Hungerwinter 1916/17 in der Heimat

Der dritte Kriegswinter 1916/17 wurde trotz Errichtung des Kriegsernährungsamtes — das ja kein Brot buk, sondern vorhandenes oder nichtvorhandenes verteilen sollte — ein Hungerwinter, der als erster „Kohlrübenwinter" in die deutsche Geschichte einging. Nicht allein der Mangel an Nahrung, sondern auch an Heizmaterial raffte ungezählte Menschen hin. Es wurden öffentliche Küchen für Massenspeisungen eingerichtet, auch große Betriebe, die bisher keine Küche hatten, richteten solche ein, oder hießen ihre Arbeiter zu den öffentlichen Küchen zu gehen. Das mußten sie tun, ihr mitgebrachtes Brot war für den Arbeitstag nicht ausreichend. Die öffentlichen und Werksküchen brachten wenig Erleichterungen, weil sie auch die Abgabe von Lebensmittelabschnitten forderten. Für Alleinstehende waren die Küchen gleichzeitig Wärmehallen. Auch in dieser Zeit kauften wohlhabende „Patrioten" Lebensmittel „hintenherum" oder holten sie vom Lande und konnten wohlgenährt das Durchhalten predigen. Die in Berlin so beliebten Pferdebuletten gab es auch nicht mehr. Kollegen im Betriebe erzählten, daß sie schon Buletten aus ihren Hunden oder Katzen gemacht hatten, „die schmeckten wie echte".

Karl Retzlaw

Aufstieg und Niedergang. Erinnerungen eines Parteiarbeiters 1971

Die Frauen

Der Mangel an Arbeitskräften hat dazu geführt, daß die in den für den Heeresbedarf arbeitenden Betrieben beschäftigten Frauen weit über die nach der Gewerbeordnung zulässige Arbeitszeit hinaus tätig sind und zu Arbeitsleistungen verwendet werden, die ihre körperliche Leistungsfähigkeit häufig übersteigen. Diese Art und Dauer der Beschäftigung bei ungenügender Ernährung, die dadurch noch ungünstiger gestaltet wird, weil den alleinstehenden, arbeitenden Frauen keine Zeit für den äußerst erschwerten Einkauf der Lebensmittel und für zweckmäßige Bereitung der Nahrung bleibt, kann nicht ohne Einfluß auf die körperliche Leistungsfähigkeit der Frauen und auf die Funktionen des weiblichen Organismus bleiben. Eine Kontrolle über den Gesundheitsschutz der Arbeiterinnen ist nicht vorhanden. Die Zahl der Gewerbeaufsichtsbeamten reichte schon in Friedenszeiten nicht aus.

Eingabe des Arbeiterinnensekretariats der Generalkommission der Gewerkschaften Deutschlands, 17. 1. 1917

● Der Krieg im Roman

Kein Zurück und kein Erbarmen

Um sechs Uhr erhob ich mich und traf in der eigentümlichen Stimmung, die jedem Angriff vorausgeht, die letzten Anordnungen. Man hat ein flaues Gefühl im Magen, redet mit den Gruppenführern, versucht Scherze zu machen, läuft hin und her wie vor einer Parade vor dem Höchstkommandierenden; kurz, man sucht sich möglichst zu beschäftigen, um den bohrenden Gedanken zu entgehn. Ein Mann bot mir einen auf Hartspiritus erwärmten Becher Kaffee an, der Leben und Zuversicht ins Mark zauberte. Punkt sieben Uhr traten wir in der bestimmten Reihenfolge in langer Schlange an. Wir betraten einen Hohlweg, nachdem ich einen rechts abzweigenden gut ausgebauten Graben durch eine Sicherung abgeriegelt hatte. Die Stoßtrupps griffen an. Wurfgeschosse wanderten von Mann zu Mann durch die Kette der Hände; Scharfschützen nisteten sich hinter den Schulterwehren ein, um die feindlichen Werfer aufs Korn zu nehmen, die Zugführer spähten über Deckung, um einen Gegenstoß rechtzeitig zu erkennen, und die Bedienungen der leichten Maschinengewehre bauten ihre Waffen an günstigen Stellen auf. Wir brachen den Graben vorn mit Handgranaten an und bestrichen ihn mit Gewehren der Länge nach. Im weiten Umkreis wurde es jetzt rege, und Schwärme von Geschossen kreuzten sich über unserem Ort.

Nach kurzem Kampf erschollen drüben aufgeregte Stimmen, und ehe wir recht begriffen, was geschah, kamen die ersten Engländer mit hochgereckten Händen auf uns zu. Einer nach dem anderen bog um die Schulterwehr und schnallte ab, während unsere Gewehre und Pistolen sich drohend auf sie richteten. Es waren lauter junge, stramme Burschen in neuer Uniform. Ich ließ sie mit der Aufforderung: „Hands down!" passieren und beauftragte eine Gruppe, sie abzuführen. Die meisten zeigten durch ihr zuversichtliches Lächeln, daß sie uns nichts Unmenschliches zutrauten. Andere suchten mit vorgehaltenen Zigarettenpäckchen und Schokoladetafeln uns zur Milde zu stimmen. Mit der sich steigernden Freude des Weidmannes sah ich, daß wir einen gewaltigen Fang gemacht hatten; der Zug wollte kein Ende nehmen. Schon hatten wir hundertundfünfzig Mann gezählt, und immer noch erschienen neue mit erhobenen Armen. Ich hielt einen Offizier an und fragte ihn nach dem weiteren Verlauf und der Besetzung der Stellung. Er antwortete sehr höflich; daß er dabei strammstand, war unnötig. Dann geleitete er mich zum Führer der Kompanie, einen verwundeten Captain, der sich in einem nahen Unterstand aufhielt. Ich fand einen jungen Mann von ungefähr sechsundzwanzig Jahren mit feingeschnittenem Gesicht, der mit durchschossener Wade an den Stollenrahmen lehnte. Als ich mich vorstellte, hob er seine Hand, von der eine goldene Kette blitzte, an die Mütze, nannte seinen Namen und übergab mir seine Pistole. Seine ersten Worte zeigten, daß ich einen Mann vor mit hatte. „We were surrounded about." Es drängte ihn, seinem Gegner zu erklären, warum sich seine Kompanie so rasch ergeben hatte. Wir unterhielten uns auf französisch über verschiedenes. Er erzählte mir, daß eine Reihe deutscher Verwundeter, von seinen Leuten verbunden und verpflegt, in einem nahen Unterstand läge. Als ich mich erkundigte, wie stark die Siegfriedstellung weiter hinten besetzt wäre, verweigerte er die Auskunft. Nachdem ich versprochen hatte, ihn und die anderen Verwundeten zurückschaffen zu lassen, verabschiedeten wir uns durch einen Händedruck.

Vorm Stollen stand Hoppenrath und meldete, daß wir an zweihundert Gefangene gemacht hätten. Für eine Kompanie von achtzig Köpfen war das allerhand. Nachdem ich Posten ausgestellt hatte, sahen wir uns in dem eroberten Graben um, der von Waffen und Ausrüstungsstücken starrte. Auf den Postenständen lagen Maschinengewehre, Minenwerfer, Hand- und Gewehrgranaten, Feldflaschen, Pelzwesten, Gummimäntel, Zeltbahnen, Dosen voll Fleisch, Marmelade, Tee, Kaffee, Kakao und Tabak, Kognakflaschen, Handwerkszeug, Pistolen, Leuchtpistolen, Wäsche, Handschuhe, kurz alles, was man sich nur denken kann. Ich legte wie ein alter Landsknechtsführer eine kleine Pause zum Plündern ein, um den Männern Zeit zu geben, zu verschnaufen und die guten Sachen etwas näher anzusehen. Auch ich konnte der Versuchung nicht widerstehn, mir in einem Stolleneingang ein kleines Frühstück zusammenstellen zu lassen und eine Pfeife mit dem guten Navy cut zu stopfen, während ich meinen Bericht an den Kampf-

truppenkommandeur kritzelte. Als vorsichtiger Mann schickte ich eine Abschrift an unseren Bataillonskommandeur.
Nach einer halben Stunde traten wir in gehobener Stimmung — ich will nicht leugnen, daß der englische Kognak ein wenig dazu beigetragen haben mochte — wieder an und pirschten uns von Schulterwehr zu Schulterwehr die Siegfriedstellung entlang.
Aus einem in den Graben eingebauten Blockhaus erhielten wir Feuer und stiegen, um uns umzusehen, auf den nächsten Postenstand. Während wir mit den Insassen einige Kugeln wechselten, wurde ein Mann wie durch eine unsichtbare Faust zu Boden gestoßen. Ein Geschoß hatte den Scheitel seines Stahlhelms durchbohrt und eine lange Rille in die Schädeldecke gepflügt. Das Gehirn hob und senkte sich in der Wunde unter jedem Schlag des Blutes, trotzdem konnte er allein zurückgehen. Ich mußte ihm noch befehlen, seinen Tornister zurückzulassen, den er durchaus mitnehmen wollte, und beschwor ihn, ganz langsam und vorsichtig zu gehen.
Ich rief Freiwillige auf, um den Widerstand durch einen Angriff über freies Feld zu brechen. Die Leute sahen sich zögernd an; nur ein unbeholfener Pole, den ich immer für schwachsinnig gehalten hatte, kletterte aus dem Graben und stapfte schwerfällig auf das Blockhaus los. Leider habe ich den Namen dieses einfachen Mannes vergessen, der mich lehrte, daß man niemanden kennt, den man nicht in der Gefahr gesehen hat. Plötzlich entstand bei der Barrikade Bewegung. Handgranaten flogen, Gewehre knallten, Maschinengewehre ratterten. „Sie kommen! Sie kommen!“ Wir sprangen hinter die Sandsäcke und schossen. Einer meiner Leute, der Gefreite Kimpenhaus, sprang in der Hitze des Kampfes oben auf die Barrikade und schoß so lange in den Graben, bis ihn zwei schwere Armschüsse herunterfegten. Ich merkte mir diesen Helden des Augenblicks und hatte die Freude, ihn vierzehn Tage später zum Eisernen Erster beglückwünschen zu können.
Kaum waren wir von diesem Zwischenspiel zum Frühstück zurückgekehrt, als von neuem ein Heidenlärm losbrach. Es trat einer jener merkwürdigen Zwischenfälle ein, durch die eine Lage plötzlich in unberechenbarer Weise verändert wird. Das Geschrei rührte von einem Offizierstellvertreter des linken Nachbarregiments her, der mit uns Verbindung aufnehmen wollte und von gewaltiger Rauflust beseelt war. Trunkenheit schien seine angeborene Tapferkeit zur Raserei entfacht zu haben. „Wo ist der Tommy? Ran an die Hunde! Los, wer kommt mit?“ In seiner Wut riß er unsere schöne Barrikade ein und stürzte vor, sich den Weg mit krachenden Handgranaten bahnend. Vor ihm glitt seine Ordonnanz durch den Graben und fällte mit Gewehrschüssen die dem Sprengstoff Entronnenen.
Mut, tollkühner Einsatz der eigenen Person wirken immer begeisternd. Auch wir wurden vom Furor gepackt und wetteiferten, einige Handgranaten aufraffend, uns an diesem Berserkergang zu beteiligen. Bald befand ich mich neben dem die Stellung Entlangrasenden, und auch die anderen Offiziere, gefolgt von Füsilieren meiner Kompanie, ließen sich nicht lange bitten. Selbst der Bataillonskommandeur, Hauptmann von Brixen, befand sich mit einem Gewehr in der Hand unter den Vordersten und streckte über unsere Köpfe hinweg mehrere feindliche Werfer nieder.
Die Engländer wehrten sich wacker. Es wurde um jede Schulterwehr gerungen. Die schwarzen Bälle der Mill-Handgranaten kreuzten sich in der Luft mit unseren gestielten. Hinter jeder genommenen Schulterwehr trafen wir Leichen oder noch zuckende Körper an. Man tötete sich, ohne sich zu sehen. Auch wir hatten Verluste. Neben der

Ordonnanz fiel ein Stück Eisen zu Boden, dem der Mann nicht mehr ausweichen konnte; er brach zusammen, während sein Blut aus vielen Wunden auf den Lehm sickerte.

Über seinen Körper hinweg sprangen wir weiter vor. Donnerkrachen zeichnete unseren Weg. Hunderte von Augen lauerten in dem toten Gelände hinter Gewehren und Maschinengewehren auf Ziel. Wir waren schon weit vor den eigenen Linien. Von allen Seiten pfiffen uns Geschosse um die Stahlhelme oder zerschellten mit hartem Knall am Grabenrand. Jedesmal, wenn einer der eiförmigen Eisenklumpen über der Horizontlinie auftauchte, wurde er vom Auge mit jener Hellsichtigkeit erfaßt, deren der Mensch nur der Entscheidung auf Leben und Tod gegenüber fähig ist. Während dieser Augenblicke der Erwartung mußte man einen Standort zu gewinnen suchen, von dem aus möglichst viel vom Himmel zu sehen war, denn nur gegen seinen blassen Hintergrund zeichnete sich das schwarze Riffeleisen der tödlichen Bälle mit genügender Schärfe ab. Dann warf man selbst und sprang vor. Den zusammengesackten Körper des Gegners streifte kaum ein Blick; der hatte ausgespielt, ein neues Duell begann. Der Handgranatenwechsel erinnert an das Florettfechten; man muß dabei Sprünge machen wie beim Ballett. Er ist der tödlichste der Zweikämpfe, der nur dadurch, daß einer der beiden Gegner in die Luft fliegt, beendet wird. Auch daß beide fallen, kann vorkommen.

Ich konnte während dieser Minuten die Toten, über die ich bei jedem Sprung hinwegsetzte, ohne Schauder sehen. Sie lagen alle in der entspannten und weich hingegossenen Haltung da, die den Augenblicken eigentümlich ist, in denen das Leben sich verabschiedet. Während dieser Sprünge hatte ich eine Auseinandersetzung mit dem Offizierstellvertreter, der wirklich ein toller Bursche war. Er beanspruchte den ersten Platz und verlangte von mir, daß ich nicht werfen, sondern ihm die Geschosse zureichen sollte. Zwischen den kurzen, furchtbaren Zurufen, durch die man die Arbeit regelt und sich auf die Bewegungen des Gegners aufmerksam macht, hörte ich zuweilen seine Stimme: „*Einer* wirft! Ich war Lehrer beim Sturmausbildungsbataillon!“

Ein rechts abzweigender Graben wurde von uns folgenden Leuten des Regiments 225 aufgeräumt. In die Zwickmühle geratene Engländer versuchten, über freies Feld zu fliehen, und fielen im Feuer, das sich sogleich von allen Seiten auf sie richtete.

Unter allen erregenden Momenten des Krieges ist keiner so stark wie die Begegnung zweier Stoßtruppführer zwischen den engen Lehmwänden der Kampfstellung. Da gibt es kein Zurück und kein Erbarmen. Das weiß jeder, der sie in ihrem Reich gesehen hat, die Fürsten des Grabens mit den harten, entschlossenen Gesichtern, tollkühn, geschmeidig vor- und zurückspringend, mit scharfen, blutdürstigen Augen, Männer, die ihrer Stunde gewachsen waren und die kein Bericht nennt.

Auf dem Rückweg blieb ich neben Hauptmann von Brixen stehen, der mit einigen Leuten einen Feuerkampf gegen eine Reihe von Köpfen führte, die sich vom Rand eines nahen Parallelgrabens abhoben. Ich stellte mich zwischen ihn und einen anderen Schützen und beobachtete die Geschoßeinschläge. In der traumhaften Stimmung, die dem eigentlichen Schock der Verwundung folgt, dachte ich nicht daran, daß mein Verband wie ein weißer Turban weithin leuchtete.

Plötzlich warf mich wieder ein Prall vor die Stirn auf die Grabensohle, während meine Augen durch herabströmendes Blut geblendet wurden. Der Mann neben mir stürzte zu gleicher Zeit und begann zu jammern. Kopfsteckschuß durch Stahlhelm und Schläfe. Der Hauptmann fürchtete, seinen zweiten Kompanieführer an diesem Tage verloren zu haben, stellte indes bei näherem Hinsehen nur zwei oberflächliche Löcher an der Haargrenze fest. Sie rührten wohl von dem zerschellenden Geschoß her oder von Stahlhelmsplittern des Verwundeten. Dieser Verwundete, mit dem ich das Metall ein und desselben Geschosses im Körper trug, besuchte mich nach dem Krieg; er war Arbeiter in einer Zigarettenfabrik und seit diesem Treffer kränklich und wunderlich. Durch den erneuten Blutverlust geschwächt, schloß ich mich dem Hauptmann an, der zu seiner Befehlsstelle zurückkehrte. Den hart beschossenen Dorfrand von Mœuvres im Laufschritt überwindend, gewannen wir den Unterstand im Kanalbett, wo ich Verband und Tetanusspritze erhielt.

Am Nachmittag setzte ich mich in ein Lastauto und fuhr nach Lécluse, wo ich dem Oberst von Oppen beim Abendessen Bericht erstattete. Nachdem ich halb im Schlaf, aber in vorzüglicher Stimmung mit ihm eine Flasche Wein geleert hatte, verabschiedete ich mich und warf mich nach diesem gewaltigen Tage mit einem Feierabendgefühl in das Bett, das mir mein treuer Vinke bereitet hatte.

Am übernächsten Tage rückte das Bataillon in Lécluse ein. Am 4. Dezember hielt der Divisionskommandeur, General von Busse, eine Ansprache an die beteiligten Bataillone, in der die Siebente besonders erwähnt wurde. Ich führte sie mit verbundenem Kopf an ihm vorbei.

Mit Recht durfte ich stolz auf meine Leute sein. Kaum achtzig Mann hatten ein langes Grabenstück erobert, eine Menge Maschinengewehre, Minenwerfer und Material erbeutet und zweihundert Gefangene gemacht. Ich hatte die Freude, eine Reihe von Beförderungen und Auszeichnungen verkünden zu können. So hefteten Leutnant Hoppenrath, der Führer der Stoßgruppen, Fähnrich Neupert, der Blockhausstürmer, und auch der kühne Barrikadenverteidiger Kimpenhaus das wohlverdiente Eiserne Erster an die Brust.

Ernst Jünger

Aus uns sind gefährliche Tiere geworden

Die Nacht ist unerträglich. Wir können nicht schlafen, wir stieren vor uns hin und duseln. Tjaden bedauert, daß wir unsere angefressenen Brotstücke für die Ratten vergeudet haben. Wir hätten sie ruhig aufheben sollen. Jeder würde sie jetzt essen. Wasser fehlt uns auch, aber noch nicht so sehr.

Gegen Morgen, als es noch dunkel ist, entsteht Aufregung. Durch den Eingang stürzt ein Schwarm flüchtender Ratten und jagt die Wände hinauf. Die Taschenlampen beleuchten die Verwirrung. Alle schreien und fluchen und schlagen zu. Es ist der Ausbruch der Wut und der Verzweiflung vieler Stunden, der sich entlädt. Die Gesichter sind verzerrt, die Arme schlagen, die Tiere quietschen, es fällt schwer, aufzuhören; fast hätte einer den anderen angefallen.

Der Ausbruch hat uns erschöpft. Wir liegen und warten wieder. Es ist ein Wunder, daß unser Unterstand noch keine Verluste hat. Er ist einer der wenigen tiefen Stollen, die es jetzt noch gibt. Ein Unteroffizier kriecht herein, er hat ein Brot bei sich. Drei Leuten ist es doch geglückt, nachts durchzukommen und etwas Proviant zu holen. Sie haben erzählt, daß das Feuer in unverminderter Stärke bis zu den Artillerieständen läge. Es sei ein Rätsel, wo die drüben so viele Geschütze hernähmen.

Wir müssen warten, warten. Mittags passiert das, womit ich schon rechnete. Einer der Rekruten hat einen Anfall. Ich habe ihn schon lange beobachtet, wie er ruhelos die Zähne bewegte und die Fäuste ballte und schoß. Diese gehetzten, herausspringenden

Augen kennen wir zur Genüge. In den letzten Stunden ist er nur scheinbar stiller geworden. Er ist in sich zusammengesunken wie ein morscher Baum.
Jetzt steht er auf, unauffällig kriecht er durch den Raum, verweilt einen Augenblick und rutscht dann dem Ausgang zu. Ich lege mich herum und frage: „Wo willst du hin?"
„Ich bin gleich wieder da", sagt er und will an mir vorbei.
„Warte doch noch, das Feuer läßt schon nach."
Er horcht auf, und das Auge wird einen Moment klar. Dann hat es wieder den trüben Glanz wie bei einem tollwütigen Hunde, er schweigt und drängt mich fort. „Eine Minute, Kamerad!" rufe ich. Kat wird aufmerksam. Gerade als der Rekrut mich fortstößt, packt er zu, und wir halten ihn fest.
Sofort beginnt er zu toben: „Laßt mich los, laßt mich raus, ich will hier raus!"
Er hört auf nichts und schlägt um sich, der Mund ist naß und sprüht Worte, halb verschluckte, sinnlose Worte. Es ist ein Anfall von Unterstandsangst, er hat das Gefühl, hier zu ersticken, und kennt nur den einen Trieb: hinauszugelangen. Wenn man ihn laufen ließe, würde er ohne Deckung irgendwohin rennen. Er ist nicht der erste. Da er sehr wild ist und die Augen sich schon verdrehen, so hilft es nichts, wir müssen ihn verprügeln, damit er vernünftig wird. Wir tun es schnell und erbarmungslos und erreichen, daß er vorläufig wieder ruhig sitzt. Die andern sind bleich geworden bei der Geschichte, hoffentlich schreckt es sie ab. Dieses Trommelfeuer ist zuviel für die armen Kerle. Sie sind vom Feldrekrutendepot gleich in einen Schlamassel geraten, der selbst einem alten Mann graue Haare machen könnte.
Die stickige Luft fällt uns nach diesem Vorgang noch mehr auf die Nerven. Wir sitzen wie in unserm Grabe und warten nur darauf, daß wir zugeschüttet werden. Plötzlich heult und blitzt es ungeheuer, der Unterstand kracht in allen Fugen unter einem Treffer, glücklicherweise einem leichten, dem die Betonklötze standgehalten haben. Es klirrt metallisch und fürchterlich, die Wände wackeln, Gewehre, Helme, Erde, Dreck und Staub fliegen. Schwefliger Qualm dringt ein. Wenn wir statt in dem festen Unterstand in einem der leichten Dinger säßen, wie sie neuerdings gebaut werden, lebte jetzt keiner mehr. Wir wären verschüttet oder tot.
Die Wirkung ist aber auch so schlimm genug. Der Rekrut von vorhin tobt schon wieder, und zwei andere schließen sich an. Einer reißt aus und läuft weg. Wir haben Mühe mit den beiden andern. Ich stürze hinter dem Flüchtenden her und überlege, ob ich ihm in die Beine schießen soll — da pfeift es heran, ich werfe mich hin, und als ich aufstehe, ist die Grabenwand mit heißen Splittern, Fleischfetzen und Uniformlappen bepflastert. Ich kletterte zurück.
Der erste scheint wirklich verrückt geworden zu sein. Er rennt mit dem Kopf wie ein Bock gegen die Wand, wenn man ihn losläßt. Wir werden nachts versuchen müssen, ihn nach hinten zu bringen. Vorläufig binden wir ihn so fest, daß man ihn beim Angriff sofort wieder losmachen kann.
Kat schlägt vor, Skat zu spielen — was soll man tun, vielleicht ist es dann leichter. Aber es wird nichts daraus, wir lauschen auf jeden Einschlag, der näher ist, und verzählen uns bei den Stichen oder bedienen nicht die Farbe. Wir müssen es lassen. Wie in einem gewaltig dröhnenden Kessel sitzen wir, auf den von allen Seiten losgeschlagen wird.
Noch eine Nacht. Wir sind jetzt stumpf vor Spannung.
Mit einem Male hören die nahen Einschläge auf. Das Feuer dauert an, aber es ist zurück-

verlegt, unser Graben ist frei. Wir greifen nach den Handgranaten, werfen sie vor den Unterstand und springen hinaus. Das Trommelfeuer hat aufgehört, dafür liegt hinter uns ein schweres Sperrfeuer. Der Angriff ist da.

Niemand würde glauben, daß in dieser zerwühlten Wüste noch Menschen sein könnten, aber jetzt tauchen überall aus dem Graben die Stahlhelme auf, und fünfzig Meter von uns entfernt ist schon ein Maschinengewehr in Stellung gebracht, das gleich losbellt. Die Drahtverhaue sind zerfetzt. Immerhin halten sie noch etwas auf. Wir sehen die Stürmenden kommen. Unsere Artillerie funkt. Maschinengewehre knarren, Gewehre knattern. Von drüben arbeiten sie sich heran. Haie und Kropp beginnen mit den Handgranaten. Sie werfen, so rasch sie können, die Stiele werden ihnen abgezogen zugereicht. Haie wirft sechzig Meter weit, Kropp fünfzig, das ist ausprobiert und wichtig. Die von drüben können im Laufen nicht viel eher etwas machen, als bis sie auf dreißig Meter heran sind.

Wir erkennen die verzerrten Gesichter, die flachen Helme, es sind Franzosen. Sie erreichen die Reste des Drahtverhaus und haben schon sichtbare Verluste. Eine ganze Reihe wird von dem Maschinengewehr neben uns umgelegt, dann haben wir viele Ladehemmungen, und sie kommen näher.

Ich sehe einen von ihnen in einen spanischen Reiter stürzen, das Gesicht hoch erhoben. Der Körper sackt zusammen, die Hände bleiben hängen, als wollte er beten. Dann fällt der Körper ganz weg, und nur noch die abgeschossenen Hände mit den Armstümpfen hängen im Draht.

Aus uns sind gefährliche Tiere geworden. Wir kämpfen nicht, wir verteidigen uns vor der Vernichtung. Wir schleudern die Granaten nicht gegen Menschen, was wissen wir im Augenblick davon, dort hetzt mit Händen und Helmen der Tod hinter uns her, wir können ihm seit drei Tagen zum ersten Male ins Gesicht sehen, wir können uns seit drei Tagen zum ersten Male wehren gegen ihn, wir haben eine wahnsinnige Wut, wir liegen nicht mehr ohnmächtig wartend auf dem Schafott, wir können zerstören und töten, um uns zu retten und zu rächen.

Wir hocken hinter jeder Ecke, hinter jedem Stacheldrahtgestell, und werfen den Kommenden Bündel von Explosionen vor die Füße, ehe wir forthuschen. Das Krachen der Handgranaten schießt kraftvoll in unsere Arme, in unsere Beine; geduckt wie Katzen laufen wir, überschwemmt von dieser Welle, die uns trägt, die uns grausam macht, zu Wegelagerern, zu Mördern, zu Teufeln meinetwegen, dieser Welle, die unsere Kraft vervielfältigt in Angst und Wut und Lebensgier, die uns Rettung sucht und erkämpft. Käme dein Vater mit denen drüben, du würdest nicht zaudern, ihm die Granate gegen die Brust zu werfen!

Die vorderen Gräben werden aufgegeben. Sind es noch Gräben? Sie sind zerschossen, vernichtet — es sind nur einzelne Grabenstücke, Löcher, verbunden durch Laufgänge, Trichternester, nicht mehr. Aber die Verluste derer von drüben häufen sich. Sie haben nicht mit so viel Widerstand gerechnet.

Es wird Mittag. Die Sonne brennt heiß, uns beißt der Schweiß in die Augen, wir wischen ihn mit dem Ärmel weg, manchmal ist Blut dabei. Der erste etwas besser erhaltene Graben taucht auf. Er ist besetzt und vorbereitet zum Gegenstoß, er nimmt uns auf. Unsere Artillerie setzt mächtig ein und riegelt den Vorstoß ab. Die Linien hinter uns stocken. Sie können nicht vorwärts. Der Angriff wird zerfetzt durch unsere Artillerie. Wir lauern. Das Feuer springt hundert Meter weiter, und wir brechen wieder vor. Neben mir wird einem Gefreiten der Kopf abgerissen. Er läuft noch einige Schritte, während ihm das Blut wie ein Springbrunnen aus dem Hals schießt.

Wir werden wieder mit vorwärtsgezogen, willenlos und doch wahnsinnig wild und wütend, wir wollen töten, denn das dort sind jetzt unsere Todfeinde, ihre Gewehre und Granaten sind gegen uns gerichtet, vernichten wir sie nicht, dann vernichten sie uns!

Wir haben alles Gefühl füreinander verloren, wir kennen uns kaum noch, wenn das Bild des andern in unseren gejagten Blick fällt. Wir sind gefühllose Tote, die durch einen Trick, einen gefährlichen Zauber noch laufen und töten können.

Ein junger Franzose bleibt zurück, er wird erreicht, hebt die Hände, in einer hat er noch den Revolver — man weiß nicht, will er schießen oder sich ergeben —, ein Spatenschlag spaltet ihm das Gesicht. Ein zweiter sieht es und versucht weiterzuflüchten, ein Bajonett zischt ihm in den Rücken. Er springt hoch, und die Arme ausgebreitet, den Mund schreiend weit offen, taumelt er davon, in seinem Rücken schwankt das Bajonett. Ein dritter wirft das Gewehr weg, kauert sich nieder, die Hände vor den Augen ...

Ein Maschinengewehr kläfft, wird aber durch eine Handgranate erledigt. Immerhin haben die paar Sekunden für fünf Bauchschüsse bei uns ausgereicht. Kat schlägt einem der unverwundet gebliebenen Maschinengewehrschützen mit dem Kolben das Gesicht zu Brei. Die andern erstechen wir, ehe sie ihre Handgranaten heraus haben. Dann saufen wir durstig das Kühlwasser aus.

Überall knacken Drahtzangen, poltern Bretter über die Verhaue, springen wir durch die schmalen Zugänge in die Gräben. Haie stößt einem riesigen Franzosen seinen Spaten in den Hals und wirft die erste Handgranate; wir ducken uns einige Sekunden hinter einer Brustwehr, dann ist das gerade Stück des Grabens vor uns leer. Schräg über die Ecke zischt der nächste Wurf und schafft freie Bahn, im Vorbeilaufen fliegen geballte Ladungen in die Unterstände, die Erde ruckt, es kracht, dampft und stöhnt, wir stolpern über glitschige Fleischfetzen, über weiche Körper, ich falle in einen zerrissenen Bauch, auf dem ein neues, sauberes Offizierskäppi liegt.

Das Gefecht stockt. Die Verbindung mit dem Feinde reißt ab. Da wir uns hier nicht lange halten können, werden wir unter dem Schutze unserer Artillerie zurückgenommen auf unsere Stellung. Kaum wissen wir es, als wir in größter Eile noch in die nächsten Unterstände stürzen, um von Konserven an uns zu reißen, was wir gerade sehen, vor allem die Büchsen mit Corned beef und Butter, ehe wir türmen.

Erich Maria Remarque

Radikaler Pazifismus 1919 – 1933

Schuld am Krieg sind wir selbst

Dies Buch sei allen Kriegsgewinnlern, Schiebern und Kriegshetzern freundlichst zugeeignet,
und nicht zuletzt gewidmet auch den Königen, Generälen, den Präsidenten und Ministern aller Länder.
Den Priestern aber, die die Waffen segneten im Namen Gottes, denen sei dies Buch als Kriegs-Bibel gewidmet!
Wohl ist das Kapital Ursache jeden Krieges.
Doch Schuld am Kriege sind wir selbst!
An uns Proleten liegt es, Krieg zu führen,
und ebenso liegt es an uns, die Kriege zu verhindern.
Weigert den Dienst!
Erzieht die Kinder so, daß sie sich später weigern, Soldaten- und Kriegsdienst zu tun!
Wie viele übersehen allzu leicht, daß in dem eigenen Hause, in der Familie, der Krieg freiwillig vorbereitet wird!
Und hier liegt aller Laster Anfang,
hier liegt der Anfang auch des Krieges.
Der Vater, der Soldatenspielzeug seinem Kinde schenkt, mobilisiert das Kindchen für den Kriegsgedanken!
Bedenk das Eine stets:
das kleine Helmchen, von Papier gefertigt,
wird einst der Stahlhelm auf dem Kopf des Mörders.
Und hat das Kind erst mit dem Luftgewehr geübt,
wie selbstverständlich wird es später mit der Flinte schießen!
Ihr Eltern, die Ihr es nicht wollt, daß Eure Söhne anderer Eltern liebevolle Söhne morden, Ihr sollt bedenken, daß das Kind, das Ihr mit Helm, mit Säbel und Gewehr beschenkt, sich seine zarte Seele aus dem jungen Körper spielt!
Doch jene Kinder, die zur Liebe und zur Solidarität, zur unbedingten Achtung vor dem unverletzlich heilgen Menschenleben sind erzogen, die Kinder werden ganz bestimmt untauglich sein für Waffendienst und Kriegsverwendung.
Wir Kriegsdienstgegner müssen endlich allen Glorienschein und allen Hokuspokus, mitsamt dem glänzend bunten Flitterkram der Soldateska niederreißen, und das aussprechen, was dann noch übrigbleibt:
ein vom Staat bezahlter Berufsmörder,
der in staatlich konzessionierten Mörderschulen (genannt Kasernen) ausgebildet wird
in Ausübung des schrecklichsten Verbrechens:
des Menschenmordes!
Bringt das den Kindern bei!

Und sollte dennoch wieder Krieg ausbrechen, dann konsequent und rücksichtslos: Krieg dem Kriege!
Der Generalstreik sei die erste Waffe!
Die Männer werden den Dienst verweigern!
Das wahre Heldentum liegt nicht im Morden,
sondern in der Weigerung, den Mord zu tun!
Füllt lieber alle Gefängnisse und Zuchthäuser und alle Irrenanstalten aller Länder.
Noch ist der letzte, schauerlichste Krieg nicht ausgebrochen, der Gas und Gift und Flammen speien wird auf Menschen, Tiere, Häuser.
Es liegt in unsren Händen, unserer Kraft, das Ungeheuerlichste zu verhüten, zu verhindern!

Ernst Friedrich

Nie wieder Krieg

Drei Minuten Gehör will ich von euch, die ihr arbeitet —!
Von euch, die ihr den Hammer schwingt,
von euch, die ihr auf Krücken hinkt,
von euch, die ihr die Feder führt,
von euch, die ihr die Kessel schürt,
von euch, die mit den treuen Händen
dem Manne ihre Liebe spenden —
von euch, den Jungen und den Alten —:
Ihr sollt drei Minuten innehalten.
Wir sind ja nicht unter Kriegsgewinnern.
Wir wollen uns einmal erinnern.

Die erste Minute gehöre dem Mann.
Wer trat vor Jahren in Feldgrau an?
Zu Hause die Kinder — zu Hause weint Mutter ...
Ihr: feldgraues Kanonenfutter—!
Ihr zogt in den lehmigen Ackergraben.
Da saht ihr keinen Fürstenknaben:
der soff sich einen in der Etappe
und ging mit den Damen in die Klappe.
Ihr wurdet geschliffen. Ihr wurdet gedrillt.
Wart ihr noch Gottes Ebenbild?
In der Kaserne — im Schilderhaus
wart ihr niedriger als die schmutzigste Laus.
Der Offizier war eine Perle,
aber ihr wart nur „Kerle“!
Ein elender Schieß- und Grüßautomat.
„Sie Schwein! Hände an die Hosennaht —!“
Verwundete mochten sich krümmen und biegen:
kam ein Prinz, dann hattet ihr stramm zu liegen.
Und noch im Massengrab wart ihr die Schweine:
Die Offiziere lagen alleine!
Ihr wart des Todes billige Ware ...
so ging das vier lange blutige Jahre.
Erinnert ihr euch?

Die zweite Minute gehöre der Frau.
Wem wurden zu Haus die Haare grau?
Wer schreckte, wenn der Tag vorbei,
in den Nächten auf mit einem Schrei?
Wer ist es vier Jahre hindurch gewesen,
der anstand in langen Polonaisen,
indessen Prinzessinnen und ihre Gatten,
alles, alles, alles hatten — — ?
Wem schrieben sie einen kurzen Brief,
daß wieder einer in Flandern schlief?
Dazu ein Formular mit zwei Zetteln ...
wer mußte hier um die Rente betteln?
Tränen und Krämpfe und wildes Schrein.
Er hatte Ruhe. Ihr wart allein.
Oder sie schickten ihn, hinkend am Knüppel,
euch in die Arme zurück als Krüppel.
So sah sie aus, die wunderbare
große Zeit — vier lange Jahre ...
Erinnert ihr euch — ?

Die dritte Minute gehört den Jungen!
Euch haben sie nicht in die Jacken gezwungen!
Ihr wart noch frei, ihr seid heute frei!
Sorgt dafür, daß es immer so sei!
An euch hängt die Hoffnung. An euch das Vertraun
von Millionen deutschen Männern und Fraun.
Ihr sollt nicht stramm stehn. Ihr sollt nicht dienen!
Ihr sollt frei sein! Zeigt es ihnen!
Und wenn sie euch kommen und drohen mit Pistolen — :
Geht nicht! Sie sollen euch erst mal holen!
Keine Wehrpflicht! Keine Soldaten!
Keine Monokel-Potentaten!
Keine Orden! Keine Spaliere!
Keine Reserveoffiziere!
Ihr seid die Zukunft!
Euer das Land!
Schüttelt es ab, das Knechtschaftsband!
Wenn ihr nur wollt, seid ihr alle frei!
Euer Wille geschehe! Seid nicht mehr dabei!
Wenn ihr nur wollt; bei euch steht der Sieg — !
Nie wieder Krieg!

Kurt Tucholsky

Aktionen gegen den Krieg

Die Pazifisten wollen jeden Krieg als Verbrechen abgestempelt wissen. Sie wollen sich nicht darauf beschränken, den Krieg mit Worten zu verdammen, sondern sie greifen zu Kampfmitteln gegen den Krieg.

Sie erklären, daß sie einer Regierung, die zu den Waffen greift, sowohl den Waffendienst als jede Unterstützung des Waffendienstes verweigern. Im September 1927 faßte der Vertretertag der Westdeutschen Friedensgesellschaft in Dortmund den Entschluß, die Antikriegsaktion in Westfalen und im Rheinland in Angriff zu nehmen. Nun setzte die Reaktion ein. In der schwarz-weiß-roten Presse ertönte der Ruf „das Vaterland ist in Gefahr". Einerseits möchte man den Pazifismus als Hirngespinst einiger verrückter Utopisten lächerlich machen, andererseits wird dazu aufgefordert, „dieses ungeheure, folgenschwere Verbrechen" mit allen zu Gebote stehenden Mitteln auszurotten.

Zu diesen Mitteln gehören: Dienstentlassung der Unterzeichner des Aufrufes zur Kriegsdienstverweigerung; bei Kriegsbeschädigten: Entziehung der Pension und anderes mehr. Der „Tag" hetzte den Reichswehrminister auf einen Kapitänleutnant a. D., der für Kriegsdienstverweigerung agitiert. Den Einwand, die Kriegsdienstgegneraktion verspräche keinen Erfolg, weisen die radikalen Pazifisten zurück. Sie sind der Ansicht, daß die Regierung im Kriegsfall vielleicht Hunderte von Kriegsdienstgegnern abschießen lassen, Tausende ins Gefängnis werfen könnte, daß sie jedoch schon Zehntausenden gegenüber machtlos sein würde.

Aus der Zeitschrift „Tagebuch", 1927

Fantasie von übermorgen

Und als der nächste Krieg begann,
da sagten die Frauen: Nein!
und schlossen Bruder, Sohn und Mann
fest in der Wohnung ein.

Dann zogen sie, in jedem Land,
wohl vor des Hauptmanns Haus
und hielten Stöcke in der Hand
und holten die Kerle heraus.

Sie legten jeden übers Knie,
der diesen Krieg befahl:
die Herren der Bank und Industrie,
den Minister und General.

Da brach so mancher Stock entzwei.
Und manches Großmaul schwieg
In allen Ländern gab's Geschrei,
und nirgends gab es Krieg.

Die Frauen gingen dann wieder nach Haus,
zum Bruder und Sohn und Mann,
und sagten ihnen, der Krieg sei aus!
Die Männer starrten zum Fenster hinaus
und sahn die Frauen nicht an . . .

Erich Kästner

Soziale und ideologische Kriege IV

DER SPANISCHE BÜRGERKRIEG

Guadalajara — Revolution durch Ideen oder Handgranaten?

Wir kamen zum Kilometerstein 74. Torija, das Gebirgsdorf, lag hinter uns, und vor uns liefen zwei Straßen aus dem Osten zusammen. Die eine kam aus Siguenza, und die andere kurvte durch ein Plateau gegen Brihuega hin. Beide Orte hatte der Feind besetzt. Langsam ging er auf beiden Straßen vor. Wie konnte man ihn aufhalten?

Ich erfuhr, daß sämtliche Feldküchen kein Feuerholz hatten, die Männer der Internationalen Brigade waren auf ihren Posten, aber die Spanier hielten lange Debatten ab, und keine Feldtelefone waren verlegt.

Das war nichts Neues. All unsere Schlachten hatten so begonnen — im Chaos. Wir waren alle Amateure, Russen, Spanier und die Leute von den Internationalen Brigaden gleichermaßen. Aber diese Schlacht war vielleicht wichtiger als jede andere. Hier standen wir den Truppen des Duce und des Führers gegenüber. Dies waren sophistische politische Betrachtungen, aber schließlich war ich ja auch ein Kommissar und kein Kommandant.

Ein Afrikaner aus dem Garibaldi-Bataillon kam zu mir. Ich kannte den Mann und wußte, daß er aus Abessinien stammte und daß man seinen Vater dort gehängt hatte. Er begrüßte mich und sagte, indem er sich mit der Hand über den Hals fuhr: „Mio giorno. — Mein Tag." Er war in Richtung Brihuega verschwunden, ehe ich recht begriff, was er meinte.

Aber seine Geste machte mir Angst. Genau dies durfte nicht passieren. Schon aus rein militärischen Erwägungen heraus nicht. Dies war eine Schlacht, die zwischen Offizieren und Mannschaften entschieden, zwischen dem Duce und seinen Truppen entschieden werden mußte. Es ging nicht darum, ihnen die Kehle durchzuschneiden, sondern sie für uns zu gewinnen. Dies war unsere Aufgabe hier. Die Revolution durch Ideen. Der wahre Bürgerkrieg in seiner völligen Neuartigkeit besteht darin, den Feind zu desintegrieren, die lügenhafte Propaganda zu demaskieren, die Menschlichkeit inmitten des Mordens wiederherzustellen.

Ich telefonierte aus dem halbwegs demolierten Stabsbüro nach Madrid. Italienische Kommissare hatten sich schon an die Arbeit gemacht. In einer Stunde würden die Fahnenabzüge von einem Motorradfahrer gebracht werden, damit ich meine Zustimmung zum Druck geben könne. Ich war so aufgeregt, daß ich mich kaum beherrschen konnte. Ich hatte so lange auf diesen Augenblick gewartet! „Zustimmung", schrie ich, „dazu ist keine Zeit. Fangt sofort an zu drucken, und schickt mir dann das Zeug her. Imprimatur, imprimatur, imprimatur!" Ich wiederholte dieses Wort der Klerikersprache, das Publikationen sanktioniert, und ich hatte meinen Spaß daran.

Und dann begann das Drama mit den Handzetteln. Tagelang zog es sich hin und her. Neun Tage fand ich kaum Schlaf.

Schnee fiel auf die Straße und auf das befestigte Schloß von Ibarra, vor dem die Franzosen und Italiener lagen, und auf unserem rechten Flügel kämpften sich die Polen langsam und hartnäckig vor. Maschinengewehre wurden unter den Büschen bei den Parktoren in Stellung gebracht, aber sie schwiegen. Zuerst sprachen die Lautsprecher und verkündeten in der kalten Luft ihre herzmassierenden Botschaften. Ich sah in die schwarz klaffenden Münder in den weiß behangenen Bäumen. Der erste Lautsprecher lief schon. Ich stand direkt unter ihm, hundert Meter vom Schloß entfernt, und hörte, wie die Garibaldi-Leute die Männer des Duce riefen:
„Italienische Brüder! Marschall Graziani, den ihr die libysche Hyäne nennt und den die Äthiopier ‚General Yperite' getauft haben, hat die gerechte Rache erreicht. Bei dem Versuch, sich selbst umzubringen, hat er sich schwer verletzt. Auch euch, wenn ihr dort bleibt, wo ihr jetzt seid, droht Gefahr. Der Haß Spaniens wird über euch hingehen. Italienische Brüder, das spanische Volk kämpft um seine Freiheit. Verlaßt die Reihen der Feinde! Kommt zu uns. Wir werden euch als Waffengefährten beim Garibaldi-Bataillon willkommen heißen."
Eine Kugel schlug in die Mauer, als ich mit dem Franzosen dort stand, um die Auswirkungen zu beobachten.
„Ein nettes Satzzeichen!" sagte Boursier, der jugendliche Kommandeur. Er sagte es so grimmig, daß ich dahinter etwas vermutete.
„Wieso?" fragte ich.
„Es war ein Dumdumgeschoß. Sie haben die Spitze abgefeilt ..."
„Ich weiß schon, was ein Dumdumgeschoß ist."
„Und was sollen wir nun tun? Mit Liebesbriefen darauf antworten?"
„Ta gueule!" (Halts Maul!) Am scharfen Ton meiner Stimme mußte er meinen Unwillen erkannt haben. Aber ein Garibaldi-Mann gibt so leicht nicht auf. Der Mann am Lautsprecher räusperte sich und zitierte nun aus einer Rede von Pacciardi, ihrem Kommandeur, der in Paris gewesen war, um dort Waffen zu kaufen, und den man zurückgerufen hatte in der letzten Nacht, weil dies der Augenblick war, auf den er Jahre gewartet hatte.
„Im Schlamm der Gräben, mitten im Donner der Waffen lächelt uns ein Ideal des Friedens ..."
Die Italiener, die bei mir standen, weinten, aber es waren glückliche Tränen. Ihr Exil war zu Ende. Alles war nun anders.
Die Zeiten, da die Polizei sie schikanieren, da Reporter sie beleidigen konnten, waren vorbei. Jetzt kämpften sie, das selbstauferlegte Schweigen in den Cafés von Paris war vorbei, sie konnten Antwort geben, sagen, was sie wirklich dachten, beweisen, daß es ihnen mit dem Ideal der Menschlichkeit ernst war. Die Front hatte sich verlagert, sie verlief nicht mehr durch Polizeigefängnisse und Folterkammern. Jetzt wurden die neuen Halbgötter herausgefordert, das Imperium Romanum und das Dritte Reich. Hier verlief die Grenze, vor dem Schloß eines spanischen Granden, die Lautsprecher bewiesen es.

„Sie verschafften uns diese Gelegenheit!" sagte der Italiener Barontini zu Augosto, dem großen, überall populären Hauptmann. Augosto lächelte. „Die Ehre ist ganz meinerseits", sagte er und blickte über die Maschinengewehre gegen das Schloß hin, von wo vielleicht eine Antwort kommen würde. Aber wann, wann endlich? Wer weiß? Augosto hatte kein Vertrauen in Handzettel.

„Wenn alle so wären wie Sie, Augosto“, sagte der Pole Janek, „würdet ihr uns von der Internationalen Brigade gar nicht brauchen.“
Augosto lächelte wieder und signalisierte dem linken Flügel seiner Kompanie. Seine jungen Männer sprangen zwanzig Meter vorwärts und näherten sich der Kapelle. Maschinengewehrfeuer brach los, aber sie hatten sich schon flach auf den Boden geworfen. Wieder kam ein Bericht von den Italienern. „Augosto liegt zwanzig Meter vor der Kapelle. Man muß die Faschisten wieder ablenken. Lautsprecher einsetzen!“
Der Mann am Lautsprecher sang den italienischen Schlager, dessen Text beginnt „Fratelli nostri . . .“
Jetzt war Augosto bis auf zehn Meter an das Schloß heran. Was würde siegen, Verstand oder Mut?
Die Kugel traf Augosto, als er zum Eingang lief. Sie traf ihn ins Herz, riß seinen Mund auf und warf ihn in den Schnee.
Seine Landsleute wurden stumm, als die Nachricht umlief. Einige seiner Leute brachten die Leiche zurück, viele Menschen schlossen sich den Leichenträgern an, alle weinten, niemand fragte, wer seinen Platz ausfüllen würde. Die Welt schien stillzustehen.
Ich traf sie mit dem toten Mann auf der Straße nach Trijueque. Augosto schien unter den Tüchern sogar noch größer. Ich hatte ihm oft zugesehen, wenn er seine Anweisungen gab. Jetzt beugte ich mich nieder und küßte die Stirn des Toten, auf der schmelzender Schnee klebte. Die Träger weinten.
„Ermordet von einem Italiener“, schrie einer von ihnen.
„Caido — in der Schlacht gefallen“, verbesserte ich ihn.
Vom Schloß her drang der Schlachtlärm herüber. Die Kämpfe waren aufgeflammt, die Lautsprecher schwiegen, als schämten sie sich. Der erste Tag der ideologischen Kriegsführung hatte mit einer Niederlage geendet.
Aber ich gab nicht auf. Am nächsten Tag brachte ich die gelben Handzettel vor zu den Polen, die sich durch felsiges Gelände vorarbeiteten. Kommissar Henri übersetzte sie ihnen, während wir am Rand des Brihuega-Tals krochen. Die Männer protestierten heftig, und Henri übersetzte mir ihre Einwände. „Warum soll niemand eine Bombe auf den Mussolini werfen? Wenn die Italiener drüben so gern desertieren, warum erschießen sie dann nicht ihre Offiziere? Wir sind nicht von der Heilsarmee!“
Die Männer, die protestierten, waren alle Kommunisten. Als mir nichts Besseres einfiel, übernahm ich Gallos Methode und erklärte, die Verteilung der Flugblätter sei ein Parteibefehl.
In dieser Nacht brachten sie sie hinüber zu den feindlichen Linien.
Bei den Italienern machte ich es auch so. Wir wickelten die Flugblätter um Steine. Schere schneidet Papier, Stein schärft Schere, Papier wickelt Steine ein . . . ein altes Kinderspiel. Wir warfen die Botschaften des Friedens in die Schützengräben, in denen Mussolinis Soldaten schliefen und krochen dann wieder zurück.
Diese zweite Nacht brachte einen Sieg. Ich erzählte es Augosto, als wir ihn am Morgen des dritten Tages begruben.
Am dritten Tag rebellierten einige unserer Italiener. Sie seien nicht hergekommen, um Flugblätter zu verteilen. Sie wollten Rache für die Jahre des Exils, die Jahre in fremden Städten, wo es keinen Korso gab und die Leute unverständliche Sprachen redeten, wo man nicht mit anderen Emigranten sprechen konnte, weil man sie nicht verstand, und wo keiner da war, der die eigene Sprache sprach. Verona, Perugia, Florenz, Rom . . .

sie wollten Rache für das Leben, um das Mussolini sie gebracht hatte. Und nun lagen sie ja seinen Offizieren gegenüber. Erschießen soll man sie. Die Waffen sollen sprechen. Flugblätter? Verrückt! Auf so etwas können nur Intellektuelle verfallen. (Sie hatten herausbekommen, daß ich ein Schriftsteller war.) Warum greifen wir nicht Brihuega mit Messern zwischen den Zähnen an? An diesem Tag fingen sie Luigi, den leichtsinnigen Luigi. Gott weiß, was sie mit ihm in Brihuega machen werden.
Es war hart, dagegen etwas ausrichten zu wollen. Aber wieder halfen mir die Kommunisten. Sie sagten, der Feind sei nahe daran, sich zu ergeben, und tatsächlich flaute das Feuer aus Richtung Ibarra gegen Nachmittag ab. Jetzt traten wieder die Lautsprecher in Aktion. „Fratelli nostri . . .“ Unsere Sprecher redeten mit viel Gefühl. Wir waren voller Hoffnung, bis im Verlauf des regnerischen Abends eine Patrouille Luigi fand. Er lag in einer Furche neben einem Zelt, das der Feind eilig aufgegeben hatte. An seinen Handgelenken sahen wir die Spuren der Marter, alle Zähne waren ihm ausgeschlagen worden. Er war kaum wiederzuerkennen. Aber die Garibaldi-Leute erkannten ihn. Jetzt weinten sie nicht mehr.
Wäre ich in dieser Nacht mit Flugblättern zu ihnen gegangen, als sie in den Schützenlöchern um Brihuega und vor den Mauern von Ibarra lagen und Luigis Schicksal besprachen, ich glaube, sie hätten ihre Handgranaten nach mir geworfen.
So wartete ich und half Luigi begraben.
Dann wehte eine rote Fahne an einem der Fenster in Ibarra. Als wir es sahen, hielten wir alle den Atem an. Und als kurz darauf eine Gruppe Schwarzhemden aus dem Schloß kam und zu einem unter den Büschen verborgenen Tank lief, tanzten die jungen Spanier vor Freude wie kleine Kinder. Sie wollten die Überläufer begrüßen und ihnen Zigaretten anbieten.
Aber es war nur eine Falle. Plötzlich schossen die Maschinengewehre wieder das Vorfeld frei. Doch eine halbe Stunde später sah ich am Fenster eine Hand, die nach der roten Fahne griff.
Durch mein Glas konnte ich erkennen, daß sie im Todeskampf zuckte. Ein Offizier hatte die offenbar doch ehrliche Geste seiner enttäuschten Soldaten mit einem Genickschuß geahndet. Aber die zitternde Hand gab mir die Stärke, meine Schlacht in der Schlacht fortzusetzen.
Weitere Lautsprecher wurden in Stellung gebracht. Unsere Italiener entwarfen neue Texte. Ein Lautsprecherwagen aus Madrid fuhr so nahe wie möglich an die vorderste Linie heran. Schauspieler sprachen zu den Soldaten des Duce. Sie appellierten an ihre Ehre, sprachen ihr Heimweh an und, als ginge es um Kinder, erinnerten sie an die Gefahr. „Ritornate alle vostre case, non dovete morire! — Geht heim, und ihr müßt nicht sterben!“
In dieser Nacht verließ der kommandierende Offizier mit seinen Stabsoffizieren, die Parteimitglieder waren, das Schloß. Ein paar Berufsoffiziere und Sergeanten blieben bei den demoralisierten Truppen zurück. Er verschwand in der Nacht, und aus der Dunkelheit muß er die Stimme gehört haben, die die Worte Garibaldis sagte: „Sie versprachen euch die Erde, aber sie geben euch den Tod.“ Schnee fiel und bedeckte die Leichen von Freund und Feind mit seinem weißen Überwurf.
Am nächsten Tag gewannen die Kommissare. Ich ließ die „Internationale“ spielen. Sie würde die Katholiken auf der anderen Seite vielleicht schockieren und die Gemüter der Faschisten verhärten, aber es schien mir, daß auf so viele Worte nur Musik folgen

sollte, eine Botschaft ohne Worte. Und als die Melodie aus dem getarnten Lautsprecherwagen erscholl, kam es mir vor, als enthalte dieses Lied, das in Rußland einst Angst und Schrecken verbreitet hatte, die Reinheit eines übermenschlichen Strebens.
Kaum hatten die Polen das Lied gehört, da setzten sie die Bajonette auf ihre Gewehre und stürmten gegen die Mauern hoch über Brihuega. Sie wollten nicht zu spät kommen. Barontini, der italienische Kommissar, dessen Kompanie unter schwerem Artilleriefeuer lag, schrie mich an, als ich zu ihm in sein Grabenloch kroch. Granaten explodierten, und die Melodiefetzen wehte uns der Wind zu.
„Theater!" brummte Barontini. „Massenschlächterei der Freiwilligen mit Musikbegleitung. Wieder so ein blödsinniger Einfall!"
„Was wollen Sie ... ich bin ja selbst auch mit dabei."
Er schwieg. Ein Geschoß explodierte, und ein schwerer Mann kam die Stufen herunter. Es war der Abessinier. „Die Kehlen sollte man ihnen durchschneiden", sagte er und wollte wieder hinab. Ich faßte ihn am Arm und sagte: „Die Verwundeten nicht anrühren, verstanden? Alles Kameraden, verstanden? Auch Abessinier, verstehst du?" Ich merkte, die letzten Worte hatten ihn beeindruckt.
Er wartete nicht, bis der Splitterregen aufgehört hatte, sondern stürzte sich in die Hölle über uns.
Eine Stunde später ergab sich Ibarra. Mussolinis Soldaten kamen zögernd auf uns zu, aber diesmal war es keine Täuschung, sie hatten alle die Hände erhoben. Sie wurden rasch nach Waffen durchsucht, dann erlaubte man ihnen, die Hände wieder herunterzunehmen.
Sie kamen in Gruppen in unser Hauptquartier. Wir zählten sie nicht. Lukacz strahlte und deutete dann auf die Männer vom Garibaldi-Bataillon, die fast scheu die Gefangenen betrachteten. „Sieht fast so aus, als schämten sie sich", sagte Lukacz.
Das war fast symptomatisch für die Verwirrung unseres Jahrhunderts.
Der Abessinier drängte sich durch, er führte zwei Italiener hinter sich her, ihre Handgelenke waren mit einer Schnur gebunden. Er kam auf mich zu, grüßte und lachte breit, und dann lachten alle Männer, glücklich über ihren Sieg. Sogar die Gefangenen lachten.
„Recht so!" sagte ich und umarmte ihn. „Und nun nehmen Sie ihnen noch die Schnur ab."
Es war unser bedeutendster Sieg.

Gustav Regler

Seite 58 und 59: ▶
Der „Augenblick der Wahrheit". Eines der berühmtesten Fotos des großen Fotografen Robert Capa aus dem Spanischen Bürgerkrieg.

Seite 60 und 61:
Die geschlagene spanisch-republikanische Armee überschreitet hinter einem französischen Polizisten die Grenze nach Frankreich. Foto: Robert Capa

Seite 62, Bild oben und unten:
Kinderzeichnungen zum Thema „Guernica", gemalt von spanischen Kindern.

Seite 63:
Berlin, Kurfürstendamm, November 1943, nach einem Luftangriff. Foto: Dr. Wolf Strache

Bild oben:
„Das Ringen um Verdun". Französische Aufnahme von den Kämpfen um Suchez.

Bild unten:
Die englische Offensive im August 1918. Ein deutscher Soldat verläßt den Unterstand.

Fotos:
Staatsbibliothek Preußischer Kulturbesitz Berlin

Corazon

EISE IN DIE VERGANGENHEI

Erste Nachrichtenübermittlung im zerstörten Dresden.
Foto: Hans Schaller (Die letzten hundert Tage)

In Berlin im Feuer erstickt.
Foto: Hans Schaller (Die letzten hundert Tage)

Die Tragödie von Guernica

Augenzeugenbericht von unserem Sonderkorrespondenten Bilbao, 27. April 1937

Guernica, die älteste Stadt der Basken und das Zentrum ihrer kulturellen Tradition, wurde gestern nachmittag durch einen Luftangriff der Aufständischen völlig zerstört. Das Bombardement dieser offenen Stadt weit hinter der Kampflinie dauerte genau drei und eine viertel Stunde; ohne Unterbrechung lud während dieser Zeit eine starke Luftwaffeneinheit, bestehend aus drei deutschen Typen: Junkers- und Heinkelbombern und Heinkeljägern, über der Stadt Bomben im Gewicht bis zu 450 kg ab, dazu schätzungsweise mehr als 3000 kg Aluminium-Brandgeschosse. Gleichzeitig stießen die Kampfflugzeuge aus der Höhe über dem Zentrum der Stadt herab und beschossen aus geringer Entfernung die in die umliegenden Felder geflüchtete Zivilbevölkerung mit Maschinengewehren. Bald stand ganz Guernica in Flammen, mit Ausnahme der historischen Casa de Juntas mit ihren reichen Archiven des Baskenvolkes, wo das alte Baskenparlament seine Sitzungen abzuhalten pflegte. Die berühmte Eiche von Guernica, ihr verdorrter, 600 Jahre alter Stamm mit seinen frischen Trieben aus diesem Jahrhundert blieb ebenfalls unbeschädigt. Hier pflegten die Könige von Spanien ihren Eid zu leisten, daß sie die demokratischen Rechte (fueros) der Biskaya respektieren würden, und erhielten dafür das Versprechen der Anerkennung ihrer Souveränität mit dem demokratischen Titel „Senor", nicht „Rey Vizkaya". Die prächtige Gemeindekirche Santa Maria blieb auch unbeschädigt mit Ausnahme des schönen Kapitelhauses, das von einer Brandbombe getroffen wurde.

Als ich heute früh um zwei Uhr in die Stadt kam, bot das Ganze einen entsetzlichen Anblick: Flammen von einem Ende bis zum anderen. Den Widerschein der Flammen in den Wolken über den Bergen konnte man aus zehn Meilen Entfernung sehen. Die ganze Nacht durch stürzten Häuser zusammen, bis die Straßen nur noch lange Haufen roter, undurchdringlicher Trümmer waren. Viele der Überlebenden machten sich auf den langen Weg von Guernica nach Bilbao in altertümlichen baskischen Bauernkarren mit Scheibenrädern, gezogen von einem Ochsen. Karren, überhäuft mit dem Hausrat, der noch aus der Feuersbrunst gerettet werden konnte, verstopften die Straßen die ganze Nacht lang. Andere Überlebende wurden mit Regierungslastwagen evakuiert, aber viele waren gezwungen, in der Umgebung der brennenden Stadt zu bleiben; sie lagen dort auf Matratzen oder suchten ihre verloren gegangenen Angehörigen und Kinder, während Einheiten der Feuerwehr und der baskischen motorisierten Polizei unter der persönlichen Leitung von Innenminister Monzon und seiner Frau die Rettungsarbeiten bis zum frühen Morgengrauen fortsetzten.

In der Art und Weise der Ausführung, in dem Ausmaß der Zerstörung, wie auch in der Wahl des Zieles ist der Überfall auf Guernica ohne Beispiel in der Militärgeschichte. Guernica war kein militärisches Objekt. Eine Fabrik für Kriegsmaterial lag außerhalb der Stadt und blieb unberührt; ebenso zwei entfernt gelegene Kasernen. Die Stadt lag weiter hinter der Front. Der Zweck des Bombardements war anscheinend die Demoralisierung der Zivilbevölkerung und die Vernichtung der Wiege des baskischen Volkes. Jede Tatsache bestätigt diese Einschätzung, angefangen mit dem Tag der Tat.

Montag war der übliche Markttag in Guernica für die umliegende Gegend. Um 16.30 Uhr, als der Markt voll war und noch immer Bauern kamen, läutete die Kirchenglocke

Fliegeralarm, und die Bevölkerung suchte Schutz in Kellern und in den Bunkern, die hergerichtet waren nach dem Angriff auf die Zivilbevölkerung von Durango am 31. März, als General Mola seine Nordoffensive eröffnete. Es heißt, daß die Bevölkerung Haltung bewahrt hat. Ein katholischer Priester übernahm die Führung und eine tadellose Ordnung wurde eingehalten.

Fünf Minuten später erschien ein einzelner deutscher Bomber, kreiste in geringer Höhe über der Stadt und warf sechs schwere Bomben ab, die offenbar auf den Bahnhof gerichtet waren. Die Bomben, begleitet von einem Hagel von Granaten, fielen auf ein ehemaliges Institut und auf Häuser und Straßen ringsumher. Dann flog das Flugzeug wieder weg. Nach weiteren fünf Minuten kam ein zweiter Bomber, der die gleiche Anzahl von Bomben auf das Zentrum der Stadt warf. Ungefähr eine viertel Stunde später kamen drei Junkers-Maschinen, um die Zerstörungsarbeit fortzusetzen, und seitdem nahm der Bombenabwurf an Intensität zu und setzte sich ununterbrochen fort; er ließ erst nach mit dem Einbruch der Dunkelheit um 19.45 Uhr. Die ganze Stadt von 7000 Einwohnern sowie 3000 Flüchtlingen wurde langsam und systematisch in Stücke zerschlagen. In einem Radius von fünf Meilen hatten die Angreifer die besondere Technik, einzelne caserios, also Bauernhäuser, zu bombardieren. Diese brannten in der Nacht wie kleine Kerzen in den Bergen. Alle Dörfer ringsumher wurden mit derselben Intensität bombardiert wie die Stadt selbst; und in Mugica, einer kleinen Häusergruppe an der Spitze der Guernica-Bucht, wurde die Bevölkerung 15 Minuten lang mit Maschinengewehren beschossen.

Es ist unmöglich, schon die Zahl der Opfer anzugeben. In den Zeitungen von Bilbao hieß es heute früh, sie sei „glücklicherweise klein", aber es wird befürchtet, daß dies eine Untertreibung ist, um die große Flüchtlingsbevölkerung von Bilbao nicht zu beunruhigen. Im Josefina-Krankenhaus, einem der ersten bombardierten Objekte, wurden alle 42 verletzten Milizsoldaten, denen es Schutz gewährte, auf der Stelle getötet. In einer Straße, die von der Casa de Juntas hinabführte, sah ich eine Stelle, wo 50 Menschen, fast nur Frauen und Kinder, in einem Luftschutzraum unter einem Haufen brennender Trümmer eingeschlossen worden sein sollen. Viele wurden auf den Feldern getötet und insgesamt könnte die Zahl der Toten in den Hunderten liegen. Ein älterer Priester namens Aronategui wurde von einer Bombe getötet, als er Kinder aus einem brennenden Haus rettete.

Die Taktik der Bomber, welche vielleicht für die von Interesse sein könnte, die die neue Militärwissenschaft studieren wollen, war folgendermaßen: Zuerst warfen kleine Gruppen von Flugzeugen schwere Bomben und Handgranaten über der ganzen Stadt ab, wobei sie sich hübsch ordentlich ein Gebiet nach dem anderen vornahmen. Dann kamen die Jagdflieger im Tiefflug und beschossen aus Maschinengewehren die, die in Panik aus den Bunkern rannten (einige Bunker waren schon getroffen von 450 kg schweren Bomben, die ein acht Meter tiefes Loch machen). Viele wurden im Weglaufen getötet. Eine große Schafherde, auf dem Weg zum Markt, wurde auch ausgelöscht.

Das Ziel dieses Schrittes war es offenbar, die Bevölkerung wieder unter die Erde zu treiben, denn nun erschienen bis zu zwölf Bomber auf einmal und warfen schwere Bomben und Brandbomben auf die Trümmer. Der Rhythmus dieser Bombardierung einer offenen Stadt war also logisch: zuerst Handgranaten und schwere Bomben, um die Bevölkerung in Panik zu versetzen; dann Maschinengewehreinsatz, um sie nach unten zu

treiben; schließlich schwere Bomben und Brandbomben, um die Häuser zu zerstören und sie über den Opfern verbrennen zu lassen.
Die einzigen Gegenmaßnahmen, die die Basken einsetzen konnten — denn sie besitzen nicht genug Flugzeuge, um der Luftflotte der Aufständischen entgegenzutreten —, bestanden im Heroismus der baskischen Geistlichen: diese segneten die knienden Massen und beteten für sie, — für Sozialisten, Anarchisten und Kommunisten nicht anders als für die erklärten Gläubigen — in den zerbröckelnden Bunkern.
Als ich nach Mitternacht Guernica betrat, stürzten Häuser auf beiden Seiten ein und es war sogar den Feuerwehrmännern unmöglich, ins Zentrum der Stadt zu kommen. Das Josefina-Krankenhaus und der Konvent von Santa Clara waren glühende Aschenhaufen. Alle Kirchen außer Sta. Maria waren zerstört, und die wenigen Häuser, die noch standen, waren auch verurteilt. Als ich heute nachmittag wieder nach Guernica kam, brannte die Stadt größtenteils noch und neue Brände waren ausgebrochen. Ungefähr 30 Tote hatte man in einem zerstörten Hospital aufgebahrt.
Der Eindruck, den die Bombardierung Guernicas, der heiligen Stadt der Basken, hier gemacht hat, ist sehr tief, und er hat Präsident Aguirre dazu veranlaßt, folgende Erklärung in der baskischen Presse von heute abzugeben:
„Die deutschen Flieger im Dienst der spanischen Rebellen haben Guernica bombardiert und die historische Stadt, die von allen Basken so verehrt wird, in Brand gesteckt. Sie haben versucht, uns in den empfindlichsten unserer patriotischen Gefühle zu verletzen und haben dabei nochmals völlig klargemacht, was wir Basken zu erwarten haben von jenen, die nicht zögern, uns zu vernichten, die nicht einmal haltmachen vor dem Allerheiligsten, das die Jahrhunderte unserer Freiheit und unserer Demokratie aufbewahrt.
Angesichts dieser Schandtat müssen wir Basken alle scharf reagieren; wir müssen aus tiefstem Herzen schwören, die Prinzipien unseres Volkes mit beispielloser Hartnäckigkeit und heldenmütig zu verteidigen, wenn die Lage es verlangt. Wir können die ernste Lage des Augenblicks nicht verbergen, aber die Eindringlinge werden den Sieg nie erringen können, wenn wir unseren Sinn auf einen Gipfel von Stärke und Geschlossenheit erheben und uns selbst stählen, um den Eindringling zu schlagen.
Der Feind ist in vielen anderen Gebieten vorgerückt und später doch vertrieben worden. Ich zögere nicht zu behaupten, daß hier das gleiche geschehen wird. Möge die Gewalttat von heute ein weiterer Ansporn sein, dies möglichst schnell zu tun."

George Steer in der „Times"

Zur Schuldfrage

Wir sehen in jedem Versuch einer weiteren Ausbreitung des Bolschewismus in Europa grundsätzlich eine Verschiebung des europäischen Gleichgewichts. Ein bolschewisiertes Europa würde jede Handelspolitik unseres Staates unmöglich machen, und zwar nicht, weil wir nicht Handel treiben wollen, sondern weil wir keinen Handelspartner mehr bekämen. Wenn Spanien endgültig bolschewistisch geworden wäre und sich dann diese Welle vielleicht über das übrige Europa weiter ausgebreitet hätte, dann würde dies für Deutschland eine schwere wirtschaftliche Katastrophe bedeuten.

Adolf Hitler, am 13. September 1937 auf dem Reichsparteitag

Als in Spanien der Bürgerkrieg ausgebrochen war, sandte Franco einen Hilferuf an Deutschland um Unterstützung besonders in der Luft. Man darf nicht vergessen, Franco stand mit seinen eigentlichen Truppen in Afrika, konnte nicht herüberkommen, da die Flotte in den Händen der Kommunisten war, oder, wie sie sich damals nannte, der zuständigen Revolutionsregierung in Spanien. Das entscheidende war, daß zunächst seine Truppen nach Spanien kamen. Ich sandte mit Genehmigung des Führers einen großen Teil meiner Transportflotte und sandte eine Reihe von Erprobungskommandos meiner Jäger, Bomber und Flakgeschütze hinunter und hatte auf diese Weise Gelegenheit, im scharfen Schuß zu erproben, ob das Material zweckentsprechend entwickelt wurde. Damit auch das Personal eine gewisse Erfahrung bekam, sorgte ich für einen starken Umlauf, d. h. immer wieder neue hin und die andern zurück.

Hermann Göring, 1946 während des Nürnberger Prozesses

Am 26. April war ein Fliegerangriff auf Brücke und Straßengabel hart ostwärts Guernica befohlen, der mit neun Flugzeugen aus 2300 m Höhe im Einzelflug durchgeführt wurde. Es wurden neun 250-kg-Bomben und 114 50-kg-Bomben, insgesamt 7950 kg geworfen. Die Beobachtung ergab auf der Brücke keinen Treffer. Die Sicht war vollkommen ungenügend, da die Stadt in Brand und Rauch gehüllt war. Dieser Bombenwurf wurde von der ganzen feindlichen Weltpresse zum Anlaß genommen, insbesondere den deutschen Verbänden die Schuld an der Zerstörung Guernicas zugeschrieben. Es wurde heftigste Stimmungsmache damit betrieben. Befehlsgemäß hatten aber alle Flieger den Ort geschont. Vielmehr war er planmäßig von Rot durch Brandstiftung und Sprengungen in einen Trümmerhaufen verwandelt worden. Das geht ja auch daraus hervor, daß die angesetzten Verbände durch Qualm und Rauch der bereits brennenden Stadt in der Sicht stark behindert waren.

Darstellung der Kriegswissenschaftlichen Abteilung der Luftwaffe, Arbeitsgruppe Spanienkrieg, 1940

Das Schicksal des Theodor Kroliczek

In der Pariser Santé liegt, unheilbar an Lungenkrebs erkrankt, ein alter Herr. Theodor Kroliczek hat sein halbes Leben in Frankreich verbracht, er spricht wie seine Frau französisch, er hat unter den französischen Freunden die Reputation des Widerstandskämpfers gegen den Faschismus, der französischen Résistance. Dennoch machte er nie einen Hehl daraus, daß er Deutscher ist, als Deutscher fühlt und seinen deutschen Paß nicht umwechseln will.

Theodor Kroliczek hatte von 1936 bis 1939 freiwillig auf republikanischer Seite im spanischen Bürgerkrieg gekämpft, in den „Internationalen Brigaden“. Während der Kämpfe wurde sein Arm durchschossen. Später erlitt er bei einer Verschüttung eine schwere Gehirnerschütterung. Diese Verletzungen und der zunächst ungewohnte Aufenthalt in Frankreich, wo er aber bald Wurzeln schlug, ließen keinen Wohlstand aufkommen. Kroliczek lebte ein ärmliches Leben.

1972 schöpfte er Hoffnung, vielleicht etwas Geld von der Bundesrepublik zu bekommen. Das Bundesversorgungsgesetz wurde geändert. Während bisher nur die Angehörigen der „Legion Condor“, jener deutschen Einheit, die von Hitler zur Unterstützung Francos nach Spanien geschickt worden war, Versorgung erhielten, sollten jetzt endlich

auch geschädigte Angehörige der Internationalen Brigaden oder nahe Verwandte versorgt werden, wenn sie Deutsche waren und in der Bundesrepublik wohnten.
Kroliczek wohnte aber in Frankreich. Dennoch beantragte er eine Rente, in der Hoffnung auf höhere Gerechtigkeit oder vielleicht darauf, daß sehr wenig Spanienkämpfer, die Deutsche waren, nicht in der Bundesrepublik ihren Wohnsitz hatten. In einem Brief nach Deutschland bezeichnete es der alte Herr später als „Raison meines Lebens", daß er für das republikanische Spanien gekämpft habe, „um die Schande, die das faschistische Deutschland über unsere gemeinsame Heimat brachte, zu verringern. Aus demselben Grunde nahm ich teil am illegalen Kampfe des französischen Volkes gegen die Hitler-Besetzung Frankreichs. In keiner Situation meines Lebens habe ich meine deutsche Nationalität verheimlicht."
Die deutschen Behörden lehnten den Antrag Kroliczeks auf Versorgung ab, weil er im Ausland wohne. Das Sozialgericht in Saarbrücken bescheinigte dem Kläger eine Minderung seiner Erwerbsfähigkeit um 30 Prozent. Danach setzte es das Verfahren aus und legte dem Bundesverfassungsgericht in Karlsruhe die Frage vor, ob die verschiedenartige Behandlung von Bürgerkriegsopfern, je nachdem, ob sie im Inland oder Ausland wohnten, verfassungsgemäß sei, zumal bei den Angehörigen der „Legion Condor" ein solcher Unterschied nicht gemacht werde; bei ihnen wird anstandslos gezahlt. Das Sozialgericht hielt die Regelung für verfassungswidrig.
Karlsruhe holte Stellungnahmen von Behörden und Gerichten ein, die Aufschluß darüber geben, welchen Rechtsstandpunkt dieser Staat heute noch im Hinblick auf den spanischen Bürgerkrieg einnimmt. Der Bundesarbeitsminister, das Bundessozialgericht und das zuständige Versorgungsamt stellten fest, das Grundgesetz gebiete nicht, die Teilnahme am Bürgerkrieg auf republikanischer Seite „der Ausübung militärischen Dienstes auf Grund deutschen Wehrrechts" gleichzustellen. Nur diejenigen, die Opfer für das Vaterland und das Allgemeinwohl gebracht hätten, erhielten Versorgung; dies sei aber bei den Angehörigen der Internationalen Brigaden nicht der Fall gewesen.

Hanno Kühnert

Imperialistische Kriege II

DER ZWEITE WELTKRIEG

Mein Großvater starb an der Westfront;
mein Vater starb an der Ostfront;
an was sterbe ich?
Walther von Törne, 1962

● Die Indienstnahme der Jugend

Jahrgang 1930

Unsere Kindheit war aufregender als hundert Bonanzafilme zusammen. Statt Karl May lasen wir „Der rote Kampfflieger", „Die Skagerrakschlacht", „Douaumont" und „Sperrfeuer um Deutschland". Als ich zum erstenmal Radio hörte, rauschte es auf allen Sendern: Das waren die jubelnden Österreicher, die ins Reich „heimkehrten". Und dieser Rausch von Marschmusik, Jubel, Hitler-Reden, „Fahnen raus" wollte gar nicht mehr enden. Sudetenland befreit, Memel befreit, die Deutschen marschieren in Prag ein, die „Legion Condor" paradiert durchs Brandenburger Tor. Zogen wir mit unseren Lehrern zum „Ernteeinsatz" auf die Felder, stimmten wir das Lied der Legion an: „Wir flogen jenseits der Grenzen, mit Bomben wohl gegen den Feind" (von Guernica hörte ich erst viele Jahre später). Ein Schauder jagte den anderen: Luftschutzübungen, Manöver mit Hunderten von Flugzeugen, Stapelläufe in Wilhelmshaven, Synagogenbrand in der Kreisstadt. Schlagzeilen, die von drohender Kriegsgefahr kündeten. Ein neuer Wunsch stellte sich ein: Wenn doch endlich ein richtiger Krieg käme. Ich begriff nicht, warum die Alten so besorgte Mienen machten. Unser Lieblingsspiel in den Schulpausen hieß: „Ich erkläre den Krieg an Portugal, an Rußland, an Holland etc." Mit einem Taschenmesser kratzte sich jeder Spieler soviel Portionen wie möglich aus dem Länderkuchen, den wir in den Sand gezeichnet hatten.

Und dann war er eines schönen Septembertages da, der Krieg, auf leisen Sohlen, denn Deutschland hatte ihn ja nicht erklärt, hatte nur „zurückgeschossen". In aller Form, so wie wir es uns ausgemalt hatten, erklärten ihn dann die Engländer. Sie taten uns auch den Gefallen, daß wir ihn von Anfang an miterlebten. Schon am ersten Tag summten die Vickers-Wellington-Maschinen über den friesischen Weiten; über der Deutschen Bucht waren wilde Luftschlachten zu beobachten; Bomben fielen verstreut über Städte und Dörfer; fast jede Nacht dröhnten die 10,5-cm-Geschütze der Flak auf Wangerooge. Nun wollte ich nicht mehr Hitlerjunge werden, sondern Soldat: wie Major Moelders am Steuerknüppel einer Me 109 durch die Lüfte flitzen, wie Günther Prien mit einem U-Boot gen Engelland fahren, wie Guderian auf einem Panzer zum Kanal durchbrechen oder wie Rommel in Afrika vorstoßen. Statt Comic Strips kauften wir uns Groschenhefte voller Kriegserlebnisse — jede Woche ein neues.

Die Schrecken des Krieges störten uns Knaben nicht, sie zogen uns an. Daß unsere Väter einberufen wurden, schien nur recht und billig. Und der „Heldentod" gehörte dazu. Viele der Lieder, die wir in der Schule und später in der Hitlerjugend lernten, handelten von der Ehre, fürs Vaterland zu sterben: Die Fahnen wehten ins Morgenrot und leuchteten zum frühen Tod, heilig Vaterland war in Gefahren, mochten wir sterben, Deutschland stürbe nicht, und fern bei Narvik lag ein kühles Grab. Bei der „Flaggenparade" hörten wir ehrfürchtig den abgewandelten Spruch des preußischen Kriegsdichters Walter Flex: „Wer auf die Fahne Deutschlands schwört, hat nichts mehr, was ihm selber gehört!"

Wir waren Hitlerjungen, Kindersoldaten, längst ehe wir mit zehn Jahren für wert befunden wurden, das Braunhemd zu tragen. Schon vorher waren wir dauernd „im Einsatz". Wir sammelten Altpapier und Altmetalle, suchten Heilkräuter, schwangen fürs Winterhilfswerk die Sammelbüchse, bastelten Spielzeug für Babys, führten zur Erheiterung der Soldatenfrauen politische Spielchen auf („In England wohnt ein alter Mann, der nie die Wahrheit sagen kann"), waren aufs „Dienen" vorbereitet, ehe wir als Pimpfe zwei- oder dreimal die Woche und oft auch noch am Sonntag zum „Dienst" befohlen wurden: „Du bist nichts, dein Volk ist alles!"

Karl-Heinz Janßen

Literarische Vorbilder

Hätten wir nur halbwegs ähnlich die heutigen jungen Menschen im Griff mit anderer moralischer Zielsetzung! Statt dessen ist das Vorbild der Rocker, der Gammler, der Pennbruder, der Drogensüchtige, schließlich der Ausgeflippte!

Leserbrief an die „Quick", 1977

Wammsch geht voran. Siewers folgt. Nach zwanzig Schritten wird es Siewers klar, wohin er ihn führt. Es überläuft ihn heiß, und er wird schwach in den Knien. Er muß gegen das Ohnmächtigwerden ankämpfen. Dann sind sie vor dem Doppelgrab mit den beiden hellen Kreuzen. Es regnet still im Wald ...

„Ich habe mit dem Hauptmann gesprochen", sagt Wammsch ruhig. „Die Urlaubssperre ist aufgehoben. Übermorgen fahren die ersten zehn Mann von der Kompanie. Du bist noch lange nicht an der Reihe. Aber ich habe zum Hauptmann gesagt, es ist niemand in der Kompanie, der sich darüber beschweren würde, wenn er dich schon jetzt fahren ließe ... was hast du?"

Siewers ist zurückgefahren und starrt Wammsch mit schreckensgroßen Augen an.

„Wammsch", würgt er hervor ... „du willst mich fortschicken. Du verachtest mich ... ihr wollt mich los sein ... erst schickt ihr mich auf Urlaub, und dann werde ich versetzt ..."

„Aber Erich ..."

Es ist ein verzweifelter Ausbruch.

„Ich will nicht nach Hause, ich will nicht auf Urlaub ... ich will nicht ... ich will wieder zurück nach Fleury und in die Souvilleschlucht ..."

Er schluchzt, er ist wie im Fieber, es schüttelt ihn.

Wammsch ist furchtbar erschrocken. Das hat er nicht erwartet. „Erich, Junge, was hast du nur ... das ist ja ein Mißverständnis."

In des Kleinen Brust hat vieles nach Erlösung und Befreiung geschrien. Jetzt ist es zuviel geworden.

„Ich lasse mich nicht von euch verachten ... das ertrage ich nicht ... warum seid ihr

denn so grausam zu mir? Nimm doch lieber dein Gewehr und schieße mir eine Kugel in den Kopf ... aber fortjagen lasse ich mich nicht ..."
Jetzt ist er endlich ganz erschöpft. Er schluchzt noch und sein ganzer Körper bebt. Aber er wehrt sich nicht mehr. Er läßt sich ruhig von Wammsch in die Arme nehmen.
„Du ...", sagt Wammsch erschüttert, „gleich gehe ich zum Hauptmann und spreche mit ihm. Natürlich bleibst du bei uns. Der erste, der dich schief ansieht, erhält von mir einen Faustschlag ins Gesicht ... aber nun sei auch still ... ich habe es doch gut mit dir gemeint ... ich habe gedacht, du müßtest einmal aus allem heraus ... Darum wollte ich dich auf Urlaub schicken. Aber jetzt bleibst du bei uns ..."
Wwwummm ... krach ... rrranggg ... sagt es draußen. Erdbrocken kollern durch den Eingang herab. Kurz darauf ist eine Stimme da.
„Hallo ...", ruft es. Es ist Bosemüller.
„Paul", sagte Schwartzkopf, „Siewers ist schwer verwundet."
Bosemüller kommt herab. Er spricht kein Wort. Wammsch sieht gar nicht auf. Er hat schon vier Binden verbraucht. Sie sind alle durchblutet. Dann nimmt er die Hemdfetzen und legt sie darüber ... Bosemüller hat Siewers' Hand gefaßt. Wammsch zittert jetzt wie Espenlaub. Aber er arbeitet weiter. Behutsam legt er mit Stracke den Oberkörper zurück auf die Stollenbretter.
„Er hat noch Puls ...", sagt Bosemüller.
Da ist Wammsch am Ende. Er rutscht zusammen. Er sitzt an der Stollenwand. Sein Kopf sinkt vornüber.
Er heult. Wammsch heult.

Wammsch und Bosemüller stehen vor dem Operationszimmer ...
„Wammsch ...", sagt Bosemüller, „es hilft nichts, wir müssen abwarten. Der Arzt tut sicher sein Bestes. Ich habe großes Zutrauen zu ihm."
Wammsch muß sich hinsetzen.
„Sie hätten ihn gleich operieren müssen ... es hätte einer von uns mit ins Lazarett gemußt ...", sagt er leise.
„Aber es ging doch nicht, das Herz war doch zu schwach."
„Es ist heute noch schwächer."
Da gibt es drinnen einen fürchterlichen Schrei ...
Noch ein Schrei.
„Paul ...", knirscht Wammsch und packt Bosemüllers Arm mit einem wilden Griff ... „wenn sie ihn umbringen ..."
Es kommt kein Schrei mehr. Sie warten. Der Sanitäter tritt heraus.
„Die Kugel ist draußen", sagt er, „drei Zentimeter über dem Herzen, gleich neben der Aorta. Wenn jetzt das Herz keine Geschichten macht ..."
Wammsch zittert. Zehn Minuten später tragen sie die Bahre vorüber. Dann kommt der Oberstabsarzt für einen Augenblick heraus. Er wendet sich an Wammsch.
„Das Herz ist gut", sagt er, „ich habe Hoffnung für ihn ..."

Werner Beumelburg

Das Leben fordert, hart zu sein. Hart sein ist ein Ideal, dem mit glühendem Herzen nachgestrebt werden muß. Hart sein um des Lebens willen, um ein Kämpfer zu werden, um einst Sieger zu sein.
Unsere Umwelt ist gegeben, lastende Hitze des Sommers, beißende Kälte des Winters,

langer Marsch in Nacht und Nässe. — Ausharren an einer Werkbank, an einem Maschinengewehr. Hunger ertragen, Durst leiden, auf der bloßen Erde liegen können, im Kampf nicht nachgeben, nie, niemals, und wenn alles aussichtslos erscheint; dem Gegner noch die leergeschossene Pistole ins Gesicht schleudern, ihm an den Hals fahren, ohne Rücksicht auf sich selbst, ihn noch mitnehmen, wenn man selbst schon sterben muß. Kämpfer sein; Kämpfer sein auch im Glauben an seine Sache, und wenn alle sagen, daß sie falsch sei, weiter glauben, weiter handeln. Das bringt den Sieg, den Sieg, der dem gehört, der härter ist.

Du sollst in Kampf und Arbeit niemals nachgeben, und wenn es tausendmal mißlingt, dann mußt du es eben tausendundeinmal wagen. Einmal gelingt es doch, und du bist Sieger, fast ausgeblutet, fast von Sinnen, aber in dem jauchzenden Gefühl, überwunden zu haben. Du bist Sieger in deinem Kampf und bist Sieger über dich selbst.

Jeder bereite sich auf seinen Kampf vor, jeder übe sich so, als ob er einmal den entscheidenden Kampf in Deutschland führen müsse. Jeder muß marschieren, Hunger, Durst leiden, auf der nackten Erde schlafen können, alle Entbehrungen mit frohem Mut durchhalten, Kämpfer sein, Soldat sein von dem Augenblick an, wo er zum ersten Male begreifen kann, um was es geht. Wir brauchen Männer, hart und federnd wie Stahl, härter als alles, was es in der Welt gibt. Sie allein werden die große deutsche Zukunft meistern. Willst du dabei sein oder willst du als Schwächling daneben stehen?

Helmut Stellrecht

Die Schuljugend im „Abwehreinsatz“

Richtlinien für Luftwaffenhelfer

Der Reichsminister der Luftfahrt
und Oberbefehlshaber der Luftwaffe

Berlin, 26. Januar 1943,
Apparat: 2456

Az. 11 b Nr. 1/43 (Chef d. Lw./L. Wehr 1 III)
Nur für den Dienstgebrauch!

1. Allgemeines:

Die Schüler der 7. und 6. Klasse der höheren und der 6. Klasse der mittleren Schulen der Geburtenjahrgänge 1926 und 1927 werden zum Kriegshilfseinsatz als Luftwaffenhelfer (Lw.-Helfer) herangezogen, sofern sie an ihrem Schulort eingesetzt werden können oder als Heimschüler einer Internatsschule angehören.

Die Luftwaffe übernimmt mit dem Einsatz der Lw.-Helfer eine hohe Verantwortung. Die Lw.-Helfer sind im rechtlichen Sinne nicht als Soldaten anzusehen. Sie haben auch während des Kriegshilfseinsatzes als Schüler zu gelten. Die jungen Menschen sind stolz darauf, daß sie bereits in noch nicht wehrpflichtigem Alter für den Sieg Deutschlands im Rahmen der Wehrmacht aktiv eingesetzt werden. Diesen Stolz zu vertiefen, die Begeisterung für das Soldatische wachzuhalten und zur Wehrfreudigkeit zu steigern, ist die Aufgabe aller Vorgesetzten und Soldaten, die mit Lw.-Helfern zusammenarbeiten.

2. Zweck:

Durch den Kriegshilfseinsatz der Lw.-Helfer sollen Soldaten zum Dienst mit der Waffe und zum Dienst an allen anderen Stellen, die nicht durch Aushilfskräfte besetzt werden können, freigemacht werden. Unter keinen Umständen dürfen die Lw.-Helfer als zusätzliche Arbeitskräfte betrachtet werden.

Werwölfe

An einem eiskalten, stürmischen Januartag — die Russen standen schon vor Elbing und Breslau — wurde ich mit ein paar anderen kräftigen Jungen aus dem Dorf in die Kreisstadt befohlen. Wir sollten „Werwölfe" werden — Partisanen im Hinterland des Feindes. Listig und erfinderisch sollten wir den Feind aus dem Hinterhalt bekämpfen, falls seine Panzer die deutschen Abwehrstellungen überrollten. In einer Stunde lernte ich, wie man Autostraßen unpassierbar macht, Autoreifen mit Eisenspänen spickt, Telefone zerstört, das Stromnetz lahmlegt etc.

Im März wurde die Schule wegen Tieffliegergefahr geschlossen. Und dann rief mich das Vaterland. In Uniform, die Zeltplane umgehängt, mußte ich als Kurier Gestellungsbefehl verteilen. Nach Ladenschluß wollte ich mir den Marschproviant besorgen. Der Bäckersfrau rollten die Tränen über die Wangen. Sie hatte ihren einzigen Sohn in Rußland verloren, und nun stand ich, vierzehneinhalb Jahre alt, mit leuchtenden Augen vor ihr, verlangte zwei Kommißbrote und schmetterte stolz: „Morgen früh geht's an die Front!" Immerzu ging mir das Hitlerjugend-Lied vom Burenkrieg durch den Kopf: „Der Jüngste war kaum vierzehn Jahr, er scheute nicht den Tod fürs Vaterland." Alle 14- und 15jährigen Jungen des Dorfes sollten sich am anderen Morgen auf der Brücke sammeln. „Leichtes Marschgepäck mitbringen." Der Gefolgschaftsführer hatte uns den Auftrag schon bekanntgegeben: Wir sollten als Panzerfaustkommandos den Vormarsch der britischen Truppen im Oldenburgischen aufhalten . . .

Karl-Heinz Janßen

● Aufklärung, Verweigerung, Widerstand

Setzt den Kriegstreibern Widerstand entgegen

„Ich rufe die Jugend der Welt!" Es ist noch gar nicht so lange her, daß diese sechs Worte aus dem Olympiastadion verklungen sind. Junge Berliner und Berlinerinnen, gedenkt Ihr noch des ehrlichen und sportlichen Wettkampfes mit jungen Engländern, Franzosen, Polen und vielen anderen? Wieviel hat sich nun mit einemmal an diesem friedlichen Streben geändert. Diese unsere jungen, lachenden Sportsfreunde sollen plötzlich allesamt unsere verhaßtesten Feinde sein? Wir sollen jetzt, anstatt mit Speer, Fußball, Diskus, diesen jungen Menschen mit den grausamsten und fürchterlichsten Mordmaschinen gegenübertreten? All jene, die uns gar nichts getan haben, sollen wir grundlos ermorden?

Kaum zwanzig Jahre sind vergangen seit dem großen Blutbad, und schon donnern die Geschütze wieder gegeneinander. Und warum das? Die Antwort darauf ist nicht schwer. Als Ihr auf dem Sportplatz standet, da war der Verrat schon längst im Gange. Die falschen „Führer" Deutschlands waren bereits am Werke, ihre „Raubpolitik" gegenüber Spanien, Österreich und Tschechoslowakei festzulegen.

Jetzt hat der Führer das deutsche Volk und die deutsche Jugend auf den Weg gebracht, der zur Katastrophe führt. Hitler will das Blut der deutschen Nation opfern wegen der Machtgier der wenigen großdeutschen Großkapitalisten. Überlegt einmal, was die deutschen Rüstungskönige am Weltkriegsblut verdient haben

mögen. Am spanischen Blut. Am tschechischen Blut. Deutsche Jugend, an Deinem Blut wollen sie wieder verdienen. Das soll und darf nicht sein.
Berliner Jugend, wehre Dich und empöre Dich.
Setzt den Kriegstreibern überall schärfsten Widerstand entgegen. Berliner Mädels! Auf Euch kommt es an. Weigert Euch, Munition herzustellen. Je schneller Ihr handelt, desto kürzer ist der Krieg. Denkt an unsere zwei Millionen toten Väter und Brüder des Weltkriegs.
Das darf niemals wieder soweit kommen. Nur der Sturz Hitlers und seiner Kriegstreiberbande bringt den Frieden.

Kommunistischer Jugendverband (Berlin-Süd)

Flugblatt, das in der Nacht zum 9. September 1939 in Berlin verteilt wurde

Ein Riß geht durch die Welt

Ende 1942 beim Reisigsammeln im Westerberg ein Flugblatt „Novembertage" gefunden: „Rommels Panzerarmee wird bei El Alamein in die Flucht geschlagen — Der größte Geleitzug aller Zeiten — 850 Schiffe — landet eine amerikanische Armee in Nordafrika — Die russische Winteroffensive bei Stalingrad beginnt".
Seitdem ständige Lektüre von Flugblättern. Eines ist „An die Christen Deutschlands" adressiert und zeigt vorne das Gesicht von einem Martin Niemöller. Aber von dem ist doch ein ganzes Buch im Hause!! „Vom U-Boot zur Kanzel!" Ein Riß geht durch die Welt, der beginnt irgendwo in England oder Rußland oder Amerika und reicht bis in unseren Mahagonibücherschrank.
Wo die Schule mich dumm ließ und das Leben mich unglücklich machte, wurden SIE mein Fernlehrkurs, meine Politakademie, meine Kunsthochschule, mein Manna: Flugblätter! Nach jedem Fliegerangriff, gleich nach der Entwarnung, erwachte fieberhaft mein Jagdtrieb. Hörte ich von Bombenabwürfen und Flugzeugabstürzen in der näheren Nachbarschaft, wallfahrtete ich zu den Fundstellen und fahndete nach neuesten Informationen. Wo irgendwo ein zappelndes Papier in einem Baum hing, stieg ich ihm nach; liebevoller wird sich kaum ein Papyrologe über unleserlich gewordene Nachrichten aus alten Zeiten gebeugt haben als ich über diese verdreckten, zerknitterten, oft unleserlich gewordenen Botschaften aus besseren Welten, und ich säuberte sie, plättete sie, rubrizierte sie und lernte sie auswendig. Mitte 43, als sich die deutsche Welt bis zur totalen Undurchsichtigkeit verdüstert hatte und auch die Schule nicht mehr viel war als ein verqualmtes Niflheim, waren bei mir die Lampen endgültig angegangen, hatte ich zum zweiten Mal das Lesen gelernt. Übte mich auch nach Maßgabe der Aufklärungs-Strips in ähnlichen Künsten. Stellte enthüllende Fotomontagen und Tendenzlyrik her. Mit einem Hang zu plebejischen Unmutsäußerungen Umdichtung von bekannten Helden-, Kampf- und Weiheliedern: „Werft an die Motoren / Gebt Holzgas hinein / Der Krieg ist verloren / Für Hitler das Schwein."

Peter Rühmkorf

„Dieses Experiment macht Ihr Sohn nicht mit, Herr General!"

Ich habe Deine Antwort in Händen. Einen Dank wirst Du wohl nicht erwarten. Dieser Brief wird kurz sein. Ich hätte es mir denken können, als ich Dich bat, mir zu helfen. Du warst und bleibst ein ewig „Gerechter". Mama und mir war das nicht unbekannt. Aber man konnte ja nicht annehmen, daß Du Deinen Sohn der „Gerechtigkeit" zum Opfer bringen würdest. Ich bat Dich, mich herauszuholen, weil dieser strategische

Unsinn nicht Wert ist, für ihn ins Gras zu beißen. Es wäre Dir ein leichtes gewesen, ein Wort für mich einzulegen, und ein entsprechender Befehl hätte mich erreicht. Du bist über die Lage nicht im klaren. In Ordnung, Vater.
Dieser Brief ist nicht nur kurz, sondern auch der letzte, den ich Dir schreibe. Ich werde keine Gelegenheit mehr zum Briefschreiben haben, selbst dann nicht, wenn ich wollte. Es wäre auch nicht auszudenken, daß ich Dir noch einmal gegenüberstehen sollte und Dir sagen müßte, was ich denke. Und weil weder ich noch ein weiterer Brief zu Dir sprechen werden, rufe ich Dir Deine Worte vom 26. Dezember noch einmal ins Gedächtnis zurück: „Du wurdest freiwillig Soldat, es war leicht, im Frieden unter der Fahne zu stehen, aber schwer, sie im Kriege hochzuhalten. Du wirst dieser Fahne treu bleiben und mit ihr siegen." Diese Worte haben klarer gesprochen als Deine Gesamthaltung der letzten Jahre. Du wirst Dich an sie noch erinnern müssen, denn es kommt für jeden einsichtigen Menschen in Deutschland die Zeit, in der er den Wahnsinn dieses Krieges verflucht, und Du wirst einsehen, wie hohl die Worte von der Fahne sind, mit der ich siegen sollte.
Es gibt keinen Sieg, Herr General, es gibt nur noch Fahnen und Männer, die fallen, und am Ende wird es weder Fahnen noch Männer geben. Stalingrad ist keine militärische Notwendigkeit, sondern ein politisches Wagnis. Und dieses Experiment macht Ihr Sohn nicht mit, Herr General! Sie versperrten ihm den Weg ins Leben, er wird den zweiten Weg in der entgegengesetzten Richtung wählen, der auch ins Leben führt, aber auf der anderen Seite der Front. Denken Sie an Ihre Worte und hoffentlich werden Sie, wenn der Kram zusammenbricht, sich der Fahne erinnern und zu ihr stehen.

Letzte Briefe aus Stalingrad

Der imperialistische Machtgedanke muß unschädlich gemacht werden

Der Krieg geht seinem sicheren Ende entgegen. Mit mathematischer Sicherheit führt Hitler das deutsche Volk in den Abgrund. Hitler kann den Krieg nicht gewinnen, nur noch verlängern! Seine und seiner Helfer Schuld hat jedes Maß unendlich überschritten. Die gerechte Strafe rückt näher und näher!
Was aber tut das deutsche Volk? Es sieht nicht und es hört nicht. Blindlings folgt es seinen Verführern ins Verderben. Sieg um jeden Preis! haben sie auf ihre Fahne geschrieben. Ich kämpfe bis zum letzten Mann, sagte Hitler — indes ist der Krieg bereits verloren.
Deutsche! Glaubt nicht der nationalsozialistischen Propaganda, die Euch den Bolschewistenschreck in die Glieder gejagt hat! Glaubt nicht, daß Deutschlands Heil mit dem Sieg des Nationalsozialismus auf Gedeih und Verderben verbunden ist!
Der imperialistische Machtgedanke muß, von welcher Seite er auch kommen möge, für alle Zeiten unschädlich gemacht werden. Nur in großzügiger Zusammenarbeit der europäischen Völker kann der Boden geschaffen werden, auf welchem ein neuer Aufbau möglich sein wird.
Freiheit der Rede, Freiheit des Bekenntnisses, Schutz des einzelnen Bürgers vor der Willkür verbrecherischer Gewaltstaaten, das sind die Grundlagen des neuen Europa.
Unterstützt die Widerstandsbewegung, verbreitet die Flugblätter.

Flugblatt der Geschwister Scholl, 1943

„Ich werde dem Befehl nicht gehorchen“

Otto Schimek, geboren am 8. Mai 1925 in Wien, hatte als dreizehntes Kind eines Schlossergesellen und einer ehemaligen Hausangestellten, denen sieben Kinder wegstarben, eine materiell karge Jugend. Erst recht, nachdem er, sieben Jahre alt, den Vater verloren hatte. Die Mutter mußte die Familie durch Näharbeit durchbringen. Weil Otto daheim viel helfen mußte — er trug die Nähstücke aus —, hatte er in der Schule große Schwierigkeiten, da er genötigt war, die Schulaufgaben zu vernachlässigen. Besonders fromm sei er, ein gewöhnlicher Wiener Junge, nicht gewesen, bekundete seine Schwester Elfriede. Aber damals, in der schlimmen Zeit, habe die ganze Familie jeden Abend gemeinsam auf den Knien gebetet.

Als Otto Schimek im Jahre 1942 den Gestellungsbefehl erhielt, verabschiedete ihn, beliebt wie er war, das ganze große Mietshaus. Er wird schon gleich anfangs kein „guter Soldat“ gewesen sein — warum und wofür auch in diesem Raub- und Mordkrieg? Während des Urlaubs äußerte er, er sei bestrebt, auf niemanden zu schießen. Er wolle reine Hände behalten, sagte er der Mutter. „Ich werde daneben schießen und das Gewehr entsprechend manipulieren. Schließlich möchten alle wieder heimkommen, ebenso wie ich selber.“ Diese Verweigerung blieb bei der Truppe auf die Dauer nicht verborgen, und man warnte ihn. Die Warnung war vergebens. Er wurde verhaftet.

Während man auf eine Antwort aus Berlin wartete, gelang es ihm mit Hilfe von Kameraden, aus dem Keller des Schlosses nahe bei Debica, in dem er gefangen war, zu entfliehen. In der Tschechoslowakei wurde er aufgegriffen und nach Debica zurückgebracht. Bis zur Ohnmacht habe man ihn geschlagen, wird berichtet. Während er in dem Keller saß, erhielt seine Kompanie den Befehl, eine Gruppe polnischer Geiseln — Zivilisten — zu erschießen. Man legte ihm nahe, wenn er bei der Exekution mitschieße, habe er die Chance, vielleicht begnadigt zu werden und sein Leben zu retten. Er lehnte das Angebot ab: „Ich bin Soldat, aber ich bin auch Christ. Als Soldat kämpfe ich gegen den Feind, aber nicht gegen die unschuldigen Leute dieses Landes. Ich werde dem Befehl nicht gehorchen.“ Damit hatte er sein Todesurteil selber gesprochen. In der Frühe des 14. November 1944 wurde Otto Schimek, 19 Jahre alt, in Lipiny bei Debica erschossen. Vorher war der Militärgeistliche bei ihm gewesen.

In Wien warteten sie sehnlichst auf Post vom Sohn und Bruder. Als sie immer wieder ausblieb, gingen die Schwestern zur Kommandantur am Schwedenplatz, Auskunft zu holen. Dort las man ihnen aus den Akten den Bescheid vor: „Otto Schimek ist wegen Feigheit vor dem Feind hingerichtet worden.“

Alfons Erb

● Der Krieg im Osten

Hitler führte oft sinnvolle Kriege.
Berufsschülerin, 18 Jahre, 1978

„Wir führen nicht Krieg, um den Feind zu konservieren“

Wir müssen von dem Standpunkt des soldatischen Kameradentums abrücken. Der Kommunist ist vorher kein Kamerad und nachher kein Kamerad. Es handelt sich um einen Vernichtungskampf. Wenn wir es nicht so auffassen, dann werden wir zwar den Feind schlagen, aber in 30 Jahren wird uns wieder der kommunistische Feind gegenüberstehen. Wir führen nicht Krieg, um den Feind zu konservieren.

Kampf gegen Rußland: Vernichtung der bolschewistischen Kommissare und der kommunistischen Intelligenz.

Die neuen Staaten müssen sozialistische Staaten sein, aber ohne eigene Intelligenz. Es muß verhindert werden, daß eine neue Intelligenz sich bildet. Hier genügt eine primitive sozialistische Intelligenz.
Der Kampf muß geführt werden gegen das Gift der Zersetzung. Das ist keine Frage der Kriegsgerichte. Die Führer der Truppe müssen wissen, worum es geht. Die Truppe muß sich mit den Mitteln verteidigen, mit denen sie angegriffen wird. Kommissare und GPU-Leute sind Verbrecher und müssen als solche behandelt werden. Der Kampf wird sich sehr unterscheiden vom Kampf im Westen.
Die Führer müssen von sich das Opfer verlangen, ihre Bedenken zu überwinden.

Aus dem Kriegstagebuch des Chefs des Generalstabs des Heeres, General Halder

Operationsbefehl Adolf Hitlers Nr. 1 betr. die weitere Kampfführung im Osten

Der Führer	H[aupt]Qu[artier]
OKH/Gen.St.d.H./Op.Abt. (I)	O[ber]K[ommando des]H[eeres],
Nr. 420817/42 g.Kdos. Chefs.	14. Oktober 1942

Geheime Kommandosache! Chefsache! Nur durch Offizier!

Der diesjährige Sommer- und Herbstfeldzug ist, mit Ausnahme der im Fluß befindlichen Operationen und einzelner noch beabsichtigter örtlicher Angriffshandlungen, zum Abschluß gebracht.
Großes ist erreicht. In einer gewaltigen Offensive wurde der Gegner auf den Kaukasus und Don zurückgeworfen und die Landverbindung Zentralrußlands mit dem für die weitere Kriegsführung lebenswichtigen Kaukasusgebiet im wesentlichen abgeschnitten. An der übrigen Front wurden alle russischen Entlastungsoffensiven mit einem Mindestmaß an Kräften unter hohen blutigen Verlusten für den Feind erfolgreich abgewehrt.
Die Leistungen von Führung und Truppe in dem Ringen dieses Sommers und Herbstes reihen sich wiederum würdig an die Kämpfe der vergangenen Kriegsjahre an. Sie geben die Gewähr, daß sich auch in den kommenden Zeiten dieses Krieges das deutsche Volk in jeder Lage auf sein Heer verlassen kann.
Vor uns steht der Winterfeldzug. In ihm hat die Ostfront die Aufgabe — mit Ausnahme der noch laufenden bzw. beabsichtigten Angriffsoperationen — die erreichten Linien gegen jeden Durchbruchsversuch des Feindes unbedingt zu halten und dadurch die Fortsetzung unserer Offensive 1943 zur endgültigen Vernichtung unseres gefährlichsten Gegners zu ermöglichen.
Die Vorbereitungen für den Winterfeldzug sind in vollem Gange. Dieser zweite russische Winter wird uns rechtzeitig und besser vorbereitet finden.
Ich erwarte von Führung und Truppe, daß sie im stolzen Bewußtsein der errungenen Siege, im festen Vertrauen auf ihre eigene Kraft mit dem unbeugsamen Willen, den Gegner auch in diesem Winterfeldzug niederzuschlagen, wo er es etwa versuchen sollte, unsere Front anzugreifen, in den Winterfeldzug 1942/43 hineingehen.
Als grundsätzliche Forderungen gelten:
1. Die Winterstellung ist auf jeden Fall zu halten.
2. Es wird überall eine aktive Verteidigung geführt, die den Feind nicht zur Ruhe kommen läßt und ihn über unsere eigenen Absichten täuscht.

3. Bei feindlichen Angriffen gibt es kein Ausweichen oder operative Rückwärtsbewegungen.
4. Örtliche Einbrüche sind sofort durch Gegenstoß oder Gegenangriff zu bereinigen.
5. Große Einbrüche sind zu lokalisieren, die stehengebliebenen Teile der eigenen Front aber sind als Eckpfeiler unbedingt zu halten, um die Gegenmaßnahmen zu erleichtern.
6. Abgeschnittene oder eingeschlossene Teile haben sich so lange zu verteidigen, bis sie entsetzt werden.

Für die bedingungslose Durchführung dieser Forderungen haften mir die Kommandeure.

Stalingrad ist wie ein Gemälde, das man aus der Nähe nicht ansehen kann, sondern von dem man abtreten muß, um es voll würdigen zu können.

Goebbels

Briefe aus der „Festung Stalingrad"

Es hat überhaupt keinen Zweck, sich dagegen aufzulehnen, und ich würde bestimmt einen Weg finden, wenn es einen gäbe. Ich habe selbstverständlich alles versucht, aus dieser Falle zu entschlüpfen, aber es gibt nur zwei Richtungen: in den Himmel oder nach Sibirien. In der Heimat werden sich einige Herren die Hände reiben, daß sie ihre Stühle und Sessel behalten können, und in mancher Zeitung werden schöne, hochtönende Worte stehen mit einem dicken schwarzen Rand. Sie werden uns immer in Ehren halten. Laß Dich nicht einwickeln von dem dämlichen Geschrei. Ich könnte vor Wut alles zerschlagen, aber so hilflos bin ich noch nie gewesen.

Herzallerliebste, ich denke immer an Dich. Heute, beim Essenholen habe ich auch an Dich gedacht. An das schöne Essen, was Du immer gemacht hast. Meine Strümpfe sind auch alle entzwei, und den Husten werde ich nicht mehr los. Es gibt keine Tabletten dafür. Du könntest mir aber Sirup schicken, aber keine Glasflaschen nehmen. Bist Du auch erkältet? Zieh Dich immer gut warm an. Gibt es denn genug Kohlen? Geh man zu A., der hat auch von mir Holz für seine Möbel gekriegt. Nun soll er dafür Kohlen geben. Onkel Paul hat doch sicher das Filz an die Fenster genagelt. Ich habe mir vorgenommen, daß wir nächstes Jahr richtig Weihnachten feiern, dann schenke ich Dir auch ganz was Schönes. Ich habe keine Schuld, daß ich es Dir jetzt noch nicht schenken kann. Die Russen sind um uns herum, und wir kommen nicht raus, bis Hitler uns rausholt. Aber das darfst Du nicht weitersagen. Es soll eine Überraschung werden.

Letzte Briefe aus Stalingrad

Drei Monate nichts als Dreck und Blut

„Es geht nicht", sagte der Posten mürrisch. „Warum?" fragte ich. „Weil's verboten ist."
„Warum ist's verboten?"
„Weil's verboten ist, Mensch, es ist für Patienten verboten, rauszugehen." „Ich", sagte ich stolz, „ich bin doch verwundet." Der Posten blickte mich verächtlich an: „Du bist wohl's erste Mal verwundet, sonst wüßtest du, daß Verwundete auch Patienten sind, na, geh schon jetzt." Aber ich konnte es nicht einsehen. „Versteh mich doch", sagte ich, „ich will ja nur Kuchen kaufen von dem Mädchen da." Ich zeigte nach draußen, wo ein hübsches kleines Russenmädchen im Schneegestöber stand und Kuchen feilhielt.

„Mach, daß du reinkommst!" Der Schnee fiel leise in die riesigen Pfützen auf dem schwarzen Schulhof, das Mädchen stand da, geduldig, und rief leise immer wieder: „Chuchen . . . Chuchen . . ."
„Mensch", sagte ich zu dem Posten, „mir läuft's Wasser im Munde zusammen, dann laß doch das Kind eben reinkommen." „Es ist verboten, Zivilisten reinzulassen." „Mensch", sagte ich, „das Kind ist doch ein Kind." Er blickte mich wieder verächtlich an. „Kinder sind wohl keine Zivilisten, was?" Es war zum Verzweifeln, die leere, dunkle Straße war von Schneestaub eingehüllt, und das Kind stand ganz allein da und rief immer wieder: „Chuchen . . .", obwohl niemand vorbeikam.
Ich wollte einfach rausgehen, aber der Posten packte mich schnell am Ärmel und wurde wütend: „Mensch", schrie er, „hau jetzt ab, sonst hol' ich den Feldwebel."
„Du bist ein Rindvieh", sagte ich zornig. „Ja", sagte der Posten befriedigt, „wenn man noch 'ne Dienstauffassung hat, ist man bei euch ein Rindvieh." Ich blieb noch eine halbe Minute im Schneegestöber stehen und sah, wie die weißen Flocken zu Dreck wurden; der ganze Schulhof war voll Pfützen, und dazwischen lagen kleine weiße Inseln wie Puderzucker. Plötzlich sah ich, wie das hübsche Mädchen mir mit den Augen zwinkerte und scheinbar gleichgültig die Straße hinunterging. Ich ging ihr auf der Innenseite der Mauer nach.
„Verdammt", dachte ich, „ob ich denn tatsächlich ein Patient bin?" Und dann sah ich, daß da ein kleines Loch in der Mauer war neben dem Pissoir, und vor dem Loch stand das Mädchen mit dem Kuchen. Der Posten konnte uns hier nicht sehen. „Der Führer segne deine Dienstauffassung", dachte ich. Die Kuchen sahen prächtig aus: Makronen und Buttercremeschnitten, Hefekringel und Nußkuchen, die von Öl glänzten. „Was kosten sie?" fragte ich das Kind. Sie lächelte, hob mir den Korb entgegen und sagte mit ihrem feinen Stimmchen: „Dreimarkfinfzig das Stick." „Jedes?" „Ja", nickte sie. Der Schnee fiel auf ihr feines, blondes Haar und puderte sie mit flüchtigem silbernem Staub; ihr Lächeln war einfach entzückend. Die düstere Straße hinter ihr war ganz leer, und die Welt schien tot . . .
Ich nahm einen Hefekringel und kostete ihn. Das Zeug schmeckte prachtvoll, es war Marzipan darin. „Aha", dachte ich, „deshalb sind die auch so teuer wie die anderen." Das Mädchen lächelte. „Gut?" fragte sie, „gut?" Ich nickte nur; mir machte die Kälte nichts, ich hatte einen dicken Kopfverband und sah aus wie Theodor Körner. Ich probierte noch eine Buttercremeschnitte und ließ das prachtvolle Zeug langsam im Munde zerschmelzen. Und wieder lief mir das Wasser im Munde zusammen . . .
„Komm", sagte ich leise, „ich nehme alles, wieviel hast du?" Sie fing vorsichtig mit einem zarten, kleinen, ein bißchen schmutzigen Zeigefinger an zu zählen, während ich eine Nußecke verschluckte. Es war sehr still, und es schien mir fast, als wäre ein leises sanftes Weben in der Luft von den Schneeflocken. Sie zählte sehr langsam, verzählte sich ein paarmal, und ich stand ganz ruhig dabei und aß noch zwei Stücke. Dann hob sie ihre Augen plötzlich zu mir, so erschreckend senkrecht, daß ihre Pupillen ganz nach oben standen, und das Weiße in den Augen war so dünnblau wie Magermilch. Irgend etwas zwitscherte sie mir auf russisch zu, aber ich zuckte lächelnd die Schultern, und dann bückte sie sich und schrieb mit ihren schmutzigen Fingerchen eine 45 in den Schnee; ich zählte meine fünf dazu und sagte: »Gib mir auch den Korb, ja?"
Sie nickte und reichte mir den Korb vorsichtig durch das Loch, ich langte zwei Hundertmarkscheine hinaus. Geld hatten wir satt, für einen Mantel bezahlten die Russen sieben-

hundert Mark, und wir hatten drei Monate nichts gesehen als Dreck und Blut, ein paar Huren und Geld . . .

„Komm morgen wieder, ja?" sagte ich leise, aber sie hörte nicht mehr auf mich, ganz flink war sie weggehuscht, und als ich traurig meinen Kopf durch die Mauerlücke steckte, war sie schon verschwunden, und ich sah nur die stille, russische Straße, düster und vollkommen leer; die flachdachigen Häuser schienen langsam von Schnee zugedeckt zu werden. Lange stand ich so da wie ein Tier, das mit traurigen Augen aus der Hürde hinausblickt, und erst als ich spürte, daß mein Hals steif wurde, nahm ich den Kopf ins Gefängnis zurück.

Und jetzt erst roch ich, daß es da in der Ecke abscheulich stank, nach Pissoir, und die hübschen, kleinen Kuchen waren alle mit einem zarten Zuckerguß von Schnee bedeckt. Ich nahm müde den Korb und ging aufs Haus zu; mir war nicht kalt, ich sah ja aus wie Theodor Körner und hätte noch eine Stunde im Schnee stehen können. Ich ging, weil ich doch irgendwohin gehen mußte. Man muß doch irgendwohin gehen, das muß man doch. Man kann ja nicht stehenbleiben und sich zuschneien lassen. Irgendwohin muß man gehen, auch wenn man verwundet ist in einem fremden, schwarzen, sehr dunklen Land . . .

Heinrich Böll

Befehl Adolf Hitlers zur Fortführung des Kampfes um Stalingrad

Armee-Oberkommando 6 A[rmee]H[aupt]Qu[artier], 17. November 1942
Abt. I a GEHEIM!

Folgender Führerbefehl ist allen in Stalingrad eingesetzten Kommandeuren bis zum R[e]g[imen]t[s-]K[omman]d[eu]r einschließlich mündlich bekanntzugeben:

„Die Schwierigkeiten des Kampfes um Stalingrad und die gesunkenen Gefechtsstärken sind mir bekannt. Die Schwierigkeiten für den Russen sind jetzt aber bei dem Eingang auf die Wolga noch größer. Wenn wir diese Zeitspanne ausnützen, sparen wir uns später viel Blut.

Ich erwarte deshalb, daß die Führung nochmals mit aller wiederholt bewiesener Energie und die Truppe nochmals mit dem oft gezeigten Schneid alles einsetzen, um wenigstens bei der Geschützfabrik und beim Metallurgischen Werk bis zur Wolga durchzustoßen und diese Stadtteile zu nehmen.

Luftwaffe und Artillerie müssen alles tun, was in ihren Kräften steht, diesen Angriff vorzubereiten und zu unterstützen.

Der Führer
gez. Adolf Hitler."

Ich bin überzeugt, daß dieser Befehl unseren braven Truppen neuen Impuls geben wird.
gez. Paulus

„Mit dem Urlaub wird es nun wohl nie wieder etwas werden"

Nun hat mir der Spieß gesagt, daß ich Weihnachten nicht nach Hause fahren kann. Ich habe ihm gesagt, daß er doch sein Versprechen halten muß, und er hat mich zum Rittmeister geschickt. Der Rittmeister hat gesagt, andere hätten Weihnachten auch auf Urlaub fahren wollen, und sie hätten es ihren Angehörigen auch versprochen und nicht halten können. Und so könnte er auch nichts dafür, wenn wir nicht fahren dürften. Wir sollten froh sein, daß wir noch lebten.

Liebe Maria, nun mußt Du nicht böse sein, wenn ich nicht auf Urlaub komme. Ich denke oft an unser Haus und unsere kleine Luise. Ich frage mich, ob sie wohl schon lachen kann. Habt Ihr auch einen schönen Weihnachtsbaum? Ich will nun nicht so viel von hier schreiben, sonst weinst Du darüber. Ich schicke Dir ein Bild mit, ich habe einen Bart darauf, es ist schon ein Vierteljahr alt und in Charkow von einem Kameraden gemacht. Es wird vieles hier gemunkelt, aber ich finde mich nicht durch. Manchmal habe ich Angst, daß wir uns nicht mehr wiedersehen. Das darf ein Mann nicht schreiben, hat mir der Heiner aus Krefeld gesagt, man ängstige nur seine Angehörigen damit. Aber wenn es doch wahr ist!
Maria, liebe Maria, ich habe immer drumherum geredet, der Spieß hat gesagt, es sei die letzte Post nach Hause, weil kein Flugzeug mehr ginge. Ich kann es nicht übers Herz bringen, zu lügen. Und mit dem Urlaub wird es nun wohl nie wieder etwas werden. Wenn ich Dich doch nur noch einmal sehen könnte, wie ist das schrecklich! Wenn Ihr die Kerzen ansteckt, dann denkt an Euren Vater in Stalingrad.

Letzte Briefe aus Stalingrad

Funkspruch des Stabes der 6. Armee über die Verpflegungslage

Geh. Kommandosache! 22. Dezember 1942

Verpflegung: Stand 20. Dezember nach auf die Hälfte des zur Ernährung des Menschen Notwendigen gekürzten Sätzen:

Brot	bis 24. Dezember
Aufstrich	bis 25. Dezember
Mittagskost	bis 26. Dezember
Abendkost	bis 26. Dezember
Getränke	bis 27. Dezember
Rauchwaren	bis 28. Dezember.

Fleisch für Mittagskost und Teile Abendkost nur Pferdefleisch.
Gesundheitszustand: Ernährung der Truppe unbefriedigend bis schlecht. Seit 26. November halbe Portionen, seit 8. Dezember nur 200 g Brot täglich. Deshalb Kräftezustand nachlassend. Truppe ist z. T. vor Auffütterung nicht in der Lage, größere Märsche und Angriffshandlungen ohne zahlreiche Ausfälle durchzuführen. Seit 21. November: 56 Todesfälle im Armeebereich, bei denen nach truppenärztlichem Urteil der Ernährungszustand eine wesentlich mitwirkende Rolle spielt. Z. Z. 2000 Kranke.

● Propaganda und Wirklichkeit

27. 1. 43

Zum Heldenkampf der deutschen Truppen in Stalingrad bemerkte der Minister, daß wir es nicht nötig haben, uns von den englischen Zeitungen die Tapferkeit unserer Truppen bescheinigen zu lassen. Die englischen Pressestimmen über den Heldenkampf in Stalingrad werden deshalb übergangen.
Die Nachrichten aus Stalingrad lassen darauf schließen, daß der Heldenkampf unserer Soldaten seinem Ende sich nähert. Dieser einmalige Vorgang in der deutschen Kampfgeschichte müsse psychologisch zu einer Kräftigung unseres Volkes ausgenutzt werden. Insbesondere müsse der OKW-Bericht eine Formulierung enthalten, die über die Jahrhundete hinweg noch die Herzen bewege. Man müsse den OKW-Bericht so ab-

fassen, daß er mit den Ansprachen Cäsars an seine Soldaten, mit dem Appell Friedrichs des Großen an seine Generäle und die Aufrufe Napoleons an seine Garde gleichstehe.

30. 1. 43

Der Minister gibt Weisung für die deutsche Presse und den deutschen Rundfunk, bei der Behandlung von Stalingrad mehr als bisher den Heroismus und weniger das Grauenhafte und Verzweifelte des Kampfes herauszustellen. Es müsse die Widerstandskraft, der Widerstandswille und die Kameradschaft herausgestellt werden.

Aus den Anweisungen des Propagandaministers an die Presse

„Es ist ein viehisches Sterben"

Du bist mein Zeuge, daß ich mich immer gesträubt habe, weil ich Angst vor dem Osten hatte, vor dem Krieg überhaupt. Was haben wir vom Heldentum? Ich habe den Tod ein paar dutzendmal auf der Bühne gespielt. Und Ihr saßt im Plüschsessel davor, und mein Spielen vom Tod erschien Euch echt und wahr. Der Tod mußte immer heroisch sein, begeisternd, mitreißend, für eine große Sache und aus Überzeugung. Und was ist es in Wirklichkeit hier? Ein Verrecken, Verhungern, Erfrieren, nichts weiter wie eine biologische Tatsache. Sie fallen wie die Fliegen, und keiner kümmert sich darum und begräbt sie. Ohne Arme und Beine und ohne Augen, mit zerrissenen Bäuchen liegen sie überall. Man sollte davon einen Film drehen, um den „schönsten Tod der Welt" unmöglich zu machen. Es ist ein viehisches Sterben, das später einmal auf Sockeln aus Granit mit „sterbenden Kriegern", die Binde um den Kopf oder den Arm, veredelt wird. Hymnen, Romane und Weihegesänge werden geschrieben und ertönen. Und in den Kirchen wird man Messen lesen. Ich mache das nicht mehr mit, denn ich habe keine Lust, in einem Massengrabe zu verfaulen. An Professor H. schrieb ich Ähnliches. Du und er werdet von mir hören. Wundert Euch nicht, wenn es eine Zeitlang dauert, denn ich habe beschlossen, mein Schicksal in meine eigenen Hände zu nehmen.

Letzte Briefe aus Stalingrad

„Schulter an Schulter bis zur letzten Patrone"

Der Kampf um Stalingrad ist zu Ende. Ihrem Fahneneid getreu bis zum letzten Atemzug, ist die 6. Armee unter der vorbildlichen Führung des Generalfeldmarschalls Paulus der Übermacht des Feindes und der Ungunst der Verhältnisse erlegen. Das Opfer der Armee war nicht umsonst. Vom Feind völlig eingeschlossen hielt sie starke Kräfte des Gegners gebunden. Sie gab damit der deutschen Führung die Zeit und die Möglichkeit zu Gegenmaßnahmen, von deren Durchführung das Schicksal der ganzen Ostfront abhing. Die zweimal vom Gegner verlangte Übergabe fand stolze Ablehnung. Unter der Hakenkreuzfahne, die auf der höchsten Ruine von Stalingrad weithin sichtbar gehißt wurde, vollzog sich der letzte Kampf. Generäle, Offiziere, Unteroffiziere und Mannschaften fochten Schulter an Schulter bis zur letzten Patrone. Sie starben, damit Deutschland lebe.

OKW-Bericht vom 3. Februar 1943

Der Weg in die Gefangenschaft

Fünfundvierzigtausend Männer waren es jetzt, die sich dahinbewegten, in Haufen, die sich in die Länge zogen, die abrissen, wieder Anschluß suchten und dichter aufschlossen, glitschend, taumelnd, mit verbundenen Köpfen, der eine mit gebrochenen Rippen, der andere mit zersplittertem Armknochen, da waren solche ohne Beine, bäuchlings auf Schlitten liegend und sich mit Stöcken in den Händen vorwärtsrudernd, alle leer in den Mägen, ohne Fett an den Bauchdecken, ohne Fettpolster an den Nieren, an den umwickelten Füßen gefrorener Schnee, jeder Schritt eine Anstrengung, die Stundengeschwindigkeit ein Kilometer.

Fünfundvierzigtausend Mann, und die letzte Brotkrume verzehrt, das letzte Verbandspäckchen verbraucht, der letzte Liter Sprit verfahren. Kein Transportmittel, die Pkws, Lkws, Sanitätskraftwagen, Kübelwagen, Zugmaschinen zuschanden gefahren oder gesprengt. Die Armee hatte für ihre Männer nur das Grab vorgesehen und hatte dahin gewirtschaftet. Da waren die dem Tode preisgegebenen Haufen. Es waren nicht nur die erdigen Gesichter, die hängenden Arme, die zerpulverten Mäntel — die Ruhr, der Flecktyphus, die Seuchen zogen mit.

Rußland mußte diesen Zug des Chaos aufnehmen. Fünfundvierzigtausend Mann und mit den an den vorangegangenen Tagen gefangengenommenen waren es einundneunzigtausend Mann, eine plötzlich angefallene riesige Menge, die zu betreuen, zu versorgen, zu befördern war. Die eigenen Taschen leer. Die Steppendörfer dem Erdboden gleichgemacht. Die Viehzuchtfarmen ausgeschlachtet. Die Eisenbahnstrecken zerstört.

In der Abendstunde war der eisige Dunst wieder da, der Atem des schneebedeckten Landes. Da war die Balka Krutaja, nicht sehr tief, aber in wilde Nebenklüfte aufgespalten. Eine Holzbrücke führte hinüber. Über diese Brücke hinweg bewegten sich die mit Mänteln und Lumpen vermummten, ausgemergelten Gestalten, einmal war es ein Haufen, dann eine Gruppe, dann waren es zwei, die die Köpfe hängen ließen und einander hielten, dann war es einer vorgespannt und der andere auf einem Schlitten, und immer neue, schlurfend, ausgleitend, sich wieder aufhebend, und weiter, und neue, immer andere. Die Niederlage ist die Niederlage auch jedes einzelnen. Die Glieder lahm, die Seelen taub, was über die Brücke zieht, sind die ausgebrannten Schlacken der verlorenen Schlacht.

Theodor Plivier

Der einbeinige Deutsche Schulz, dem das russische Dawai inzwischen schon verständlich war, mußte 1949 im Stolypin Moskau-Kuibyschew auf seinem einen Bein zum Klo und zurück hüpfen, die Wachen brüllten vor Lachen und wollten es noch schneller haben. Der Posten, der im Windfang vor der Klotür stand, schubste ihn beim nächsten Mal. Schulz fiel. Darob erzürnt, begann der Posten ihn auch noch zu schlagen — und Schulz, der sich unter seinen Schlägen nicht aufrappeln konnte, kroch auf den Händen in den schmutzigen Abort hinein. Die Wachen krümmten sich.

Alexander Solschenizyn

Gebt uns unsere Männer wieder!

Am 12. 4. 1943 gegen 12.20 Uhr hielt ein Hauptmann der Wehrmacht einen Flaksoldaten in Dortmund-Hörde wegen schlechten Grüßens an. Die resistente Haltung des Soldaten veranlaßte den Hauptmann, die Personalien des Angehaltenen festzustellen. Es stellte sich heraus, daß der Soldat desertiert war. Der Hauptmann veranlaßte das Nötige, wobei er sich nach einwandfreien Feststellungen völlig korrekt verhielt. Umstehende Volksgenossen wurden aber des Vorfalls gewahr. Es sammelte sich eine 300- bis 400köpfige Menschenmenge, die hauptsächlich aus Frauen bestand. Im Handumdrehen bildeten sich unglaubliche Gerüchte, die sämtlich gegen den Offizier gerichtet waren. Die Erregung der Menge wuchs ungeheuer schnell, und sie nahm eine so drohende Haltung an, daß der Offizier regelrecht in eine Straßenbahn flüchten mußte. Aus der Menge kamen erregte Rufe wie: „Pfui, es gibt Revolution! Gebt uns unsere Jungen, gebt uns unsere Männer wieder!"

Meldungen aus dem Reich

Liebe Frau Propfe! Warberg, den 3. 1. 1950

Sie werden nun schon alle Tage auf eine Nachricht gewartet haben. Ich bin am 9. 12. aus der Gefangenschaft gekommen. Daß Ihr Mann noch nicht zu Hause ist, das habe ich schon in Friedland auf der Suchstelle gewußt.

Liebe Frau Propfe, ich kann Ihnen nun nicht sagen, Ihr Mann ist noch am Leben, kann aber auch nicht sagen, er ist gefallen. Ich würde Ihnen ja so gern eine Auskunft zukommen lassen, aber ich kann nicht, weil ich es selbst nicht weiß. Glauben Sie mir, liebe Frau, niemand fühlt Ihren Schmerz mehr als ich, und auch niemand weiß mehr als ich, was Sie in Heinrich verloren haben. Und ich wünsche Ihnen von ganzem Herzen, daß nicht das Traurige wahr ist, sondern, daß er, genau wie ich, einmal ganz unverhofft vor seinen Lieben steht. Sie glauben ja gar nicht, wie schwer mir dieses Schreiben fällt. Ich schicke Ihnen das kleine Bild wieder mit, vielleicht ist es Ihr letztes.

Es grüßt Sie und Ihre Kinder vielmals

Willi Heise

Deutsches Rotes Kreuz — Suchdienst München 8. 8. 72

Betr.: Ihr Suchantrag nach Heinrich Pfropfe, geb. 1909

Sehr verehrte Frau Wilke-Pfropfe,

im Rahmen unserer Nachforschungen wurden alle uns zugegangenen Angaben und Informationen über das Schicksal Ihres Angehörigen überprüft. Über die idividuellen Ermittlungen hinaus haben wir besonders die Möglichkeit untersucht, ob der Verschollene in Gefangenschaft geraten sein könnte. Dabei ist den Kampfhandlungen, bei denen Ihr Angehöriger und weitere Soldaten der gleichen militärischen Einheit vermißt wurden, genau nachgegangen worden. Das Ergebnis ist in einem Gutachten festgehalten, das Ihnen Aufschluß über unsere Nachforschungen gibt. Wird am Ende der Darstellung auch der Schluß gezogen, daß Ihr Angehöriger zu den Opfern des 2. Weltkrieges gezählt werden muß, hoffen wir dennoch, Sie durch die Bekanntgabe des Nachforschungsergebnisses von jahrelang ertragener Ungewißheit zu befreien.

Mit vorzüglicher Hochachtung
M. Heinrich, Direktor

● Der Luftkrieg

„Fortschritte" in der Luft-Waffe

Die Entwicklung im Flugzeugbau ging nach 1918 mit Riesenschritten weiter. Verbesserungen der Zellen und Motoren brachten laufend entsprechende Leistungssteigerungen im Hinblick auf Flugeigenschaften, Tragfähigkeit, Fluggeschwindigkeit, Gipfelhöhe und Reichweite. Die Fortschritte auf dem Gebiet der Bordwaffen, Bomben, Navigations- und Blindfluggeräte sowie der Funktechnik erweiterten die militärischen Einsatzmöglichkeiten der Luftfahrzeuge. Die schweren Bomber, die 1918 bei einer Geschwindigkeit von 125 km/h mit einer Bombenlast von 400 Kilogramm eine maximale Reichweite von 500 km aufwiesen, erreichten Ende der dreißiger Jahre mit 2000 kg Bomben an Bord eine Eindringtiefe bis zu 2000 km. Aus dem Wettlauf zwischen Jagdflugzeug und Bomber entstand die Synthese des modernen Jagdbombers, eines Kampfflugzeugs, das sowohl Ziele in der Luft als auch von der Luft aus am Boden bekämpfen konnte.

Viele Militärtheoretiker der dreißiger Jahre sahen im Flugzeug die Hauptwaffe eines Zukunftskrieges. Der bekannteste Verfechter dieser Idee war ein italienischer General namens Giulio Douhet, dessen Lehre, der „Douhetismus", damals viel diskutiert wurde. Heer und Marine waren — nach Douhet — auf das strikte Mindestmaß zu begrenzen. Alle übrigen für Rüstungszwecke verfügbaren Mittel sollten zum Bau einer strategischen Bomberflotte verwendet werden, die den Luftkrieg in das Land des Feindes hineinträgt, dort rücksichtslos seine wichtigsten Lebenszentren vernichtet und dadurch den Widerstandswillen der feindlichen Bevölkerung bricht. Die Kriegsentscheidung werde fallen, wenn es gelungen sei, den Gegner aus seinem eigenen Luftraum zu vertreiben und ihn aus der Luft so zu beherrschen, daß er zur Kapitulation gezwungen werde. Mit Douhet hatte Italien die große Ehre, den ersten Militärtheoretiker zu besitzen, der nicht den Kampf zwischen Soldaten, sondern die Vernichtung der Zivilbevölkerung als das primäre Kriegsziel predigte.

Ferdinand Otto Miksche

„Herrlichstes Stukawetter"

Morgen ist Einsatz auf Modlin. Die widerspenstige Festung muß fallen. Wir werden fliegen, gleich, wie das Wetter ist. Um 7 Uhr sind die Maschinen klar.

Heute morgen ist der Regen noch schlimmer geworden, und die polnischen Dorfstraßen sind ein einziges Dreckmeer, durch das wir mit quatschenden Stiefeln hindurchwaten müssen. Die Flieger haben Gummimäntel übergezogen und sehen wie eine Schar von Nordseelotsen aus. Alle Maschinen sind startklar, Bomben sind geladen, wir warten nur noch auf den Befehl. Eine Viertelstunde warten wir, stehen am Holzfeuer, rauchen, schauen auf die Uhr, erzählen uns Witze.

Jetzt kommt der kleine rote Wagen des Kommandeurs vom Dorf her angewackelt — es geht also los!

In Minuten sind die Jolanthen, so nennt man hier die Sturzkampfflieger, angeworfen, die kreisenden Propeller fegen das Regenwasser in stäubenden Fahnen von den Maschinen. Noch eine kurze Staffelbesprechung, und wir starten. Richtung Weichselbogen. Über Radom sammelt sich der Verband. Dreißig Stukas. Im Tiefflug geht es dann durch die hängenden Wolken zur Weichsel. Weiter nördlich klart es auf, die Flughöhe steigt fortwährend, und bald haben wir die Schlechtwetterzone durchflogen und können in etwa 4000 m Höhe das Ziel anfliegen. Schnell trocknet die Sonne die regennassen Scheiben, und die dicken Haufenwolken ziehen in strahlender Schönheit vorbei ihre Bahn: herrlichstes Stukawetter!

Wir fliegen noch im engen Verband. Tragfläche an Tragfläche brausen die schimmernden Stahlvögel, sich in den kurzen Böen sacht wiegend, durch weißfunkelnde Wolkengebirge. Ich unterscheide im Rauschen der Motoren leise, aber sehr deutlich und klangrein die Stimmen der Kameraden der nachfolgenden Staffeln. Rechts unter uns liegt die Festung Modlin.

Gelbe Rauchschwaden zeigen an, daß noch erbittert gekämpft wird. Weit hinten, jenseits der Weichsel, sehen wir die Abschüsse der deutschen Batterien aufblitzen. Im konzentri-

schen Feuer schlagen ihre Geschosse Bresche auf Bresche in die meterdicken Betonwälle. Jetzt sind wir über dem Ziel. Eine Wolkenwand verbirgt es uns noch, verbirgt aber auch uns, die wir jetzt in pfeifender Fahrt steil nach unten stürzen.
Tollstes Erlebnis der Fliegerei! Oft erlebt und doch immer wieder von atemberaubender Spannung. Mit sanftem Druck stellt der Pilot die Maschine auf den Kopf, und in rasender Fahrt stürzen wir steil der Erde entgegen. Das Herz scheint stehenzubleiben. Unterdessen ist die feindliche Flak lebendig geworden, und uns entgegen zischen die Raketenfäden der feindlichen Geschosse. Traumhaft schnell sehen wir die kleinen dunklen Explosionswölkchen vorüberhuschen. In diesem Augenblick klinkt der Pilot aus. Unsere todbringende 500-Kilo-Bombe fliegt dem Ziel entgegen. Über uns stoßen die Kameraden aus den Wolken herunter. Sie sehen aus wie rasende Striche, die in den Himmel gezogen scheinen. Wir sehen Pünktchen gleich, die Bomben fallen, und unten schießen graue und weiße Rauchpilze aus den Werken. In sonderbaren Formen zischt der Qualm der zerplatzenden Bomben über die Umrisse der Befestigungen.

Benno Wundshammer

„Bomben auf Engelland"

Die deutsche Fliegertruppe hat mit allen zur Verfügung stehenden Kräften die englische Luftwaffe möglichst bald niederzukämpfen. Die Angriffe haben sich in erster Linie gegen die fliegenden Einheiten, ihre Bodenorganisation und Nachschubeinrichtungen, ferner gegen die Luftrüstungsindustrie einschließlich der Industrie zur Herstellung von Flakgerät zu richten.

Hitlers Weisung Nr. 17 vom 1. August 1940

Wir fühlen in Horsten und Höhen
Des Adlers verwegenes Glück!
Wir steigen zum Tor
Der Sonne empor,
Wir lassen die Erde zurück!
Kamerad, Kamerad! Die Losung ist bekannt:
Ran an den Feind! Ran an den Feind!
Bomben auf Engelland!

Hört ihr die Motoren singen:
Ran an den Feind!
Hört ihr's in den Ohren klingen:
Ran an den Feind!
Bomben, Bomben! Bomben auf Engelland!

Wir flogen zur Weichsel und Warthe,
Wir flogen ins polnische Land!
Wir trafen es schwer
Das feindliche Heer,
Mit Blitzen und Bomben und Brand.

Wir stellen den britischen Löwen
Zum letzten entscheidenden Schlag.
Wir halten Gericht!
Ein Weltreich zerbricht!
Das wird unser stolzester Tag!

„Coventrierung"

Coventry wurde in der Nacht vom 14. zum 15. November 1940 durch einen deutschen Luftangriff total zerstört. Fünfhundert Flugzeuge hatten die Stadt sechs Stunden lang erbarmungslos bombardiert, Tausende von Menschen hatten in jener Nacht ihr Leben verloren. Unter dem Eindruck der grausamen Vernichtung berichtete die Times am 16. 11. 1940: „Besonders das Stadtzentrum wurde durch Spreng- und Brandbomben zerstört. Von der berühmten Kathedrale ist wenig mehr als ein Skelett übriggeblieben, Mengen von Schutt türmen sich zu einem riesigen Hügel innerhalb der kahlen Mauern." Die Ruinen der einstmals prächtigen Kathedrale wurden zum Symbol für Luftangriffe auf nichtmilitärische Ziele. Bereits 14 Tage nach der Zerstörung Coventrys führte die faschistische Presse den Begriff „coventrieren" ein. Am 29. November schrieb der Völkische Beobachter: „Inzwischen setzt die deutsche Luftwaffe die ‚Coventrierung' der englischen Häfen, Rüstungs- und Industriezentren mit unerbittlicher Systematik fort."

Aber Coventry sollte nicht ein Symbol der Zerstörung bleiben, sondern zu einem Symbol der Versöhnung zwischen den Völkern werden. Wie ist es dazu gekommen? Bereits am Morgen nach der Bombennacht zog der damalige Provost R. T. Howard zwei verkohlte Dachbalken aus den Trümmern heraus und fügte sie zu einem Kreuz zusammen. Das „Brandkreuz" erhielt später einen Platz auf dem Altar im Chorraum der alten Kathedrale. Im Jahre 1942 wurden in die dahinterliegende Wand die beiden Worte eingemeißelt: FATHER FORGIVE!

Pfarrer Gröpler

Bombenwerfen — wie im Kino

Ich kenne meine Chose vom Bombenwerfen. Allerdings hatten wir keine — von Ausnahmen abgesehen — keine bestimmten Ziele, wir hatten eben freie Jagd. Wo wir was sahen, einen Panzer, Fahrzeuge, Truppenansammlungen, da haben wir eben was fallen gelassen ...

Man darf eben nicht vergessen, daß bei der Fliegerei alles junge Leute sind, deren Interessen nicht in Politik, Philosophie und in Weltanschauung und in irgendwelchen weisen militärischen Dingen liegen, deren Hauptinteresse ist eben ficken und saufen. Und wenn sie einen Auftrag kriegen, dann machen sie den Auftrag ...

Die Fliegerei hat etwas an sich, wovon kein Buch berichtet, und selbst, wenn Flieger das selbst beschreiben, erwähnen sie das nicht, weil es ihnen so selbstverständlich ist. Es hat etwas Irreales an sich: das Bild fliegt vorbei, und man hört nichts, man hört

Eine pfälzische Ortschaft 1945. Foto: Otto Schürer (Die letzten hundert Tage). ▶

Seite 90:
„Das Antlitz des Krieges." Foto: David Douglas Duncan (Life)

Seite 91:
Das Ende des Einsatzes von Fünfzehnjährigen. Foto: Hans Schaller (Die letzten hundert Tage)

Seite 92 und 93:
Hilfe auch für den Gegner. Foto: Robert Capa

Seite 94 und 95:
Das zerstörte Warschau. Foto: Robert Capa

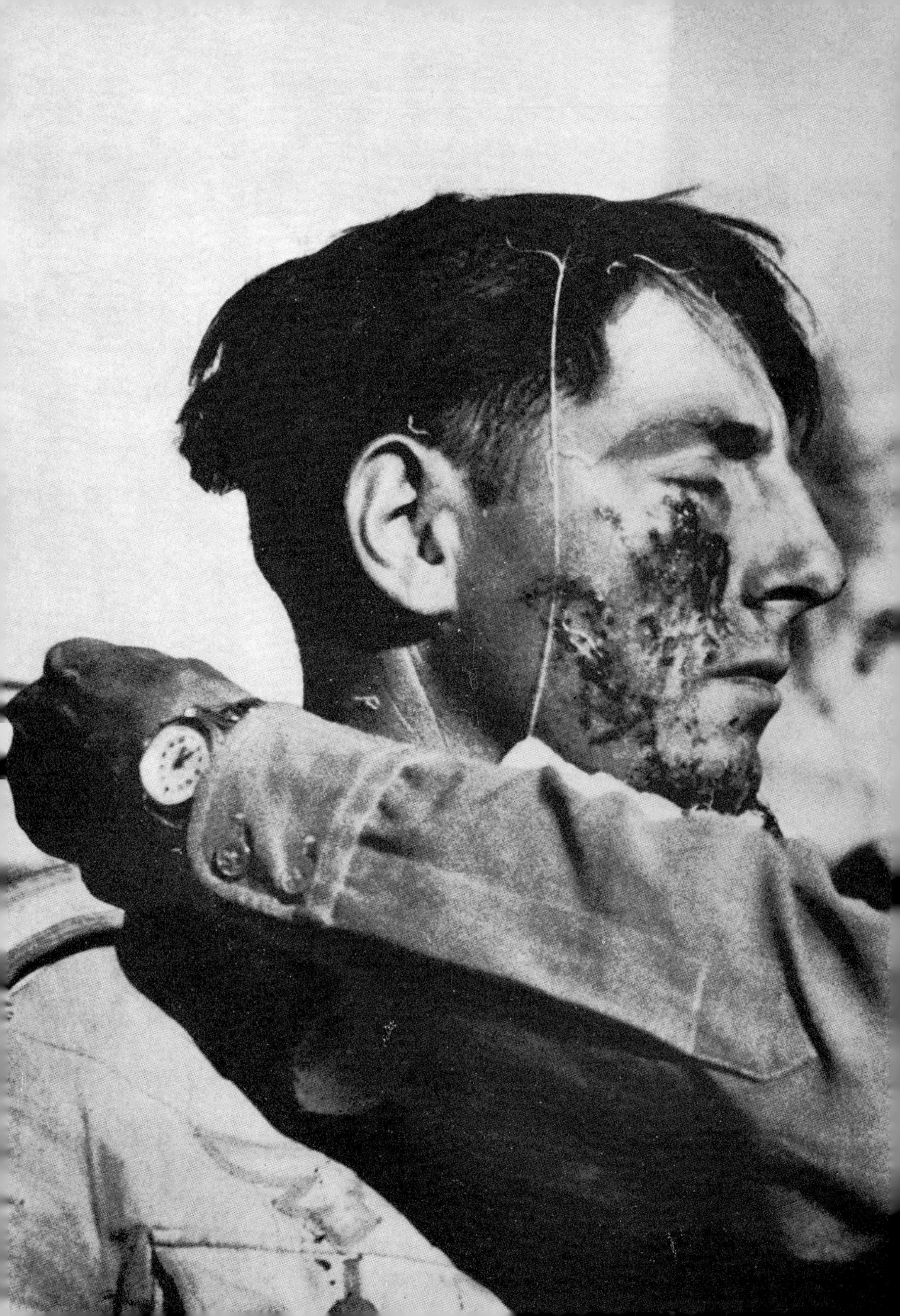

nur seinen Motorenlärm. Und man hört seine Bomben auch nur explodieren, wenn man sehr tief wirft, dann hört man ein dumpfes Wummern, und sonst ist alles so fern, etwas unwirklich. Wenn man sieht, wie ein großes Flugzeug abstürzt, und dann der große Aufschlagbrand — alles wie im Kino! Der Ton ändert sich nicht, man hört nur seine Motorengeräusche. Wenn man von Jägern angegriffen wird — die Treffer, die waren so, als wenn einer mit dem Bleistift in Pappkarton reinsticht. Das ist nicht wie beim Heer, wo alles kracht und Radau ist und wo es knallt und wo es zischt — da ist alles stumm, könnte man sagen ... Nur wenn man abgeschossen ist und kraucht da unten am Boden lang, dann ist das so wie ein Schlag vorn Kopf.

Ein ehemaliger Flugzeugführer der Luftwaffe

Die Zerstörung von Dresden

Tausend Meter über der schweigend daliegenden Stadt wiederholte der Masterbomber in seiner Mosquito immer wieder über UKW-Sprechfunk: „Masterbomber an ‚Platerack'-Verband: Beginnen Sie mit dem Angriff und bombardieren Sie das rote Licht der Zielmarkierer nach Plan. Bombardieren Sie das Licht der roten Zielmarkierer nach Plan."
Es war genau zehneinhalb Minuten nach 22 Uhr ...
Der grüne Erstmarkierer fiel genau über D. herab. Von diesem Augenblick an verlief der ganze Angriff mit unheimlicher militärischer Präzision. Nach der ersten Welle von Blindbeleuchter-Lancasters folgte ein zweite Welle über das Zielgebiet und warf Reihen weißer Leuchtbomben ab. Schließlich kam die Reihe an den Mosquito-Markiererverband, dessen grellrote Markierungsbomben noch in den Bombenschächten hingen, der im Sturzflug auf Dresden niederzugehen und den Sportplatz zu markieren hatte, wovon der ganze Angriff abhing.
Die Leuchtbomben brannten jetzt strahlend hell über der Stadt; die ganze Stadt lag ruhig und friedlich da. Von seiner Mosquito aus überprüfte der Hauptmarkierer sorgfältig das Ziel. Vorsichtig kreiste er über der Stadt und nahm die Peilungen vor. Dann war der Zeitpunkt für ihn gekommen, mit seinem ersten Anflug auf den Zielflug zu beginnen. Im Sturzflug ging er mit der Mosquito von 670 Metern auf weniger als 270 Meter herunter und öffnete ihre Bombenklappen. Der Blitz flammte auf, als die Kamera auf das Krankenhaus in Dresden-Friedrichstadt gerichtet war, den größten Krankenhauskomplex in Mitteldeutschland. Das Objekt der Kamera hielt das Bild fest, als die 1000-Pfund-Zielmarkierungsbombe aus dem Bombenschacht stürzte und sich der Kanister mit seinen Leitflossen drohend auf einem kleinen rechteckigen Gebäude des Krankenhausgeländes abzeichnete. Die einzige Sorge des Masterbombers war, ob die Markierungsbomben durch die dünnen Wolkenschichten sichtbar sein würden, besonders für jene Lancasterbomber, die den höchsten Anflugsbereich von etwa 6000 Metern zugeteilt bekommen hatten.
Um 22 Uhr 13 fielen die ersten Bomben auf Dresden. Der Hauptmarkierer machte den Masterbomber auf die charakteristischen dumpfen Explosionen der riesigen Viertausend- und Achttausendpfund-Sprengbomben aufmerksam, die die Fenster eindrükken und die Dächer der leicht brennbaren, zum Teil jahrhundertealten Häuser der Dresdener Altstadt wegreißen sollten. Ein grellblauer Blitz durchzuckte die Dunkelheit, als eine weit außerhalb des Zielgebietes niedergegangene Bombenreihe explodierte.

◀ *Eine Familie auf der Flucht im Raum Insterburg-Braunsberg. Foto: Archiv*

Die Besatzungen meinten später, daß wahrscheinlich ein Elektrizitätswerk getroffen worden war.
„Hauptmarkierer an Masterbomber: Die Bomben scheinen jetzt ausgezeichnet zu fallen. Ende.“ „Ja, Hauptmarkierer. Es sieht recht gut aus.“ „Hallo, ‚Plate-rack‘-Verband. Die Bombenwürfe liegen gut. Greifen Sie an und zielen sie wie vorgesehen nach den roten Zielmarkierern. Achtung, einer hat zu spät ausgelöst! Einer hat sehr weit vom Zielpunkt entfernt abgeworfen.“ „Masterbomber an Hauptmarkierer: Wenn Sie wollen, können Sie jetzt nach Hause fliegen. Danke.“ „Hallo, Masterbomber: Danke, ich fliege jetzt nach Hause.“ „Gute Arbeit, ‚Plate-rack‘-Verband. Die Bombenwürfe liegen ausgezeichnet“, bemerkte der Masterbomber.

David Irving

Kaum einer kam mit dem Leben davon

„Laß mich los! Ich will raus“, schrie ein Landser, wohl ein Urlauber. „Bleib hier, Hermann, bitte, bleib hier“, jammerte seine Frau. „Denkste, ich will hier wie eine Maus in der Falle sitzen oder verbrennen oder begraben werden. Nichts wie raus.“ Seine Stiefel klirrten die Kellertreppe hoch. Er zerrte seine Frau hinter sich her. Glasscherben krachten unter seinen Nagelsohlen.
Eilig kam er gleich danach wieder heruntergepoltert. Auf halber Treppe schrie er: „Das Haus brennt. Alle Häuser brennen. Los, alle raus. Dalli, dalli, ehe es zu spät ist.“
Alle drängten zum Ausgang. Fünf, sechs erreichten gleichzeitig die Tür. Gewaltsam kämpften sie sich vorwärts ...
Durch den allgemeinen Lärm überhörten die Menschen einen erneuten Anflug.
Eine Explosion, gewaltiger als alle bisherigen, ließ die Erde erbeben. Konservengläser splitterten zur Erde. Das war die dritte Bomberwelle im Zeitraum weniger Minuten, und viele Dutzende von Wellen gingen noch über Dresden hinweg. 30 Minuten lang hagelte es Bomben auf eine ungeschützte Stadt. Geschwader auf Geschwader öffnete seine Bombenschächte. 30 Minuten Angriff ohne Unterbrechung.
Als der erste Angriff begann, gelang es, noch viele Züge aus dem Hauptbahnhof herauszubringen. Nach dem ersten Angriff wurden diese Züge wieder zurückgeleitet. Auf allen Bahnsteigen, soweit die Gleise nicht aufgerissen waren, standen Eisenbahnzüge mit Flüchtlingen. Aber auch außerhalb der Hallen. Kein Mensch erwartete einen zweiten Angriff. Mitten im vollen Bahnbetrieb plötzlich Alarm. Sämtliche Gleise mit Zügen verstopft ... Jetzt gab es kein Entweichen mehr. Einen Atemzug lang stockte die Flucht der Menschen. Dann gab es kein Halten mehr.
„Bunker! Wo sind die Bunker?“
Tunnelschänke! Zwei Gastwirtschaftsräume unter dem Hauptbau des Bahnhofs. In wenigen Minuten mit Menschen vollgepfropft. Kopf an Kopf standen sie. Boden, Wände, Decken erzitterten unter den Explosionen der Bomben. Der riesige Kuppelbau der Haupthalle brach donnernd zusammen. Rauch, beizender Qualm drang in die Räume der Gastwirtschaft. Eine Panik brach aus. Im nächsten Augenblick waren die Ausgänge blockiert. Soldaten versuchten, die Ausgänge gewaltsam freizumachen. Es gelang ihnen nicht. Sie griffen zu einem letzten, verzweifelten Mittel, den Waffen, und schossen auf die rasend gewordene Menge. Damit besiegelten sie das Schicksal aller. Kaum einer kam mit dem Leben davon. Tagelang räumte Militär, nur mit Hosen, Stiefeln und Gasmasken bekleidet, die Toten heraus.
Andere, die in den Kellerräumen unter den Wartesälen Schutz gesucht hatten, trieben

Hitze und Flammen in die äußersten Winkel. Wer sich an den Wänden befand, wurde zerquetscht. Langsam sanken sie zu Boden. Die nächsten traten auf die Toten. Auch sie wurden zerquetscht. Und dieses Nachdrängen, Zerquetschen, Zertreten wiederholte sich, bis die Leichen die Decke berührten.
Der Morgen des 14. Februar dämmerte herauf. Wer noch genügend Kraft und Energie besaß, wollte Dresden verlassen. Eine Stadt zog aus. Die Menschen keuchten unter der Last von Koffern und Rucksäcken. Mütter schleppten ihre Kinder. Söhne und Töchter fuhren ihre gebrechlichen Eltern auf Handwagen. Dazwischen Fuhrwerke der Trecks. An Stricken zogen die Ausgebombten Karren hinter sich her. In den Straßengräben lagen Tote. Sie waren vor Erschöpfung gestorben. Wer zusammenbrach, blieb liegen. Niemand kümmerte sich um sie. Im Bogen ging man um die Sterbenden herum. Unaufhaltsam näherten sich neue Bomberverbände der ausgebluteten Stadt.

Aus den Tagen des Luftkrieges. Erlebnis- und Erfahrungsberichte

Die häufigsten Todesursachen waren das Einatmen der stickig-heißen Gase, das eindringende Kohlenmonoxyd und Rauchvergiftung. Ein Offizier des Reichsarbeitsdienstes berichtet, wie er mit seinen Männern dem Erstickungstod entkam.
„Beim Nachlassen des Angriffs suchte ich als erster, zumal durch die enorme Hitze das Atmen infolge des Sauerstoffmangels immer schwerer wurde, nach einem Fluchtweg. Als ich in die Nähe des Hauseingangs kam, stellte ich fest, daß wir von Feuer ringsumher eingeschlossen waren. Durch die Straßen fegten mit ungeheurem Sog riesige Flammen, brennende Balken stürzten herab, die Funken fielen in dichtem Regen, und beißender Qualm behinderte jede Sicht. Es war gänzlich ausgeschlossen, hier aus dem Haus zu gelangen, ohne daß man sofort in Flammen aufgegangen wäre. Auf mein Befragen erfuhr ich von den Hausbewohnern, daß etwa zehn Häuser weiter ein freier Platz läge und daß die Häuser untereinander durch Luftschutzwände in den Kellern verbunden seien. Ich ließ von meinen Männern von Haus zu Haus die schwachen Kellerwände einschlagen, und so gelangten wir unter Anwachsen der Menschenmenge durch die jeweils hinzukommenden Bewohner endlich ins Freie. Gegen den Funkenregen schützten sich die meisten Menschen durch Umhängen von nassen Decken."

David Irving

Nur wo Krieg ist, gibt's ordentliche Listen und Registraturen (Bertold Brecht)

Die Organisation der Rettungsarbeiten, die Identifizierung und das Zählen der Leichen wurden eng koordiniert. Beamte überwachten die Identifizierung an Ort und Stelle, wobei die Leichen ein oder zwei Tage lang auf den hierfür freigemachten Bürgersteigen aufgereiht lagen. Alle Wertsachen, darunter Schmuckstücke, Papiere, Briefe, Ringe und andere zur Identifizierung dienende Gegenstände, wurden in getrennte Papierbeutel gesteckt. Auf diesen Papierbeuteln standen die wichtigsten Angaben. An jedem Opfer war eine farbige Karte mit derselben Erkennungsnummer befestigt. Jede Nacht sammelte die Vermißtennachweiszentrale (VNZ) alle Papierbeutel ein und registrierte die Namen und Erkennungsnummern in ihren Karteien. Je weiter die Bergungsaktionen in das Zentrum der am schwersten getroffenen Gebiete vorgetrieben wurden, desto hoffnungsloser erschien die Aussicht auf vollständige Registrierung der Opfer. Schließlich mußten sich die Bergungstrupps darauf beschränken, Eheringe abzuziehen und von allen Kleidungsstücken jeden Opfers Stoffproben abzuschneiden. Alle Anstrengungen wurden unternommen, um zu gewährleisten, daß möglichst viele

Opfer ein ordentliches Begräbnis erhielten, selbst wenn es sich nur um Massengräber handelte. Auf dem Heidefriedhof waren bis Kriegsende die sterblichen Überreste von 28 746 Menschen begraben worden. Aber die aus den Kellern gekommenen verstümmelten und verbrannten Leichen, bei denen auch der Kopf mitverbrannt oder zerfetzt war, konnten ebensowenig mitgezählt werden wie die im Feuersturm Verbrannten.

David Irving

Trümmer mit Trümmern vergelten?

Manche Volksgenossen glauben an Vergeltungswaffen. Aus mehreren Gebieten wird das Gerücht von „Gefrierbomben" gemeldet, welche im Umkreis von 5 km eine Kälte von minus 100 Grad erzeugen und alle Lebewesen vernichten, aber nicht die Gebäude, denn es habe ja keinen Sinn, Trümmer mit Trümmern zu vergelten. Von „Wasserstoff" oder „schwerem Wasser mit 1,6 Atomgewicht" wird gemunkelt, von Gas oder einem ungeheuren Verbrennungsprozeß, der durch die neuen Waffen ausgelöst werde. Alle diese Gerüchte laufen darauf hinaus, daß die Vergeltungswaffen zerstörende und vernichtende Wirkungen von unausdenkbarem Ausmaß hervorrufen.

Meldungen aus dem Reich

Die erste Atombombe des Krieges fiel am 6. August 1945 früh um ein Viertel nach acht Uhr auf Hiroshima, eine Stadt im Westen Japans, mit 450 000 Einwohnern. Es war Montag, und die Leute machten sich gerade auf den Weg zur Arbeit. Die Bombe wurde von einer amerikanischen B-29 abgeworfen, die 24 000 Fuß hoch flog. Die B-29 flog mit großer Geschwindigkeit weiter, während die Bombe, von einem Fallschirm gehalten, langsam herunterfiel. Sie explodierte über der Stadtmitte in einer Höhe von 2 200 Fuß. Innerhalb weniger Sekunden zerstörte die Druckwelle der Bombe 60 % der Stadt. Viele Tausende von Menschen wurden entweder durch den Luftdruck selbst oder von niederstürzenden Gebäuden getötet. Andere verbrannten von der feurigen Glut der Bombe, die eine Oberflächentemperatur hatte, stärker als die Sonne. Viele Tausende starben an Strahlungsschäden. Insgesamt wurden 72 379 Menschen getötet, 163 000 wurden verletzt.

Linus Pauling

Vor meinen Augen wurde es finster

Wir bitten dich, jenen beizustehen, die sich in die Höhen deines Himmels wagen und den Kampf bis zu unseren Feinden vortragen. Mögen sie mit deiner Hilfe diesen Krieg zu einem schnellen Ende bringen. Mögen sie unversehrt zu uns zurückkehren. Wir werden im Vertrauen auf dich weiter unseren Weg gehen.

Gebet eines Feldgeistlichen am 5. 8. 1945, beim Abflug des Flugzeugs, das die Hiroshima-Bombe trug.

In der Frühe, gegen acht Uhr, stand ich am 6. August 1945 auf. Am letzten Abend war zweimal Luftalarm gegeben worden, doch es kam kein Angriff ... Plötzlich traf mich jetzt ein Schlag auf den Kopf und vor meinen Augen wurde es finster. Ich schrie laut und hob die Hände, doch in der Dunkelheit hörte ich nur einen Sturm herabsausen, sonst verstand ich nichts. Meine eigenen Rufe hörte ich wie die Stimme eines anderen Menschen. Als dann, wenn auch verschwommen, erkennbar wurde, wie die Umwelt aussah, war mir zumute, als ob ich mitten auf der Bühne eines schweren Unglücks stünde. Hinter den dicken Wolken von Staub erschien ein blauer Raum, immer mehr

Räume tauchten auf. Langsam ging ich über den Fußboden, wo auch die Binsenmatten weggerissen waren. Da kam mir meine Schwester in großer Eile entgegen. „Wurdest du nicht getroffen? Wurdest du nicht getroffen, ja?“ schrie sie. „Deine Augen bluten, wasch dich schnell.“ Sie sagte mir noch, daß in der Küche Wasser fließe.

Vom Lagerhaus des benachbarten pharmazeutischen Werkes kamen jetzt kleine Flammen. Es war höchste Zeit, das Weite zu suchen. — Gemeinsam mit K. mußte ich über zerstörte Häuser hinweg mir den Weg bahnen, wir gingen zunächst langsam, um den Hindernissen auszuweichen, und beschleunigten dann unsere Flucht, als wir flachen Boden spürten und merkten, daß wir auf einer Straße waren. Hinter einem zusammengebrochenen Haus schrie jemand „Onkel!“. Wir drehten uns um, eine Dame mit blutüberströmtem Gesicht weinte und suchte Hilfe. Sie ging nun mit uns, tiefes Entsetzen im Gesicht. Bald begegneten wir einer anderen Frau, die am Wege stand und wie ein Kind schrie: „Mein Haus brennt, mein Haus brennt!“ Der Rauch stieg überall aus den zusammengestürzten Häusern auf. Plötzlich befanden wir uns an einer Stelle, wo die Hitze der Flammen ungeheuer tobte. Dann fanden wir wieder eine Straße und erreichten die Sakae-Brücke. Hier drängten sich immer mehr Flüchtlinge zusammen. Ich nahm den Weg zum Palast Izumi und verlor K. aus den Augen. Das Gebüsch wurde durch die Gewalt der fliehenden Menschen niedergetreten, so daß von selbst ein Steg entstand, die hoch emporragenden Bäume waren meist bis zur Hälfte abgebrochen. Der bekannte Garten am Fluß war jetzt schwer beschädigt. Ich sah das Gesicht einer älteren Frau, die sich bei einem Strauch niederkauerte und entkräftet ausstreckte. Ihr völlig verstörtes Wesen schien irgendwie anzustecken. Zum erstenmal erblickte ich ein solches Gesicht, aber noch unheimlichere Gesichter mußte ich nachher ständig sehen.

Jeder dachte zunächst, nur sein Haus sei bombardiert worden, und erst im Freien sah man, daß alles zerstört war. Dabei fand man keine Löcher, die sonst durch Bombenexplosionen entstehen, obschon die Gebäude zusammengebrochen waren. Das Feuer auf dem anderen Ufer, das eine Weile nachgelassen hatte, fing wieder an zu wirbeln. Dieses Mal war in den roten Flammen ein dunkler Rauch zu sehen, dessen schwarze Masse rasend schnell sich verbreitete, und im Nu schien auch die Hitze der Flammen gesteigert. Die unheimliche Glut verzehrte alles und ließ nur Trümmer zurück. In diesem Augenblick merkte ich, daß eine ungemein durchsichtige Luftschicht am Himmel mitten über dem Fluß stromaufwärts näherkam. Kaum konnte ich noch „Wasserhose“ rufen, als der gewaltige Wind uns schon erreichte. Alle Bäume und Sträucher zischten, manche wurden in die Luft gerissen. Fliegende Bäume stürzten wie Pfeile in das dunkle Chaos hinab. Ich glaubte, alles sei vom grünen Schimmer einer grauenhaften Höllenbilderrolle umflutet.

Als die Wasserhose vorübergezogen war, beherrschte schon die Abendstimmung den Himmel. Ich traf meinen zweitältesten Bruder, dessen Gesicht mit einer grauen Spur, wie mit dünner Tusche von einem Pinselstrich, gezeichnet war, sein Hemd hing zerrissen über den Rücken. Aus der Wunde, die wie ein Sonnenbrand im Seebad aussah, wurde später eine Eiterung, die lange ärztliche Pflege erforderte. Damals jedoch war er noch ziemlich frisch und munter. Als ich mit ihm nun den schmalen Steinsteg dem Wasser entlang stromaufwärts ging, um eine Fähre zu finden, sah ich Scharen unbeschreiblich entstellter Menschen. Die sinkende Sonne ließ die Landschaft erblassen; oberhalb sowie unterhalb des Ufers befanden sich solche Leute und warfen Schatten auf das Wasser. Die Gesichter waren unsagbar aufgeschwollen, so daß kaum zu erkennen war, ob es sich bei diesen Menschen um Männer oder Frauen handelte, die Augen schienen schmal wie ein Faden, die Lippen äußerst entzündet. Die Menschen lagen in den letzten Zügen, ihre schmerzenden Körper waren entblößt. Wenn wir an solchen Gruppen vorbeikamen, riefen sie uns mit leiser, zarter Stimme zu: „Lassen Sie mich ein bißchen Wasser trinken!" — „Helfen Sie mir bitte!" ... Sie hatten fast alle um etwas zu bitten.

Durch ein ergreifendes Rufen „Onkel!" wurde ich angehalten. Im Fluß lag ein nackter Junge, bis zum Kopf im Wasser, tot, und weniger als einen Meter von diesem Leichnam entfernt kauerten zwei Frauen auf einer Steinstufe. Ihre Gesichter waren um die eineinhalbfache Größe angeschwollen, häßlich verzerrt. Erst an ihrem angebrannten struppigen Haar erkannte ich sie als Frauen. Dieser Anblick löste zunächst weniger Mitleid als Schrecken in mir aus. Die beiden Frauen flehten, als sie mich bemerkten: „Die Bettdecke da unter dem Baum gehört uns, bringen Sie uns die Decke doch bitte hierher!" Unter dem Baum sah ich allerdings etwas wie eine Decke. Da aber darauf schon ein Schwerverletzer im Sterben lag, konnte man nichts mehr mit ihr machen.

Wir fanden nun ein kleines Floß, lösten das Tau und ruderten zum anderen Ufer. Als wir an der Sandfläche landeten, dämmerte es schon. Es schienen sich aber auch hier viele Verletzte zu befinden. Ein Soldat, der am Wasser kauerte, bat mich, ihm warmes Wasser zu geben. An meine Schulter gelehnt, ging er mühsam mit mir auf dem Sand und sagte plötzlich schroff: „Besser wäre der Tod!" Ich stimmte ihm zu, ohne ein Wort hervorzubringen. Unaufhaltsame Erbitterung gegen das Irrsinnige schien uns in diesem Augenblick schweigend zu verbinden. An einem Tisch trank ein großer, schwarzgebrannter Kopf warmes Wasser aus einer Teetasse. Das riesengroße, seltsame Gesicht sah aus, als bestehe es aus lauter schwarzen Sojabohnen. Außerdem war das Haar in Höhe der Ohren genau waagrecht abgeschnitten. Später, nachdem ich immer wieder Gebrannte mit dem waagrecht geschnittenen Haar traf, begriff ich allmählich, daß ihr Haar jeweils bis zum Rand ihres Hutes zerstört war.

Als die Flut kam, verließen wir die Flußniederung und gingen auf den Damm. Die Nacht mit ihrer Finsternis steigerte sich zur Hölle. Überall tobte der Ruf: „Gib Wasser, gib Wasser!" Der Lärm der Leidenden in der Flußniederung wurde immer größer. Auf dem Damm lagen in unserer Nähe einige verletzte Schülerinnen. Es war windig und zu kalt, um einschlafen zu können. An einem Baum funkelte einige hundert Meter entfernt ein Feuer. „Der Hain fängt an zu brennen, sollen wir nicht fliehen?" fragte jemand ängstlich. Noch schien die Flamme aber nicht bis zu unserer Stelle überzugreifen. Da kam Voralarm: Eine Sirene war irgenwo unzerstört geblieben. Man hörte sie leise heulen. In der Stadt brannte es anscheinend noch heftig weiter. Stromabwärts sah man den ungewissen Lichtschein.

„Ach, daß der Morgen schnell käme!" klagte eine Schülerin.

„Mutter, Vater", riefen sie leise im Chor.

„Wird das Feuer auch hierher kommen?" fragte eine Verletzte.

Aus der Flußniederung hörte man einen scheinbar sehr kräftigen Jungen in seinem Todeskampf stöhnen. Sein Rufen kam von allen Seiten auf uns zu: „Wasser, geben Sie Wasser! Ach, Mutter ... Schwester ..." Die Stimme schleuderte die Worte heraus, als zerrisse sie den ganzen Leib und die Seele, ein schmerzliches, getriebenes Schnaufen schlang sich schon schwächer hinein: „Oh, oh." Als es tagte, hatte die Stimme schon aufgehört zu rufen. Doch es war mir zumute, als hörte ich immer noch dieses tief

erschütternde Todesgeschrei in den Ohren hallen, während mich die frische, kühle Morgenluft umgab.
Unter dem Schreintor von Toshogu war eine Baracke für ärztliche Behandlung eingerichtet. Zunächst prüfte ein Polizist flüchtig die Angaben über den Heimatort und das Alter. Man erhielt ein Formular, mußten dann in einer Schlange stehen und stundenlang warten, der brennenden Sonne ausgesetzt. Doch wer in der Schlange bleiben konnte, durfte sich glücklich schätzen. Ein angebranntes Mädchen wälzte sich am Wege und heulte mit furchtbarer Stimme: „Hilf mir, Onkel Soldat, hilf mir!" Ein Mann, der die Uniform des zivilen Wachdienstes trug, hatte den aufgeschwollenen Kopf auf einen Stein gelegt; mit schwächlicher, abgerissener Stimme kamen aus seinem angebrannten, kohlschwarzen Munde die Worte: „Wer will mir helfen, ach Krankenschwester, Herr Doktor!" Doch es konnte sich niemand um ihn kümmern, denn die Zahl der Ärzte, Polizisten und Krankenschwestern, die inzwischen aus einer anderen Stadt eingetroffen waren, blieb zu gering.
Im Tempelbezirk hatten sich die Schwerverletzten überall hingelegt. Es gab weder ein Zelt noch den Schatten eines Baumes. So stellten wir am Steinwall einige dünne Holzbretter auf, um ein Dach zu haben, und verkrochen uns darunter. In diesem Raum wohnten wir zu sechst mehr als 24 Stunden. Etwa zwei Meter entfernt stand ein Kirschbaum mit wenig Blättern. Hier ließen sich zwei Schülerinnen hinfallen. Beide hatten ein schwarzgebranntes Gesicht, setzten ihre mageren Rücken der brennenden Sonne aus und ächzten um Wasser. Sie waren in diesen Tagen in die Gegend von Hiroshima gekommen, um bei der Ernte zu helfen und erlitten nun dieses Unglück. Auch eine Dame mit schwarzgeräuchertem Gesicht erschien in unserer Nähe, legte ihre Handtasche hin und streckte erschöpft ihre Knie aus. Die Sonne neigte sich zum Untergang.
Schon vor dem neuen Tagesanbruch hörte man ununterbrochen Gebete, hier schien ständig jemand den Tod zu finden. Als die Morgensonne emporstieg, hauchten die beiden Schülerinnen ihr Leben aus. Ein Polizist, der eine Leiche in einer Wasserlache untersuchte, sah auch die Dame in unserer Nähe, die inzwischen gleichfalls gestorben war. Als er die Handtasche öffnete, kamen Bezugsscheine und Anleihepapiere heraus. Es zeigte sich, daß auch sie auf einer Reise nun in dieses Unglück geraten war ... Unser Karren fuhr weiter bis zum Dorf Yawata ...
Einige Tage später traf in diesem Dorf ein Schüler ein, mein verschollener Neffe. Er war im Augenblick der Explosion in seiner Schule gewesen und sah das grelle Licht im Klassenzimmer. Sofort warf er sich unter den Tisch, die Decke stürzte ein und begrub ihn. Doch er konnte sich durch eine Lücke retten und mit wenigen Schülern herauskriechen, die anderen waren alle dem Schlag erlegen. Nun flüchtete er mit diesen Kameraden auf den Berg Hiji und spie unterwegs weiße Flüssigkeit aus. Eine Woche nach seiner Rückkehr verlor er die Haare und war in zwei Tagen ganz kahl. Schon verbreitete sich bei uns das Gerücht, daß sich ein Verletzter meistens nicht mehr retten könne, wenn ihm das Haar ausfalle und die Nase blute. Mein Neffe hielt aber in dieser schweren Lage noch lange durch.
Mein zweitältester Bruder, der im Gesicht und auf dem Rücken verbrannt war, legte sich trübsinnig im Mückennetz hin. Auf der Veranda des Hauptgebäudes jenseits seines Gartens war die Gestalt eines Mannes mit stark geschwollenem Gesicht zu sehen. Dahinter lag anscheinend noch ein weiterer Verletzter. In der Dämmerung hörte man

wieder irre Reden, und bald war auch ein Gebet zu vernehmen, das dem gestorbenen Gatten der ältesten Tochter des Hauses galt. Auch er war in Hiroshima von dem Unglück getroffen worden, hatte den Weg bis zum Dorf zu Fuß gemacht und dann im Bett unbewußt an der verbrannten Haut gekratzt, was sofort zu einer Hirnkrankheit führte. Es gab hier im Dorf Menschen, denen ich immer wieder begegnete. Eine ältere Dame, der Glassplitter den ganzen Leib zerrissen hatten, bedurfte der Hilfe dreier Leute, um zur Behandlung getragen zu werden. Ein alter, schwerverletzter Mensch wurde im Handkarren zum Krankenhaus mitgenommen ...

Nach einigen Tagen erklang plötzlich die japanische Nationalhymne. „Was wird geschehen sein?" fragte meine Schwester erstaunt. Von einer Ahnung bestürzt ging ich zum Radioapparat im Hauptgebäude; die Sendung war nicht deutlich zu verstehen, aber das Wort „Waffenstillstand" hörte ich klar. Vor dem Eingang des Krankenhauses stand mein zweitältester Bruder, immer noch hilflos und wartend. Ich rief ihm zu: „Der Krieg ist zu Ende!" — „Wenn das Ende doch früher gekommen wäre!" war bald von allen Seiten zu hören.

Tamiki Hara

(geb. 1905 zu Hiroshima, 1945 von der Strahlung der Atombombenexplosion getroffen, Freitod 1951)

Über einige Davongekommene

Als der Mensch
unter den Trümmern
seines
bombardierten Hauses
hervorgezogen wurde,
schüttelte er sich
und sagte:
Nie wieder.
Jedenfalls nicht gleich.

Günter Kunert

● Bilanz des Krieges

Wer schuldig ist, soll sühnen.
Deutsche Soldatenzeitung

700 Jahre Geschichte ausgelöscht?

Es war drei Uhr morgens. Den genauen Tag weiß ich nicht mehr, denn jene Tage waren ein einziges großes Chaos, das sich der kalendarischen Ordnung entzog. Aber daß es drei Uhr morgens war, weiß ich, weil ich aus irgendeinem, vielleicht dokumentarischen Bedürfnis oder auch nur aus Ratlosigkeit nach der Uhr sah.

Seit acht Tagen war ich in der großen Kolonne der Flüchtlinge, die sich von Ost nach West wälzte, mitgeritten. Hier in der Stadt Marienburg nun war der Strom offenbar umgeleitet worden, jedenfalls fand ich mich plötzlich vollkommen allein vor der großen Brücke. Einen Moment parierte ich mein Pferd, und ehe dessen Schritt auf dem klappernden Bretterbelag alle anderen Geräusche übertönte, hörte ich ein merkwürdig rhythmisches, kurzes Klopfen, so als ginge ein dreibeiniges Wesen, schwer auf einen Stock gestützt, ganz langsam über den hallenden Bretterboden. Zunächst konnte ich nicht recht ausmachen, um was es sich handelte, aber sehr bald sah ich drei Gestalten

Berlin 1945. Foto: Robert Capa ▶
Seite 106 und 107:
In einem Einwanderungslager in Israel 1948. Foto: Robert Capa

РЕЙХСТ
ПОТСО
A. Holl u Sohn, Berlin O. Petersburgerplatz 3

261

in Uniform vor mir, die sich langsam und schweigend über die Brücke schleppten: Einer ging an Krücken, einer am Stock, der dritte hatte einen großen Verband um den Kopf und der linke Ärmel seines Mantels hing schlaff herunter.
Man habe es allen Insassen des Lazaretts freigestellt, sich aus eigener Kraft zu retten, sagten sie... Eigene Kraft? Die russischen Panzer waren höchstens noch 30 Kilometer, vielleicht auch nur 20 Kilometer von uns entfernt; diese drei aber waren nicht imstande, mehr als zwei Kilometer in der Stunde zurückzulegen. Überdies herrschten 20 bis 25 Grad Kälte — wie lange also würde es dauern, bis der Frost sich in die frischen Wunden hineinfraß?
Hunderttausende deutscher Soldaten waren in diesen letzten Monaten elendiglich umgekommen, verreckt, zusammengeschossen oder einfach erschlagen worden — und diese drei würden das gleiche Schicksal haben, gleichgültig, ob sie nun im Lazarett geblieben wären, oder ob sie sich entschlossen hatten, noch ein paar Kilometer weiter nach Westen zu marschieren.
Für mich war dies das Ende Ostpreußens: drei todkranke Soldaten, die sich über die Nogat-Brücke nach Westpreußen hineinschleppten. Und eine Reiterin, deren Vorfahren vor 700 Jahren von West nach Ost in die große Wildnis jenseits dieses Flusses gezogen waren und die nun wieder nach Westen zurückritt — 700 Jahre Geschichte ausgelöscht.
Den ganzen Sommer über hatten wir studieren können, wie man sich am zweckmäßigsten für die Flucht ausrüstet. Seit dem Frühjahr war der Strom nicht abgerissen. So wie der Sturm über See sich dadurch ankündigt, daß die Wasservögel zum schützenden Hafen fliegen und landeinwärts ziehen, so schob die langsam vorrückende russische Welle ein buntes Gemisch von Flüchtenden vor sich her — längst, ehe wir uns selbst auf den Weg machen mußten.
Bis Pr. Holland waren es von Quittanien nur elf Kilometer. Eine gute Stunde Fahrzeit, so rechneten wir normalerweise. An diesem Tag brauchten wir sechs Stunden. Die Straßen glichen spiegelblankem Eis, die Pferde rutschten, das Coupé, in das wir zwei Kranke verladen hatten, stand dauernd quer zur Fahrtrichtung. Aus allen Nebenstraßen kamen sie gequollen und verstopften die Kreuzungen, und einen Kilometer vor der Stadt kam alles endgültig zum Stillstand. Wir standen über zwei Stunden, ohne auch nur einen Zentimeter vorzurücken.
Die Stadt wirkte wie eine blockierte Drehscheibe: von zwei Seiten waren die Trecks hereingefahren, hatten das Ganze verstopft, und nun ging es weder vor noch zurück. Ich ging zur Post, und siehe da, die gute alte Post funktionierte noch. Gerade zu der Zeit, als ich telefonierte, stieß die russische Panzerspitze 25 Kilometer vor uns von Süden zum Frischen Haff durch. Ostpreußen war abgeschnitten. Als ich nach zwei Stunden wieder bei unserem Treck anlangte, waren alle schon total durchgefroren und verzweifelt. Es waren 20 Grad Kälte. „Wenn wir doch unter die Russen fallen, dann schon lieber zu Haus“ — das war so etwa die Formel, auf die sich alle geeinigt hatten. Und noch etwas anderes hatten sie alle miteinander inzwischen beschlossen: daß ich versuchen sollte, mit meinem Pferd nach Westen durchzukommen, denn mich würden die Russen bestimmt erschießen, während sie selber nun eben in Zukunft für die Russen die Kühe melken und die Scheunen ausdreschen würden.

Marion Gräfin Dönhoff

◄ *Draußen vor der Tür. Foto: Hilmar Pabel*

Manchmal wird darüber geschwätzt, daß die Rote Armee das Ziel habe, das deutsche Volk auszurotten. Das ist natürlich eine dumme Lüge.
Stalin

Wenn du den Deutschen am Leben läßt, wird der Deutsche den russischen Mann aufhängen und die russische Frau schänden. *Ilja Ehrenburg*

„Wir wollen uns nichts vormachen"

Unsere Soldaten brauchten nur zu sagen: „Frau komm", und sie wußte, was er von ihr erwartete. Wir wollen uns nichts vormachen. Nach nahezu vier Jahren waren die Soldaten der Roten Armee in dieser Beziehung völlig ausgehungert. Für die Offiziere, besonders für die Stabsoffiziere, war das kein solches Problem, da viele von ihnen eine „Kriegsfrau" hatten — eine Sekretärin, eine Stenotypistin, eine Krankenschwester oder eine Kellnerin. Der gewöhnliche Wanka hatte es in dieser Beziehung längst nicht so gut. In den befreiten russischen Städten hatten zwar ein paar Burschen Glück, aber die meisten eben doch nicht. In Polen ereignete sich eine Reihe bedauerlicher Dinge, aber, was die Frauen angeht, so wurde doch streng auf Disziplin geachtet. Es wurde schrecklich viel gestohlen und geraubt. Unsere Burschen waren geradezu verrückt nach Armbanduhren, das läßt sich nicht bestreiten. Aber Plünderung und Vergewaltigungen in großem Maßstab begannen erst, als unsere Soldaten nach Deutschland kamen. Sie waren sexuell so ausgehungert, daß sie oft alte Frauen von 60, 70 oder gar 80 überfielen.

Alexander Werth, Berichterstatter der Sunday Time, aus einer Unterhaltung mit einem russischen Major

Hunger

Als der Krieg aus war, kam der Soldat nach Hause. Aber er hatte kein Brot. Da sah er einen, der hatte Brot. Den schlug er tot. Du darfst doch keinen totschlagen, sagte der Richter. Warum nicht, fragte der Soldat.

Wolfgang Borchert

Dann kam der Zug. Es war ein Leerzug, zusammengestellt aus zwei Personenwagen ohne Fenster und einer Reihe offener Güterwagen. Er fuhr ganz langsam ein. Bahnpolizei begleitete ihn, um das Schlimmste zu verhüten. Aber man hätte ein Bataillon aufbieten müssen. In dieser Minute brach, wie immer, wenn ein Zug einfuhr, das Tier, das wild verzweifelte Tier in diesen Menschen durch. Sie fielen über den Zug her. Und sie fielen übereinander her. Menschen, die eben noch ein freundliches Wort miteinander gewechselt hatten, sprangen sich an wie Raubkatzen und kämpften um Trittbretter und Bremserhäuschen. Frauen dazwischen, Greise, Kriegsversehrte, Halbwüchsige und Kinder. Es ging hier ja um mehr als eine Beförderungsmöglichkeit. Es ging gleichzeitig um die Schlafstelle für die hereinbrechende Nacht.

Jeder von all diesen halbzerbrochenen Menschen trug als kostbarstes Gut in seiner Tasche die Anschrift eines anderen Menschen. Was für Adressen waren das! Ein Kriegskamerad, der irgendwo in der Heide leben sollte, wenn er überhaupt noch lebte. Ein Verwandter, der selbst acht hungrige Mäuler zu stopfen hatte. Der Freund eines Freundes, von dem es hieß, es gehe ihm gut. Ein Bauer in der Heide, den man einmal in guten Zeiten kennengelernt hatte und der nun einen Sack Kartoffeln herausgeben sollte. Oder wenigstens ein paar Pfund.

An diesem Tag wurden beim Einsteigen in den Leerzug neun Menschen zum Teil schwer verletzt. Ein Kind von sechs Jahren war darunter. Es gelang der Mutter nicht mehr, den Zug zu verlassen. Und ein Kriegsblinder war darunter. Ein Mann, der seit vier Tagen vergeblich versuchte, ein bescheidenes Plätzchen in einem Zug zu bekommen. Der Zug aber fuhr ab. Die Gespräche verstummten.

Das war also die Stadt. Dieser ungeheure Trümmerhaufen, mit zerborstenen Wänden, verbogenen T-Trägern, ausgebrannten Fensterhöhlen und zu Schutt und Asche zerfallenen Fabriken und Geschäften. Der Zug glitt langsam über Weichen und Schwellen daran vorbei. Eine Gummifabrik. Ausgebrannt. Eine Schmiede. Zerbombt. Eine lange Reihe moderner Siedlungshäuser mit kleinen Vorgärten. Zerbombt. Eine Zementfabrik. Ausgebrannt.

Äcker und Wiesen breiteten sich aus. Ein Dörfchen, eine Mühle, ein vereinzeltes Gehöft. Der Soldat unter dem Dach aus Wolldecken reckte den Hals. „Mensch, die haben wohl nichts vom Krieg gemerkt", sagte er. „Guck mal da! Eine Kuh!"

Ja, so weit war es gekommen. Da kehrte einer nach Deutschland zurück und wunderte sich, daß es überhaupt noch ein ganzes Dorf gab und daß am Wiesenrand eine magere Kuh weidete.

Die Menschen, die in dem Güterwagen hockten, starrten hinaus. Das Land war die Hoffnung für sie. Es wuchs doch alles — und die Menschen waren weniger geworden. Es müßte doch mit dem Teufel zugehen, wenn da nicht ein Sack Kartoffeln zu holen wäre.

Das Brot

Plötzlich wachte sie auf. Es war halb drei. Sie überlegte, warum sie aufgewacht war. Ach so! In der Küche hatte jemand gegen einen Stuhl gestoßen. Sie horchte nach der Küche. Es war still. Es war zu still und als sie mit der Hand über das Bett neben sich fuhr, fand sie es leer. Das war es, was es so besonders still gemacht hatte: sein Atem fehlte. Sie stand auf und tappte durch die dunkle Wohnung zur Küche. In der Küche trafen sie sich. Die Uhr war halb drei. Sie sah etwas Weißes am Küchenschrank stehen. Sie machte Licht. Sie standen sich im Hemd gegenüber. Nachts. Um halb drei. In der Küche.

Auf dem Küchentisch stand der Brotteller. Sie sah, daß er sich Brot abgeschnitten hatte. Das Messer lag noch neben dem Teller. Und auf der Decke lagen Brotkrümel. Wenn sie abends zu Bett gingen, machte sie immer das Tischtuch sauber. Jeden Abend. Aber nun lagen Krümel auf dem Tuch. Und das Messer lag da. Sie fühlte, wie die Kälte der Fliesen langsam an ihr hoch kroch. Und sie sah vom Teller weg.

„Ich dachte, hier wäre was", sagte er und sah in der Küche umher.

„Ich habe auch etwas gehört", antwortete sie und dabei fand sie, daß er nachts im Hemd doch schon recht alt aussah. So alt wie er war. Dreiundsechzig. Tagsüber sah er manchmal jünger aus. Sie sieht doch schon alt aus, dachte er, im Hemd sieht sie doch ziemlich alt aus. Aber das liegt vielleicht an den Haaren. Bei den Frauen liegt das nachts immer an den Haaren. Die machen dann auf einmal so alt.

„Du hättest Schuhe anziehen sollen. So barfuß auf den kalten Fliesen. Du erkältest dich noch."

Sie sah ihn nicht an, weil sie nicht ertragen konnte, daß er log. Daß er log, nachdem sie neununddreißig Jahre verheiratet waren.
„Ich dachte, hier wäre was", sagte er noch einmal und sah wieder so sinnlos von einer Ecke in die andere, „ich hörte hier was. Da dachte ich, hier wäre was."
„Ich hab auch was gehört. Aber es war wohl nichts." Sie stellte den Teller vom Tisch und schnippte die Krümel von der Decke.
„Nein, es war wohl nichts", echote er unsicher.
Sie kam ihm zu Hilfe: „Komm man. Das war wohl draußen. Komm man zu Bett. Du erkältest dich noch. Auf den kalten Fliesen."
Er sah zum Fenster hin. „Ja, das muß wohl draußen gewesen sein. Ich dachte, es wäre hier."
Sie hob die Hand zum Lichtschalter. Ich muß das Licht jetzt ausmachen, sonst muß ich nach dem Teller sehen, dachte sie. Ich darf doch nicht nach dem Teller sehen. „Komm man", sagte sie und machte das Licht aus, „das war wohl draußen. Die Dachrinne schlägt immer bei Wind gegen die Wand. Es war sicher die Dachrinne. Bei Wind klappert sie immer."
Sie tappten sich beide über den dunklen Korridor zum Schlafzimmer. Ihre nackten Füße platschten auf den Fußboden.
„Wind ist ja", meinte er. „Wind war schon die ganze Nacht."
Als sie im Bett lagen, sagte sie: „Ja, Wind war schon die ganze Nacht. Es war wohl die Dachrinne."
„Ja, ich dachte, es wäre in der Küche. Es war wohl die Dachrinne." Er sagte das, als ob er schon halb im Schlaf wäre.
Aber sie merkte, wie unecht seine Stimme klang, wenn er log. „Es ist kalt", sagte sie und gähnte leise, „ich krieche unter die Decke. Gute Nacht."
„Nacht", antwortete er und noch: „ja, kalt ist es schon ganz schön."
Dann war es still. Nach vielen Minuten hörte sie, daß er leise und vorsichtig kaute. Sie atmete absichtlich tief und gleichmäßig, damit er nicht merken sollte, daß sie noch wach war. Aber sein Kauen war so regelmäßig, daß sie davon langsam einschlief.
Als er am nächsten Abend nach Hause kam, schob sie ihm vier Scheiben Brot hin. Sonst hatte er immer nur drei essen können.
„Du kannst ruhig vier essen", sagte sie und ging von der Lampe weg. „Ich kann dieses Brot nicht so recht vertragen. Iß du man eine mehr. Ich vertrag es nicht so gut."
Sie sah, wie er sich tief über den Teller beugte. Er sah nicht auf. In diesem Augenblick tat er ihr leid.
„Du kannst doch nicht nur zwei Scheiben essen", sagte er auf seinen Teller.
„Doch. Abends vertrag ich das Brot nicht gut. Iß man. Iß man."
Erst nach einer Weile setzte sie sich unter die Lampe an den Tisch.

Wolfgang Borchert

Vertrieben

Die US-Regierung ist ernstlich bestürzt über Berichte von fortgesetzten Massendeportationen mit deutschen Flüchtlingen, die offenbar aus den Gebieten östlich der Oder-Neiße-Linie nach Deutschland gekommen sind. Diese Leute sind vermutlich in Eile aus ihren Wohnungen vertrieben und um all ihren Besitz gebracht worden, bis auf das, was sie tragen konnten. Berichte zeigen, daß diese Flüchtlinge, meistens Frauen, Kinder und alte Leute, in einem erschreckenden Zustand der Erschöpfung angekommen sind, daß manche an ansteckenden Krankheiten leiden, daß vielen ihre letzte persönliche Habe genommen worden ist. Solches Massenelend und die schlechte Behandlung Schwacher und Hilfloser, lassen sich mit dem Potsdamer Protokoll nicht vereinbaren, ebensowenig mit internationalen Regeln für die Behandlung von Flüchtlingen.

Der amerikanische Außenminister Byrnes an den amerikanischen Botschafter in Polen

Vor die Versammlung
tritt ein Mann,
das Wort der anderen.

Verhalten beschreibt er ein Land,
Sandküsten und Gestüte,
Elche auf der September-Nehrung.

Er ist gerecht.
Er ist freundlich,
ein Freund der Menschen.

Möglich sogar, er liebt
die eigene Frau.
Er spricht lange.

Ich klatsche erschreckt
und verlasse ihn.

Der Redner
meinte verlorene Gebiete.
Vom Krieg
sprach er nicht.

Guntram Vesper

Draußen vor der Tür

Beckmann: Guten Appetit, Herr Oberst.
Der Oberst (kaut): Wie bitte?
Beckmann: Guten Appetit, Herr Oberst.
Oberst: Sie stören beim Abendessen! Ist Ihre Angelegenheit so wichtig?
Beckmann: Nein. Ich wollte nur feststellen, ob ich mich heute nacht ersaufe, oder am Leben bleibe. Und wenn ich am Leben bleibe, dann weiß ich noch nicht, wie. Und dann möchte ich am Tage manchmal vielleicht etwas essen. Und nachts, nachts möchte ich schlafen. Weiter nichts.
Oberst: Na, na, na, na! Reden Sie mal nicht so unmännliches Zeug. Waren doch Soldat, wie?
Beckmann: Nein, Herr Oberst.
Schwiegersohn: Wieso nein? Sie haben doch Uniform an.
Beckmann (eintönig): Ja. Sechs Jahre. Aber ich dachte immer, wenn ich zehn Jahre lang die Uniform eines Briefträgers anhabe, deswegen bin ich noch lange kein Briefträger.
Tochter: Papi, frag ihn doch mal, was er eigentlich will. Er kuckt fortwährend auf meinen Teller.
Beckmann (freundlich): Ihre Fenster sehen von draußen so warm aus. Ich wollte mal wieder merken, wie das ist, durch solche Fenster zu sehen. Von innen aber, von innen. Wissen Sie, wie das ist, wenn nachts so helle warme Fenster da sind und man steht draußen?
Mutter (nicht gehässig, eher voll Grauen): Vater, sag ihm doch, er soll die Brille abnehmen. Mich friert, wenn ich das sehe.
Oberst: Das ist eine sogenannte Gasmaskenbrille, meine Liebe. Wurde bei der Wehrmacht 1934 als Brille unter der Gasmaske für augenbehinderte Soldaten eingeführt. Warum werfen Sie den Zimt nicht weg? Der Krieg ist aus.

Beckmann: Ja, ja. Der ist aus. Das sagen sie alle. Aber die Brille brauche ich noch. Ich bin kurzsichtig, ich sehe ohne Brille alles verschwommen. Aber so kann ich alles erkennen. Ich sehe ganz genau von hier, was Sie auf dem Tisch haben.

Oberst (unterbricht): Sagen Sie mal, was haben Sie für eine merkwürdige Frisur? Haben Sie gesessen? Was ausgefressen, wie? Na, raus mit der Sprache, sind irgendwo eingestiegen, was? Und geschnappt, was?

Beckmann: Jawohl, Herr Oberst. Bin irgendwo mit eingestiegen. In Stalingrad, Herr Oberst. Aber die Tour ging schief, und sie haben uns gegriffen. Drei Jahre haben wir gekriegt, alle hunderttausend Mann. Und unser Häuptling zog sich Zivil an und aß Kaviar. Drei Jahre Kaviar. Und die anderen lagen unterm Schnee und hatten Steppensand im Mund. Und wir löffelten heißes Wasser. Aber der Chef mußte Kaviar essen. Drei Jahre lang. Und uns haben sie die Köpfe abrasiert. Bis zum Hals — oder bis zu den Haaren, das kam nicht so genau darauf an. Die Kopfamputierten waren noch die Glücklichsten. Die brauchten wenigstens nicht ewig Kaviar zu löffeln.

Schwiegersohn (aufgebracht): Wie findest du das, Schwiegervater? Na? Wie findest du das?

Oberst: Lieber junger Freund, Sie stellen die ganze Sache doch wohl reichlich verzerrt dar. Wir sind doch Deutsche. Wir wollen doch lieber bei unserer guten deutschen Wahrheit bleiben. Wer die Wahrheit hochhält, der marschiert immer noch am besten, sagt Clausewitz.

Beckmann: Jawohl, Herr Oberst. Schön ist das, Herr Oberst. Ich mache mit, mit der Wahrheit. Wir essen uns schön satt, Herr Oberst, richtig satt, Herr Oberst. Wir ziehen uns ein neues Hemd an und einen Anzug mit Knöpfen und ohne Löcher. Und dann machen wir den Ofen an, Herr Oberst, denn wir haben ja einen Ofen, Herr Oberst, und setzen den Teekessel auf für einen kleinen Grog. Und dann ziehen wir die Jalousien runter und lassen uns in einen Sessel fallen, denn einen Sessel haben wir ja. Wir riechen das feine Parfüm unserer Gattin und kein Blut, nicht wahr, Herr Oberst, kein Blut, nicht wahr, Herr Oberst, kein Blut, und wir freuen uns auf das saubere Bett, das wir ja haben, wir beide, Herr Oberst, das im Schlafzimmer schon auf uns wartet, weich, weiß und warm. Und dann halten wir die Wahrheit hoch, Herr Oberst, unsere gute deutsche Wahrheit.

Tochter: Er ist verrückt.

Schwiegersohn: Ach wo, betrunken.

Mutter: Vater, beende das. Mich friert von dem Menschen.

Oberst (ohne Schärfe): Ich habe aber doch stark den Eindruck, daß Sie einer von denen sind, denen das bißchen Krieg die Begriffe und den Verstand verwirrt hat. Warum sind Sie nicht Offizier geworden? Sie hätten zu ganz anderen Kreisen Eingang gehabt. Hätten 'ne anständige Frau gehabt, und dann hätten Sie jetzt auch 'n anständiges Haus. Wären ja ein ganz anderer Mensch. Warum sind Sie kein Offizier geworden?

Beckmann: Meine Stimme war zu leise, Herr Oberst, meine Stimme war zu leise.

Oberst: Sehen Sie, Sie sind zu leise. Mal ehrlich, einer von denen, die ein bißchen müde sind, ein bißchen weich, wie?

Beckmann: Jawohl, Herr Oberst. So ist es. Ein bißchen leise. Ein bißchen weich. Und müde, Herr Oberst, müde, müde, müde! Ich kann nämlich nicht schlafen, Herr Oberst, keine Nacht, Herr Oberst. Und deswegen komme ich her, darum komme ich zu Ihnen,

Herr Oberst, denn ich weiß, Sie können mir helfen. Ich will endlich mal wieder pennen! Mehr will ich ja gar nicht. Nur pennen. Tief, tief pennen.

Mutter: Vater, bleib bei uns. Ich habe Angst. Ich friere von diesem Menschen.

Tochter: Unsinn, Mutter. Das ist einer von denen, die mit einem kleinen Knax nach Hause kommen. Die tun nichts.

Schwiegersohn: Ich finde ihn ziemlich arrogant, den Herrn.

Oberst (überlegen): Laßt mich nur machen, Kinder, ich kenne diese Typen von der Truppe.

Mutter: Mein Gott, der schläft ja im Stehen.

Oberst (fast väterlich): Müssen ein bißchen hart angefaßt werden, das ist alles. Laßt mich, ich mache das schon.

Beckmann (ganz weit weg): Herr Oberst?

Oberst: Was wollen Sie denn von mir?

Beckmann: Ich bringe sie Ihnen zurück.

Oberst: Wen?

Beckmann (beinah naiv): Die Verantwortung. Ich bringe Ihnen die Verantwortung zurück. Haben Sie das ganz vergessen, Herr Oberst? Den 14. Februar? Bei Gorodok. Es waren 42 Grad Kälte. Da kamen Sie doch in unsere Stellung, Herr Oberst, und sagten: Unteroffizier Beckmann. Hier, habe ich geschrieen. Dann sagten Sie, und Ihr Atem blieb an Ihrem Pelzkragen als Reif hängen — das weiß ich noch ganz genau, denn Sie hatten einen sehr schönen Pelzkragen — dann sagten Sie: Unteroffizier Beckmann, ich übergebe Ihnen die Verantwortung für die zwanzig Mann. Sie erkunden den Wald östlich Gorodok und machen nach Möglichkeit ein paar Gefangene, klar? Jawohl, Herr Oberst, habe ich da gesagt. Und dann sind wir losgezogen und haben erkundet. Und ich — ich hatte die Verantwortung. Dann haben wir die ganze Nacht erkundet, und dann wurde geschossen, und als wir wieder in der Stellung waren, da fehlten elf Mann. Und ich hatte die Verantwortung. Ja, das ist alles, Herr Oberst. Aber nun ist der Krieg aus, nun will ich pennen, nun gebe ich Ihnen die Verantwortung zurück, Herr Oberst, ich will sie nicht mehr, ich gebe sie Ihnen zurück, Herr Oberst.

Oberst: Aber mein lieber Beckmann, Sie erregen sich unnötig. So war das doch gar nicht gemeint.

Beckmann (ohne Erregung, aber ungeheuer ernsthaft): Doch. Doch, Herr Oberst. So muß das gemeint sein. Verantwortung ist doch nicht nur ein Wort, eine chemische Formel, nach der helles Menschenfleisch in dunkle Erde verwandelt wird. Man kann doch Menschen nicht für ein leeres Wort sterben lassen. Irgendwo müssen wir doch hin mit unserer Verantwortung. Die Toten — antworten nicht. Gott — antwortet nicht. Aber die Lebenden, die fragen. Die fragen jede Nacht, Herr Oberst. Wenn ich dann wach liege, dann kommen sie und fragen. Frauen, Herr Oberst, traurige, trauernde Frauen. Alte Frauen mit grauem Haar und harten rissigen Händen — junge Frauen mit einsamen sehnsüchtigen Augen. Kinder, Herr Oberst, Kinder, viele kleine Kinder. Und die flüstern dann aus der Dunkelheit: Unteroffizier Beckmann, wo ist mein Vater, Unteroffizier Beckmann? Unteroffizier Beckmann, wo haben Sie meinen Mann? Unteroffizier Beckmann, wo ist mein Sohn, wo ist mein Bruder, Unteroffizier Beckmann, wo ist mein Verlobter, Unteroffizier Beckmann? Unteroffizier Beckmann, wo? wo? wo? So flüstern sie, bis es hell wird. Es sind nur elf Frauen, Herr Oberst, bei mir sind es nur elf. Wieviel sind es bei Ihnen, Herr Oberst? Tausend? Zweitausend? Schlafen Sie

gut, Herr Oberst? Dann macht es Ihnen wohl nichts aus, wenn ich Ihnen zu den zweitausend noch die Verantwortung für meine elf dazugebe. Können Sie schlafen, Herr Oberst? Mit zweitausend nächtlichen Gespenstern? Können Sie überhaupt leben, Herr Oberst, können Sie eine Minute leben, ohne zu schreien? Herr Oberst, Herr Oberst, schlafen Sie nachts gut? Ja? Dann macht es Ihnen ja nichts aus, dann kann ich wohl nun endlich pennen — wenn Sie so nett sind und sie wieder zurücknehmen, die Verantwortung. Dann kann ich wohl nun endlich in aller Seelenruhe pennen. Seelenruhe, das war es, ja, Seelenruhe, Herr Oberst!
Und dann: schlafen! Mein Gott!
Oberst (ihm bleibt doch die Luft weg. Aber dann lacht er seine Beklemmung fort, aber nicht gehässig, eher jovial und rauhbeinig, gutmütig, sagt sehr unsicher): Junger Mann, junger Mann! Ich weiß nicht recht, ich weiß nicht recht. Sind Sie nun ein heimlicher Pazifist, wie? So ein bißchen destruktiv, ja? Aber — (er lacht zuerst verlegen, dann aber siegt sein gesundes Preußentum, und er lacht aus voller Kehle) mein Lieber, mein Lieber! Ich glaube beinahe, Sie sind ein kleiner Schelm, wie? Hab ich recht? Na? Sehen Sie, Sie sind ein Schelm, was? (Er lacht) Köstlich, Mann, ganz köstlich! Sie haben wirklich den Bogen raus! Nein, dieser abgründige Humor! Wissen Sie (von seinem Gelächter unterbrochen), wissen Sie, mit dem Zeug, mit der Nummer, können Sie so auf die Bühne! So auf die Bühne! Ich hatte ja im ersten Moment gar nicht begriffen, daß Sie so eine komische Nummer bringen wollten. Ich dachte wahrhaftig, Sie hätten so eine leichte Verwirrung im Kopf. Hab doch nicht geahnt, was Sie für ein Komiker sind. Nein, also, mein Lieber, Sie haben uns wirklich so einen reizenden Abend bereitet — das ist eine Gegenleistung wert. Wissen Sie was? Gehen Sie runter zu meinem Chauffeur, nehmen Sie sich warmes Wasser, waschen Sie sich, nehmen Sie sich den Bart ab. Machen Sie sich menschlich. Und dann lassen Sie sich vom Chauffeur einen von meinen alten Anzügen geben. Ja, das ist mein Ernst! Schmeißen Sie Ihre zerrissenen Klamotten weg, ziehen Sie sich einen alten Anzug von mir an, doch, das dürfen Sie ruhig annehmen, und dann werden Sie erstmal wieder ein Mensch, mein lieber Junge! Werden Sie erstmal wieder ein Mensch!!!
Beckmann (wacht auf und wacht auch zum erstenmal aus seine Apathie auf): Ein Mensch? Werden? Ich soll erstmal wieder ein Mensch werden? (schreit) Ich soll ein Mensch werden? Ja, was seid Ihr denn? Menschen? Menschen? Wie? Was? Ja? Seid Ihr Menschen? Ja?!?

Wolfgang Borchert

Der Kampf gegen die Wiederaufrüstung 1945–1952

Entweder wir schaffen die Rüstung ab, oder die Rüstung schafft uns ab.
Helmut Gollwitzer

Ich aber sage

Ich aber sage euch: es wird Friede auf Erden
Erst wenn aus Stahlhelmen Nachttöpfe werden

Wenn die Soldaten aller Staaten
Wieder Friseure werden, Arbeiter, Bauern und Prälaten

Wenn die Reichen nicht mehr in Macht machen können
Wenn die Kasernen wie gestern die Synagogen brennen

Wenn an den Lokalen steht: für Patrioten
Eintritt verboten!

Wenn die letzte Uniform sich vorm maßlosen Lachen verkriecht
Wenn eine Frau nicht mehr den schmucken Folterknechten erliegt

Wenn das Volk, zu lange von Parasiten geplagt,
Seine Offiziere und Generäle in die Wüste jagt

Wenn als die letzten Befehle erschallen:
Friede auf Erden und den Menschen ein Wohlgefallen!

Peter Rühmkorf

Unser Zeitalter kann sich den Krieg nicht mehr leisten

Wenn man von Frieden redet, was ist gemeint? Gemeint ist meistens nur die Ruhe, die durch Vernichtung eines Gegners erreicht wird. Ein amerikanischer Friede oder ein russischer Friede. Ich bin weder für diesen noch für jenen, sondern für den Frieden: den Nicht-Krieg. Wollen wir uns mit den Wörtern, die wir in den Mund nehmen, nichts vormachen, kann man mit vollem Ernst daran zweifeln, ob Friede überhaupt ein anständiges Wort ist, ein Wort, das etwas Mögliches bezeichnet, und das Unmögliche, das Bisher-Unverwirklichte, wieso soll es gerade unserem Geschlecht gelingen? Das einzig Besondere, was diesem unserem Geschlecht eignet, was es von allen vorherigen unterscheidet, ist seine grundsätzliche Lage: die technische Möglichkeit, eine gesamthafte Vernichtung durchzuführen, hat keine frühere Zeit besessen; der Krieg ist stets ein unvollkommenes Morden gewesen, örtlich beschränkt, sogar bei den großen Glaubenskämpfen erlahmte es regelmäßig, bevor Gott die vollkommene Vernichtung der ketzerischen Parteien gelungen war. Es fehlte nicht an Wahnsinn, das zu wollen, nur an den technischen Mitteln. Nun sind diese Mittel aber da, die nichts mehr zu wünschen übrig lassen. Das ist das Neue, das Entscheidende an unserer Lage. Unser Zeitalter kann sich den Krieg nicht mehr leisten, ohne sich selber auszutilgen.

Max Frisch

Das „Nie wieder Krieg!" in der Verfassung verankern

Täglich fast liest man in der Tageszeitung und im Radio über neue Beschlüsse des Bonner Rates zur Verfassung, aber kein Wort darüber, wie man einen neuen Krieg verhüten will. Gerade hierüber aber müßte gleich im § 1 einer jeden neuen Verfassung Positives gesagt werden, und zwar:

1. Kriegserklärungen können nur nach vorheriger positiver Volksabstimmung mit 2/3 Mehrheit erfolgen.
2. Kein Volksgenosse kann durch Gesetz gezwungen werden, mit Mordwaffen gegen Menschen zu kämpfen.
3. Eine Verfassungsänderung dieser beiden Punkte ist auch nur wieder durch positive Volksabstimmung mit 2/3 Mehrheit möglich.

Die beiden letzten verloren gegangenen Kriege haben doch deutlich genug gezeigt, daß es für jeden Deutschen nur noch eine Parole gibt: „Nie wieder Krieg."

Deshalb muß das „Nie wieder Krieg" in der zukünftigen deutschen Verfassung verankert werden. Solange dies nicht geschehen ist, haben die Abgeordneten ihr Mandat — vom deutschen Volk gegeben — nicht verstanden und müssen dasselbe zurückgeben.

Alle Parteien haben vor der Wahl versichert, sie wollen nie wieder Krieg. Jetzt sollen die Abgeordneten beweisen, daß sie ihr Versprechen einlösen. Ausreden und Abschweifungen gibt es nicht mehr. Jetzt muß klar die Wahrheit bekannt werden und es ist nicht eher Ruhe zu geben, bis das „Nie wieder Krieg" in der Verfassung verankert ist.

Ich hoffe, daß einer der Abgeordneten den Mut findet, meinen Brief zur Debatte zu stellen und darauf zu dringen, daß die ablehnenden Stimmen in der Presse veröffentlicht werden, damit das deutsche Volk Gelegenheit hat, sie verfluchen zu können.

Eingabe eines Bauern aus Uetersen an den Parlamentarischen Rat, 1948

Vor allem Sicherheit?

Ich habe versucht, meine Freunde, Ihnen das Bild der gegenwärtigen Lage zu zeichnen. Lassen Sie mich das Wesentliche unterstreichen:

Auf der einen Seite steht Sowjet-Rußland mit seinen Trabanten- und Satellitenstaaten, seinen Fünften Kolonnen und den ihm blind gehorchenden kommunistischen Parteien in den demokratischen Ländern, hochgerüstet, überall in der Welt das Feuer schürend, Religion und Christentum, europäische Sitten und Kultur, Freiheit und Würde der Person vernichtend. Auf der anderen Seite stehen die Westalliierten, stehen die Atlantikpaktstaaten unter Führung der Vereinigten Staaten, bereit und entschlossen, alles zu tun für den Frieden, aber nur für einen Frieden in Freiheit und Würde, bereit, ihre Rüstung aufs äußerste zu verstärken, um auf diese Weise den von Sowjet-Rußland drohenden Angriff zu verhindern.

Zwischen diesen beiden Lagern liegt die Bundesrepublik Deutschland mit ihren fast 50 Millionen Menschen. Unsere Lage mitten im europäischen Spannungsfeld ist alles andere als beruhigend. Seit Jahr und Tag mußte jeder, der die Dinge klar sieht, fürch-

ten um unser Vaterland, um unsere Sicherheit; er mußte fürchten, daß Deutschland eventuell Schauplatz kriegerischer Auseinandersetzungen werden könnte: er mußte zittern davor, daß im Falle eines russischen Angriffs Millionen von Deutschen nach Rußland getrieben, in russische Armeen gesteckt oder zur Sklavenarbeit verdammt würden. Es ist daher für jeden Deutschen eine große Erleichterung und Beruhigung, daß auf der New Yorker Konferenz von den Außenministern der Vereinigten Staaten, Englands und Frankreichs ein Versprechen hinsichtlich des Schutzes und der Sicherheit der Bundesrepublik Deutschland abgegeben worden ist, wie es klarer und deutlicher nicht abgegeben werden konnte. Für jeden Deutschen, der die Dinge in Ruhe überlegt, muß es ein Gefühl der Erleichterung sein, daß diesen Worten so schnell die Taten folgen, daß die Westalliierten ihre auf deutschem Boden stehenden Truppen zu verstärken beginnen und daß sie, ihrem Versprechen gemäß, diese Truppen so stark wie nur eben möglich machen wollen. Diese Truppenvermehrung bringt naturgemäß Lasten für die Bevölkerung mit sich. Aber die Westmächte haben zugesagt, diese Lasten so gering wie möglich zu halten. Vor allem aber ist Sicherheit — wenn auch mit einer gewissen Belastung — viel, viel besser als Kampf und Zerstörung . . .
Es ist Aufgabe Deutschlands, einen Damm aufzurichten gegen das Einsickern und die Infiltration sowjetisch-russischer Ideen. Wir müssen die Menschheit diesseits des Eisernen Vorhangs aufklären über das, was jenseits des Eisernen Vorhangs vor sich geht, was auch uns, was Europa beschieden sein würde, wenn die russische Ideologie bei uns in Europa zur Herrschaft gelangen würde.

Konrad Adenauer

Unser Feind ist die Angst.
Bruderrat der EKD

Ein Krieg kommt nicht aus dem blauen Himmel

Die gleiche aufgepeitschte, hysterische Kriegsangst, die gleiche Anfälligkeit für Gerüchte, die gleiche blinde Hinnahme von satanischen Suggestionen und die gleiche törichte, ungeprüft weitergegebene Meinung, daß es nun selbstverständlich wieder das „arme Deutschland" sei, das den Schauplatz der kommenden Greuel abgeben müsse, steht auch in vielen anderen Briefen und Aufsätzen und anderen Mitteilungen, die mir von drüben zugehen. Man hat Angst, man zittert vor Feigheit, man atmet das Gift der Aufpeitschung, der Gerüchte und Lügen mit einer selbstquälerischen Sensationslust ein, und schwatzt verantwortungslos und kritiklos nach, was die Angstmacher und Kriegshetzer einblasen. Genau wie Ihr einst, es ist noch nicht lange her, Euch von Hitlers Propaganda die Todesangst vor den Bolschewiken so lange habt einschwatzen lassen, bis das ganze Volk bereit war, wieder einen Krieg auf sich zu nehmen, so macht Ihr heute den Leuten, die am Zustandekommen eines neuen Krieges interessiert sind, die Freude, ihrer Reklame und Propaganda wie Behexte Glauben zu schenken und zuzustimmen.
Lieber Freund, ein Krieg kommt nicht aus dem blauen Himmel herab, er muß gleich jeder anderen menschlichen Unternehmung vorbereitet werden, er bedarf der Pflege und Mitwirkung vieler, um möglich und wirklich zu werden. Gewünscht aber, vorbereitet und suggeriert wird er durch die Menschen und Mächte, denen er Vorteil bringt. Er bringt ihnen entweder direkten baren Geldgewinn wie der Rüstungsindustrie (und sobald Krieg ist — wie unzählige, vorher harmlose Gewerbe werden da zu Rüstungsgeschäften, und wie automatisch strömt das Geld diesen Geschäften zu!) oder er

bringt ihnen Gewinn an Geltung, Achtung und Macht, wie etwa den stellenlosen Generälen und Obersten.
Ich bin der letzte, der von Euch erwartet, daß ihr die Augen vor der Wirklichkeit schließen und Euch hübschen Träumen hingeben sollt. Die Welt ist voll von Gefahren und Kriegsmöglichkeiten, und die „Bolschewiken" sind keineswegs die einzigen Bedroher, sie stehen unter demselben Zwang und sie sind vermutlich in der Mehrzahl ebensowenig für das Schießen und Erschossenwerden begeistert wie wir.
Bedroher unserer Welt und jedes Friedens sind jene, die den Krieg wünschen, die ihn vorbereiten und uns durch vage Versprechungen eines kommenden Friedens oder durch die Angst vor Überfällen von außen zu Mitarbeitern an ihren Plänen zu machen versuchen.

Hermann Hesse

Einer Remilitarisierung können wir das Wort nicht reden

Die gegenwärtigen Bestrebungen für eine Wiederaufrüstung Deutschlands nötigen uns, folgendes zu erklären:
Seit Jahren hat die EKiD zum Ausdruck gebracht, daß die gewaltsame Aufteilung Deutschlands eine ständige und akute Friedensbedrohung darstellt. Sie hat ebenso unmißverständlich erklärt, daß auf eine gewaltsame Änderung dieses Zustandes keine Hoffnungen gesetzt werden dürfen: „Auf der Gewalt liegt kein Segen." (Synode von Eisenach 1948) Schließlich hat sie durch den Mund ihres Rates aus Anlaß des Kirchentages in Essen ausgesprochen: „Einer Remilitarisierung Deutschlands können wir das Wort nicht reden, weder was den Westen noch was den Osten anlangt." Das gilt im gegenwärtigen Augenblick für die Aufstellung deutscher Verbände innerhalb einer westeuropäischen Armee nicht weniger als für die Schaffung einer eigenen deutschen Wehrmacht.
Wir wiederholen in diesem Augenblick die ernste Frage, ob ein deutscher Mann heute in dieser Lage mit gutem Gewissen eine Kriegswaffe in die Hand nehmen darf, und wiederholen dringend die Forderung an die eigenen deutschen Regierungen und an die Obrigkeit der Besatzungsmächte, jeden, der den Waffendienst aus echten Gewissensgründen verweigert, nicht als Verbrecher zu behandeln. Und wir bitten die Mächte, die heute die Entscheidung über Krieg und Frieden in den Händen haben, zu hören, worum ein waffenloses Volk seit Jahren bittet: nicht erneut die Gewissen mit dem Verlangen nach Kriegsdienst in Not zu bringen.
Unser Feind ist heute die Angst, und die Angst lähmt uns. Sie verführt uns dazu, immer nur auf den vermutlichen Feind und Angreifer zu blicken mit der Frage, wie wir uns ihm gegenüber sichern können, obwohl durch keine Sicherung unsere Angst behoben wird. So verschwenden wir die Reste unserer Kraft in Rüstungsaufgaben, die uns doch keine Sicherheit schaffen.
Wir Menschen in Europa haben heute eine große Verantwortung. Keine Macht und Gewalt kann uns das Erbe unserer abendländischen Vergangenheit erhalten, wenn wir nicht dieses Erbe in unserer Mitte wieder lebendig werden lassen. Unser Miteinander in Freiheit und Gerechtigkeit ist aufs äußerste bedroht, wenn wir eine Freiheit wollen unter Vernachlässigung der sozialen Gerechtigkeit. Nur beides miteinander, Freiheit und Gerechtigkeit, ermöglicht ein menschenwürdiges Dasein.
Man wird uns die Freiheit, deren wir uns im westlichen Teil des deutschen Landes rühmen, so lange nicht wahrhaft glauben können, wie wir die großen sozialen Unge-

rechtigkeiten nur zögernd und unzulänglich angreifen: die schwerwiegende Frage des Loses der Heimatvertriebenen und Flüchtlinge, der Arbeitslosigkeit, des Jugendelends. Wir werden der Freiheit den besten Dienst tun, wenn wir alle unsere Kräfte darauf konzentrieren, die hier liegenden Aufgaben zu lösen: echte Gleichberechtigung aller Staatsbürger, Lastenausgleich für Flüchtlinge und Ausgebombte, Arbeit für das Heer der Arbeitslosen, Mitbestimmung der Arbeitenden, Lehrstellenbeschaffung für hunderttausende unbeschäftigter Jugendlicher.

Wort des Bruderrates der EKiD zur Wiederaufrüstung. Darmstadt, 29. 9. 1950

Das Volk ist gegen Aufrüstung

Nach wie vor ist das Volk in seiner Mehrheit gegen die Aufrüstung. Die Mißachtung dieser Tatsache ist ein Unheil für unsere ohnehin so labile Demokratie. Nach wie vor wird gegen einen bewaffneten deutschen Beitrag auf Grund eines nur mit einfacher Mehrheit gefaßten Beschlusses des Bundestages der Einwand des Verfassungsbruches bestehen. Diesen Einwand hat u. a. die hessische Landesregierung in ihrer Erklärung vom 10. Januar 1951 deutlich unterstrichen und neuerdings noch einmal bestätigt. Nach wie vor werden deutsche Männer in Soldatenuniform völkerrechtlich noch lange keine Soldaten sein, sondern in der Gefahr stehen, vom Gegner als Kriegsverbrecher behandelt zu werden. Nach wie vor bereitet der finanzielle Aufwand für eine Rüstung schwere Sorgen. Die Seßhaftmachung der Ostflüchtlinge, der Lastenausgleich und die so folgenreiche Wohnungsnot sind im siebten Jahr nach Kriegsende immer noch ungelöst. Es hat aber keinen Zweck, diese und viele andere Einzeleinwände, so schwer sie auch wiegen, hier erneut zu betonen. Es geht vielmehr immer wieder um die grundsätzliche Besinnung über die Sache selbst.
Vor allem ist es objektiv widersinnig, die deutsche Einheit durch Eingliederung Westdeutschlands in den Westblock zu suchen. Westdeutsche Aufrüstung wird den Eisernen Vorhang dichter schließen. Die Deutschen in der Sowjetzone haben Kriegs- und Rüstungsdienst für die Sowjetunion als Antwort auf unsere Eingliederung in den Westblock zu erwarten. Ein Keil wird den anderen treiben, mit dem Ergebnis, daß eine friedliche Wiedervereinigung Deutschlands immer aussichtsloser wird. Und auf der anderen Seite sollten uns die heute schon unausgesetzt vorgetragenen Besorgnisse der Westmächte, sonderlich Frankreichs, gegenüber einer zu stark werdenden westdeutschen Bundesrepublik endlich darüber belehren, daß diese Partner kein Interesse daran haben, mit uns den Weg zu einem Deutschland zu suchen und zu gehen, welches auch den deutschen Osten umfassen wird. Auch die Spaltung Deutschlands ist eine Lösung der Deutschlandfrage. Sie ist es für alle diejenigen, welche bei einer Wiedervereinigung Deutschlands ihre gegenwärtigen Positionen in Frage gestellt sehen oder gar von vornherein verloren geben müssen. Wenn wir uns die Befürworter der kleineuropäischen westdeutschen Lösung daraufhin ansehen, so wird manches sehr nachdenklich machen. Darüber werden auch keine Deklarationen hinwegführen, die etwa jetzt im Zusammenhang mit einer Eingliederung der Bundesrepublik abgegeben werden.
Wir stehen hier vor einer bündigen Alternative:
Die Einheit Deutschlands wird nur dann zustande kommen, wenn sich West- und Ostdeutschland nicht in den Blockbindungen der Weltmächte verlieren.

Gustav Heinemann

An die Herren der Kriege

Kommt her, ihr Herren der Kriege
Ihr Kanonenfabrikanten
Ihr Flugzeugfabrikanten
Ihr Bombenfabrikanten
Hinter den dicken Mauern
Hinter den großen Schreibtischen
Ich kenn euch, ihr Herren
Ich reiß euch die Maske runter!

Natürlich, ihr seid's nie gewesen
Ihr habt nie etwas getan
Ihr baut nur auf, um zu zerstören
Ihr spielt mit meiner Welt
Als wär's ein Spielzeug, das nur euch gehört
Ihr zwingt mich, das Gewehr zu nehmen
Und haut dann schneller ab
Als jede Kugel fliegen kann.

Wie Judas damals
Lügt und betrügt ihr
Wollt mir weismachen
Der nächste Krieg sei zu gewinnen
In euren Augen aber steht Verrat
Und ich durchschaue, was ihr denkt
Wie ich durchs faule Wasser blicken kann
Eh ich es wegkipp.

Ihr baut Auslöser
Bereitet sie vor
Andere drücken sie ab
Dann macht ihr's euch bequem
Währenddessen steigen Börsenkurs und Todesrate
Ihr sitzt in euren Villen
Während die Jungs verheizt werden
Und ihr Blut sich mischt mit Dreck und Schlamm.

Ihr habt die schlimmste Angst gebracht
Die jemals jemand hat erdacht
Die Angst, in diese Welt
Noch Kinder auszusetzen
Und ihr bedroht bereits mein Kind
Das namenlos und ungeboren
Ihr seid nicht wert, daß Blut
Durch eure Adern fließt.

Weiß ich genug, damit ich
Reden kann vom Ändern?
Ihr sagt, ich bin zu jung
Und hätte keine Ahnung
Eins aber weiß ich ganz genau:
Jesus Christus, allen alles vergebend
Euch vergibt Mister Jesus Christus nicht.

Ich frage euch:
Ist der Dollar euer Gott?
Glaubt ihr, ihr könntet Mister Jesus Christus
Mit Schmiergeld bestechen?
Ich aber sage euch:
Wenn ihr in die Grube fahren müßt
Nehmt eine andere Währung!

Bob Dylan

1 Panzer = Ausrüstung für 520 Klassen
500 000 $ = Grundschule mit je 30 Schülern

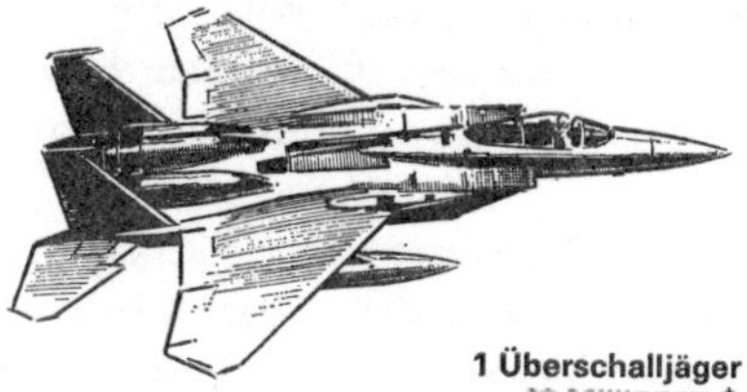
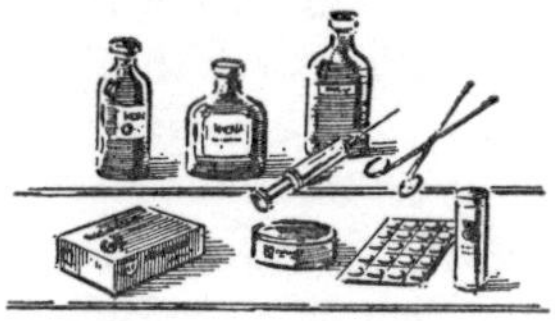

1 Überschalljäger = 40 000 Dorfapotheken
20 Millionen $

1 Zerstörer = Elektrifizierung von 13 Städten
100 Millionen $ = und 19 Vorstädten mit einer
Bevölkerung von 9 Millionen Einwohnern

Stoppt die Bombe!

Hiroshima ist nicht Vergangenheit

Du wirst in die Einsamkeit fliehen wollen. Ich aber halte dich fest an der Hand,
und ich führe dich in mein Zimmer, da sind die Wände mit Landkarten bespannt.
Und ich zeige dir drei Stellen auf dem grün, blau und braun gesprenkelten Papier,
und ich sage: wo du auf der Flucht niederbrechen wirst, das ist hier,
Dein Geliebter wird sich blitzschnell in Rauch und Asche auflösen in jenem kleinen Ort.
Und wo deine Mutter langsam verbrennen wird, das ist dort.

Karl-Heinz Jakobs

Mahner in Wort und Schrift

Als vom 1. März 1954 an Versuche mit Wasserstoffbomben von den Amerikanern auf Bikini, im Gebiet der Marschallinseln (im Stillen Ozean), und von den Russen in Sibirien gemacht wurden, kam man dazu, sich davon Rechenschaft zu geben, daß es mit der Erprobung von Atomwaffen ein anderes Ding sei als mit den früheren nicht-atomischen. Wenn ein neu konstruiertes Geschützungeheuer auf dem Versuchsfeld abgefeuert worden war, war damit die Sache zu Ende. Nicht so mit der Explosion einer Wasserstoffbombe. Es blieb etwas davon übrig: daß nämlich eine Unmenge kleinster Teilchen von radioaktiven Elementen in der Luft vorhanden waren und radioaktive Strahlen aussandten. Dies war schon bei den Uranbomben, die auf Hiroshima und Nagasaki fielen und nachher noch weiter erprobt wurden, der Fall gewesen. Da es aber, entsprechend der geringen Größe und Wirkung dieser früheren Bombe, sich noch nicht so bemerkbar machte wie bei der Wasserstoffbombe, hatte man ihm kaum Beachtung geschenkt.

Weil radioaktive Strahlungen, wenn sie in einer gewissen Menge und Stärke vorhanden sind, schädigend auf den menschlichen Körper einwirken, kam dann die Diskussion in Gang, ob die von bisherigen Explosionen von Wasserstoffbomben herrührende Strahlung schon eine Gefahr bedeute, die durch neu hinzukommende Explosionen eine Zunahme erfahren würde.

Seitdem haben, im Laufe von dreieinhalb Jahren, Vertreter der physikalischen und der medizinischen Wissenschaft sich mit dem Problem beschäftigt. Beobachtungen über das Vorhandensein, die Herkunft und die Natur der Strahlungen wurden gemacht. Die Vorgänge, auf denen ihre Wirkung auf den menschlichen Körper beruht, sind erforscht worden. Auf Grund des in dieser Sache zusammengetragenen, wenn auch bei weitem nicht vollständigen Materials muß geurteilt werden, daß die radioaktive Strahlung, wie sie sich aus den bisherigen Explosionen von Atombomben ergeben hat, eine nicht zu unterschätzende Gefahr für die Menschheit bedeutet und daß sie bei weiteren Explosionen von Atombomben in beängstigender Weise zunehmen würde.

Der Atompilz. Symbol und Furcht unseres Jahrhunderts. Foto: USIS ▶
Seite 126:
Die japanische Stadt Nagasaki nach dem Atombombenabwurf vom 9. August 1945.
Seite 127:
Opfer der Atombombenabwürfe über Japan 1945. Foto: Associated Press, Ffm.

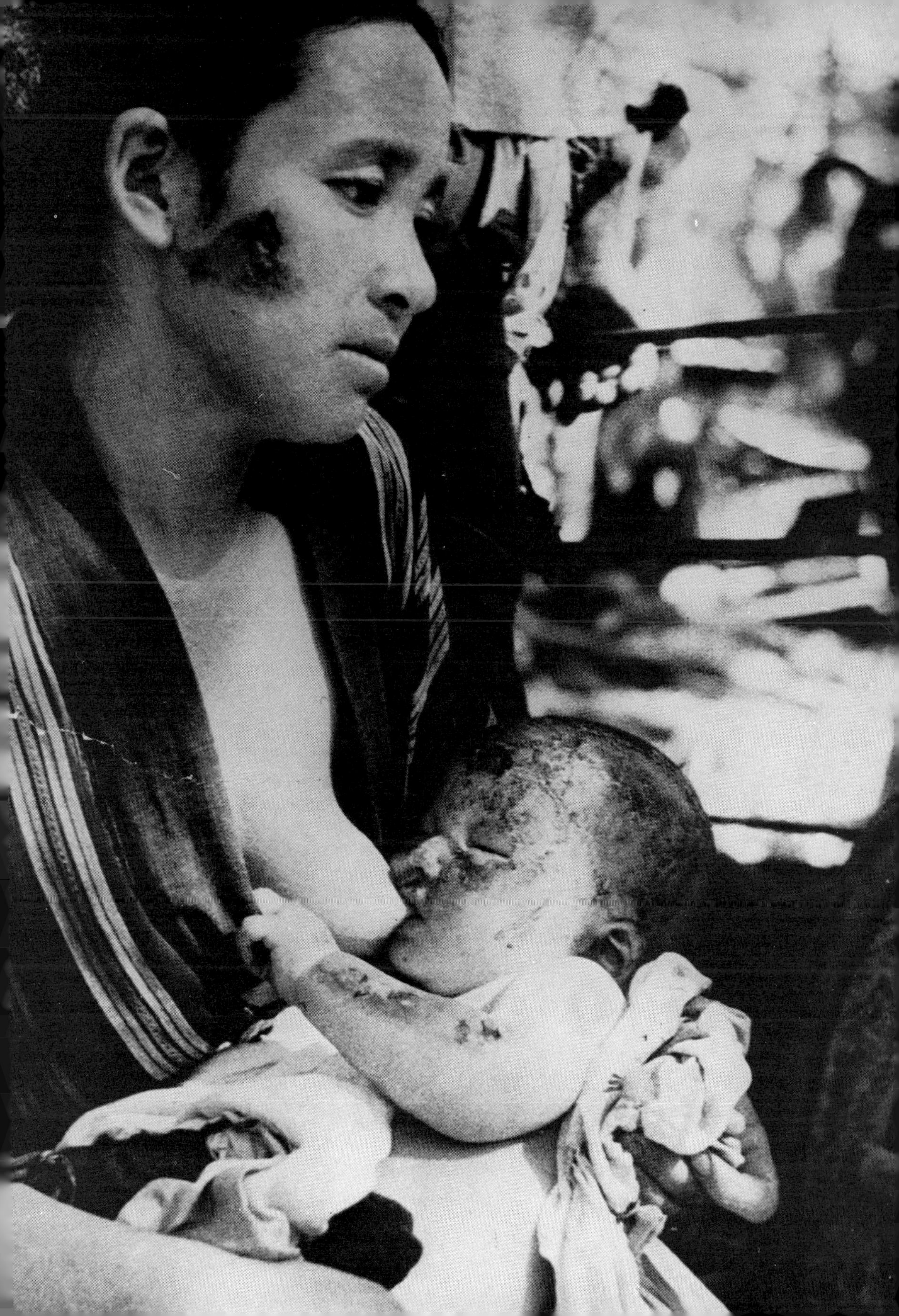

Von 650 vor Christus
bis heute
zählten die Historiker
1656 Versuche,
durch Wettrüsten den
Frieden zu bewahren.

Dieses führte
1640mal zum Krieg.
In den anderen Fällen
zum wirtschaftlichen
Ruin der Beteiligten.

Dieses Urteil ist, besonders in den letzten Monaten, des öfteren ausgesprochen worden. Merkwürdigerweise ist es nicht in dem Maße, wie man es hätte erwarten sollen, in die öffentliche Meinung übergegangen. Die Einzelnen und die Völker fühlen sich nicht bewogen, der Gefahr, in der wir uns befinden, die Aufmerksamkeit, auf die sie leider Anspruch hat, zuteil werden zu lassen. Sie muß ihr vorgehalten und begreiflich gemacht werden.
Mit anderen, die sich für verpflichtet halten, in diesen Tagen als Mahner in Wort und Schrift aufzutreten, erhebe ich meine Stimme. Mein Alter und die Sympathie, die mir die von mir vertretene Idee der Ehrfurcht vor dem Leben eingetragen hat, lassen mich erhoffen, daß meine Mahnung mit dazu beitragen kann, der Einsicht, die nottut, den Weg zu bereiten.

Albert Schweitzer

Die Geigerzähler

Ich habe meinen Wagen an den Rand der Autobahn gelenkt und angehalten, weil mich der Schreck zu heftig überfiel. Und dabei ist doch nichts geschehen, was sich nicht Tag für Tag, Stunde um Stunde auf den Autobahnen und Straßen zwischen Flensburg und Garmisch, zwischen Aachen und Helmstedt ereignete. Auf der Fahrbahn zu meiner Linken kam mir eine lange Reihe von Militärfahrzeugen entgegen, auf denen, schmutzig und verschlafen, amerikanische Soldaten kauerten, die wohl von einer Übung zurückkehrten. Ich achtete kaum darauf, bis mir ein ungewöhnlich langes und schweres Fahrzeug auffiel. Als es an mir vorüberrollte, sah ich, daß es eine Atomkanone trug. Ich habe sie sofort erkannt; denn es war nicht die erste, die ich gesehen hatte. Aber der Anblick hat mich nie zuvor erschreckt. Höchstens interessiert.
Vielleicht wird niemand mein Erschrecken begreifen, oder zumindest nicht, daß es so stark war, daß ich für ein paar Minuten anhalten mußte, die Ellenbogen auf das Lenkrad, den Kopf in die Hände gestützt.
Aber in mir hatte der Anblick des Geschützes ein Erleben wachgerufen, das erst wenige Tage zurücklag, und nun war mir, als tickten in meinen Gedanken die Geigerzähler, die ich am Bett jenes Fischers von der „Fukuryu Maru“ sah, den ich am vorletzten Tag meines Aufenthaltes in Japan besucht hatte.
Dieser Besuch paßte eigentlich gar nicht in meinen Plan, und er konnte auch nicht die Arbeit fördern, die mir aufgetragen war. Ich bin ja weder Physiker noch Mediziner und hätte mich eigentlich nur mit altjapanischen Kunstwerken befassen sollen. Doch der freundliche Fachkollege von den Museen in Tokio, der mich begleitete, schien großen Wert darauf zu legen, mich zu diesem Fischer zu führen, als sei er ein wenig stolz darauf, mir eine Sehenswürdigkeit bieten zu können, die nicht jedem Besucher des Landes zugänglich ist. So ging ich mit ihm, weil ich den Eindruck hatte, ihm damit einen Gefallen zu erweisen, und auch — warum sollte ich es nicht zugeben — weil eine leise Neugier mir die Zusage leicht werden ließ.
Die Frau des Fischers begrüßte uns mit der Höflichkeit ihres Volkes und schien nicht wegen unserer Bitte, ihren kranken Mann zu sehen, sondern nur durch die Tatsache erstaunt, in mir einen Europäer kennenzulernen, der die Sprache ihres Landes geläufig sprach. Und diesem Umstand hatte ich ja auch den Reiseauftrag des Museums zu danken.
„Bleiben Sie nicht zu lange, es ermüdet ihn“, bat sie, dann führte sie uns in den Raum, in dem das Lager des Fischers stand. Er war eher einem Laboratorium als einem Krankenzimmer ähnlich. Vielerlei Geräte zu Messungen, Bestrahlungen, Transfusionen

waren aufgestellt. Der Kranke lag auf dem Rücken, unbewegt, die Linke war von der Decke geglitten und hing wie leblos herab. Doch da er das Rascheln des Vorhangs hörte und Ungewohntes in seiner Nähe wahrnahm, wandte er uns das Gesicht zu, wenn das noch ein Gesicht zu nennen war. Ich erschrak, als ich es sah und hatte mich doch vorbereitet, Schlimmes zu sehen. An den Schläfen, über den Backenknochen, an der Nase und am Kinn war keine Haut mehr und kein Fleisch, die Knochen zu bedecken. Die Augenhöhlen waren leer, Augenbrauen und Kopfhaar fehlten. Es wäre weniger entsetzlich gewesen, hätten wir den Schädel eines Skeletts vor uns gesehen. Denn eben das war ja das Grauenhafte, daß es kein Skelett war, was dort lag, sondern ein lebender, atmender Mensch, der doch vom Tode so gezeichnet war, daß man ihn für tot und längst verwesend halten mußte. Dagegen sprach nur, daß er sich bewegte, daß er zu hören schien, daß er sogar reden konnte.
„Sind Besucher gekommen?" fragte er. Seine Stimme war stark und klangvoll.
Ich trat näher an sein Lager und murmelte eine bedrückte Entschuldigung; denn plötzlich erschien es mir ungeheuerlich, daß ich gewagt hatte, diesen Raum zu betreten, in dem ein Mensch nicht mit dem Tode kämpfte, sondern ihm wissend und wehrlos entgegenfiel. Es war schamlos, und meine Blicke auf den verwüsteten Leib waren aufdringlich wie die Fragen eines Skandalreporters.
Doch der Fischer unterbrach mich. In seiner Stimme schwang das Lächeln, für das in seinem Gesicht kein Platz mehr war. „Entschuldigen Sie sich nicht. Es ist gut, daß Sie gekommen sind. Wenn Sie mich ansehen und erzählen anderen von mir, dann hat es vielleicht noch einen Sinn, daß ich hier liege. Und wenn ich spreche, höre ich die Geigerzähler nicht. Das ist gut. Ich kann dann für ein paar Minuten glauben, nein, glauben nicht, aber einreden kann ich mir für einen Augenblick, die Geigerzähler schwiegen und zerhackten nicht mit ihrem Ticken das letzte Stückchen Leben, das noch in mir ist. Hören Sie es? Tick . . . tick . . . tick . . . tick . . . tick.
Sie brauchen nichts zu fragen. Sie sind ja nicht die ersten Besucher, und Sie werden wohl noch nicht die letzten sein. Ich weiß auch nicht viel zu sagen, und manche Fragen, die man mir stellt, verstehe ich nicht. Sie interessieren mich auch nicht. Eigentlich interessiert mich nur noch eine einzige Frage, und ich lausche manchmal in die armseligen Reste meines Leibes hinein, um die Antwort zu erraten, bevor sie noch gegeben wird. Denn dann wird sie nicht mehr mir gegeben. Ich möchte wissen, ob der Zerfall zuerst das Herz oder noch zuvor das Hirn erreichen wird. Das läßt sich aus den Geigerzählern nicht heraushören, und die Ärzte sagen, daß es auch nicht zu errechnen sei. Mir wäre lieber, das Gehirn bliebe mir bis zuletzt. Sie werden das begreifen. Es ist das einzige, was mich noch Mensch sein läßt. Ich kann noch denken. Sonst ist mir kaum Menschliches geblieben. Vielleicht habe ich jetzt erst gelernt zu denken, da ich nicht weiß, wie lange ich's noch kann."
Er schwieg wohl eine Minute. Das Ticken der Geigerzähler, die an der Seite, an Kopf- und Fußende seines Bettes hingen, füllte sie aus. Sie tickten beängstigend schnell. Sie tickten leise und erfüllten doch den Raum mit ihrem zählenden Geräusch: tick . . . tick . . . tick . . . tick . . . tick. Und einmal würde die Summe dieser winzigen Geräusche das große Schweigen sein. Bald.
„Sie werden jetzt sicher wissen wollen, was an jenem 1. März 1954 geschah. Aber ich muß Sie enttäuschen. Es gibt nicht viel darüber zu sagen. Wir waren auf Fischfang wie immer und standen ungefähr einhundertzehn Kilometer ostwärts von Bikini. Wir

hatten guten Fang. Ich errechnete schon den Lohn, den mir die Gesellschaft zahlen würde, denn es sollte meine letzte Fahrt auf der „Fukuryu Maru" sein. Ich hatte gespart, und nur einige hundert Yen fehlten noch, um mir ein eigenes Boot und das notwendigste Gerät kaufen zu können. Mein Vater war Fischer und dessen Vater auch. Da liegt es einem so im Blut, auch ein richtiger Fischer werden zu wollen, der mit seiner Arbeit den Lebensunterhalt für Frau und Kinder verdient und nicht nur die Herren von der Fischereigesellschaft reich und reicher macht. — Ja, es sollte also die letzte Fahrt auf diesem Schiff sein, und es ist zugleich die letzte aller Fahrten geworden."

Wieder war ein Weilchen nur das Ticken im Raum.

„Mein Hund Tapu war bei mir. Das sollte eigentlich nicht sein, aber alle mochten das hübsche, verspielte Tier leiden, und niemand verbot mir, es mit auf See zu nehmen. Ich stand an Deck und wollte mit Tapu spielen, wie ich es manchmal tat, wenn mir die Arbeit Zeit dazu ließ. Aber das Tier war merkwürdig ängstlich, schmiegte sich an meine Beine und winselte leise. „Er hat sicher beim Koch gestohlen und will nun um gut Wetter bitten", scherzte einer meiner Kameraden.

Und gerade in diesem Augenblick geschah es. Ich sah fern eine helle Säule aufsteigen, immer höher, dann in der Höhe sich entfalten zu einem mächtigen Pilz, der leuchtete, als vereinte er in sich das Licht von tausend Sonnen, und doch auch anders, denn das Licht hatte nicht die freundliche Färbung der Sonne, es schien blau wie der ewige Schnee auf hohen Bergen. Vor Schrecken und weil die Helligkeit so unwirklich, so fürchterlich war, hob ich den Arm schützend vor das Gesicht. Und in diesem Augenblick sah ich, was ich nie zuvor gesehen hatte. Ich konnte durch die Haut und die Muskeln meines Armes hindurchblicken, sah die Knochen meines Unterarmes, als lägen sie bloß. Und dann war nur noch ein tiefer Schmerz in meinen Augen, der mich aufschreien ließ und mir das Bewußtsein nahm. Seitdem habe ich nichts mehr gesehen. In meine Ohnmacht drang nur noch das Gefühl einer ungeheuren Hitze, die über dem Schiff zusammenschlug wie eine riesige Welle.

Als ich erwachte, rieselte bereits die Wasserstoffasche auf uns herab. Ich sah sie nicht. Die Strahlen hatten mir die Augen ausgebrannt. Aber die Kameraden sagten, sie sei wie Schnee. Und sie fiel auf unsere Haut, wir atmeten sie ein. Und wir ahnten nicht, daß wir den Tod in unsere Lungen sogen. Wir alle, wir dreiundzwanzig Fischer von der ‚Fukuryu Maru'."

Wo am Kopf des Mannes noch Haut geblieben war, hatten sich winzige Schweißperlchen gebildet. Die Frau beugte sich zu ihm und wischte sie mit den Fingern fort. Ihre Hände waren hart und verarbeitet, aber ihre Bewegung war leicht, lindernd und liebend. Wo ich die vereinten Kräfte der Neugier und des Mitleids brauchte, mich nicht voll Ekel abzuwenden, liebkoste diese Frau.

Der Fischer strich mit seiner Rechten über die zärtliche Hand, hob die Finger dem Gesicht entgegen, das sich ihm zuneigte, betastete den Mund, die Wangen, das Haar, die Augen mit jener scheuen, lauschenden Gebärde, die den Blinden eigen ist, die mit den Händen sehen müssen.

„Tränen", sagte er. „Ich kann sie noch fühlen. Mit den Fingerspitzen und mit dem Herzen. Ich kann sie nicht mehr sehen und nicht mehr weinen."

Mein japanischer Kollege räusperte sich: „Was ist aus Ihrem Hund Tapu geworden?" fragte er, und ich blickte ihn fast entsetzt an; denn es war mir unverständlich, wie man vor diesem Menschenschicksal nach dem Tier fragen konnte. Erst später glaubte ich zu verstehen, daß mein Begleiter von jener tiefen Traurigkeit ableiten wollte, die in den letzten Worten des Fischers aufgeklungen war. Und der Fischer schien die Gefühllosigkeit nicht zu empfinden, die ich in dieser Frage zu spüren meinte. Er antwortete lebhaft:

„Oh, Tapu war den Ärzten sehr willkommen. Sie haben ihn seziert. Lebend seziert. Sie sagten, es sei für die Wissenschaft sehr wichtig festzustellen, wie die Strahlen auf den Organismus einwirken. Meine Kameraden und mich konnten sie ja nicht sezieren. Sie müssen damit noch warten und versuchen indes, auf andere Weise zu ergründen, wie wir eigentlich sterben."

„Man tut doch sicher alles für Sie, was sich nur tun läßt?" fragte ich und war mir doch der Unsinnigkeit einer solchen Frage bewußt. Was sollte und was konnte man schon für ihn tun?

„Man beobachtet, registriert, führt Buch. Hundert Ärzte haben mich untersucht, und die Fischereigesellschaft hat mich in einem Brief ihres Mitgefühls versichert. Sie schrieben, die Gesellschaft habe selbst großen Schaden erlitten. Die „Fukuryu Maru" mußte verschrottet werden, und die Fische waren für den Genuß unbrauchbar geworden. Deshalb hat unsere Regierung auch bei der amerikanischen protestiert. Man hat den Verlust genau auf Yen und Sen und Rin berechnet. Irgendwo werde ich auch in dieser Rechnung stehen, aber ich weiß nicht, wie hoch ich eingeschätzt wurde."

Es war ihm anzumerken, daß er ermattete. Es wurde Zeit, den Besuch zu beenden. Ich sagte ein paar Worte zum Abschied, und mein Kollege fügte hinzu: „Es war ein Verbrechen, was man an Ihnen beging."

Doch der Fischer hob abwehrend die Hand, und seine Stimme gewann noch einmal an Klang und Stärke: „Ich klage die nicht an, die die Bombe auslösten, und die es befahlen, verdamme ich nicht. Ich sage mir, es könnte ja sein, daß sie nicht wußten, was sie taten. Das Resultat ist manchmal größer, als der Rechner meint. Jetzt ist das anders. Sehen Sie, jetzt weiß man doch, was man den Menschen antut, wenn man sich solcher Bomben bedient. Nach Hiroshima wußte man es noch nicht. Die Bomben, die dort geworfen wurden, waren ja winzig im Vergleich zu der, in deren Wirkungsbereich wir gerieten. Jetzt weiß man alles ganz genau. Die Geigerzähler, die um mich ticken, sind untäuschbare Zeugen. Wenn mein Leben in Fetzen von mir fällt wie meine Haut, dann wird das aufgeschrieben, fotografiert. Alle können es sehen, nachlesen. Und nun wird niemand mehr wagen, solche Bomben zu werfen. Ganz gewiß nicht! Sie haben die Versuche eingestellt, nicht wahr? Und, sehen Sie, darum glaube ich, daß ich nicht ganz sinnlos sterbe. Es tut mir leid, daß es mich getroffen hat, gerade mich. Ich bin jung und hätte gern noch gelebt. Aber wenn ich nun sterben muß, dann dürfen doch viele andere leben. Das tröstet mich."

„Ja, aber ...", begann ich eine Erwiderung, doch im gleichen Augenblick fühlte ich mich von der Frau des Fischers heftig am Arm gepackt, und da ich mich ihr zuwandte, legte sie einen Finger auf die Lippen und sah mich mit einem Blick an, der Bitte und Gebot zugleich war. Ich verstand und sagte dem Fischer nicht, daß man ihn liebend täuschte. Es hatte keinen Sinn, dem Sterbenden die Sinnlosigkeit seines Todes zu zeigen. Den Lebenden mußte sie offenbar werden. So schwieg ich, und die Frau dankte es mir mit einem leisen Neigen ihrer Wimpern. Und als wir gingen, hätte der Fischer gelächelt, ein wenig schmerzlich vielleicht, aber doch gelächelt, wenn die Gabe des Lächelnkönnens ihm noch geblieben wäre.

Das liegt nun kaum eine Woche zurück. Ich bin auf dem Wege nach Hause, zu meiner Frau, meinen Kindern. Ich werde wieder eintauchen in die gewohnte, vertraute Welt, und die Ferne läßt das Bedrohliche als weniger bedrohlich erscheinen.

Aber jetzt habe ich diese Atomkanone gesehen, und mir ist, als habe dadurch jene Stunde am Sterbebett eines japanischen Fischers eine völlig neue Bedeutung gewonnen. Das unbarmherzige, unheimliche Ticken der Geigerzähler ist in meinem Wagen, ist über der Landschaft ringsum, über dem Bauernhaus, das ich abseits liegen sehe. Und plötzlich weiß ich es ganz klar: Wer das Verbrechen duldet, teilt die Schuld! Und Schweigen ist Duldung!

Ich drückte auf den Anlasser, steuerte meinen Wagen wieder auf die Fahrbahn. In einigen Stunden werde ich daheim sein im Kreise der wenigen Menschen, die mich lieben, und der vielen, die mich kennen und achten. Ich lasse meinen Wagen dahinjagen. Es kommt auf jede Minute an.

Ich werde nicht mehr schweigen. Ich werde schreien!

Hans-Georg Noack

Aus der Heeresdienstvorschrift der Bundeswehr

Durch rechtzeitigen Einsatz von Atomsprengkörpern an entscheidender Stelle kann der Truppenführer auch mit sonst unterlegenen Kräften Überlegenheit erzielen und seine Handlungsfreiheit erweitern. Wirkungsbereite atomare Einsatzmittel und freigegebene Atomsprengkörper sind auch die stärkste Reserve des Truppenführers; sie können das letzte Mittel sein, Krisen zu meistern und die Freiheit des Handelns wiederzugewinnen.

Atomsprengkörper sind das stärkste Mittel, einen Schwerpunkt zu bilden. Ihr Einsatz spart Kräfte und beansprucht oft auch weniger Zeit als der von Truppen. Sie können Truppen jedoch nur vorübergehend ersetzen.

Bei Verwendung von Atomwaffen ist der Schwerpunkt meist dort zu bilden, wo die stärksten Kräfte des Feindes getroffen werden, sofern keine Einschränkungen entgegenstehen.

Atomare Einsatzmittel und Atomsprengkörper sind für den Feind bevorzugte Ziele. Sie sind daher sorgfältig zu tarnen; wenn nötig, muß der Truppenführer zu ihrer Sicherung besondere Kräfte einsetzen.

Die Auswahl der Atomziele wird von deren Bedeutung für die eigenen Operationen bestimmt. In erster Linie sind es atomare Einsatzmittel und Truppenansammlungen, ferner Feuerstellungsräume der Artillerie, größere Gefechtsstände und Versorgungseinrichtungen.

Die Wirkung von Atomsprengkörpern kann auch dazu ausgenutzt werden, Geländeteile durch Verwüstung und Verstrahlung, Verkehrsanlagen durch Zerstörungen, nachhaltig zu sperren. Hierfür sind Atomsprengladungen besonders geeignet.

Zur Anwendung einer Krise kann es notwendig sein, Atomsprengkörper auch ohne genaue Aufklärungsergebnisse aufgrund der Beurteilung der Lage, insbesondere der Feindlage und des Geländes, einzusetzen.

Mit Atomwaffen werden im allgemeinen Ziele bekämpft, die in der Tiefe liegen. Sie sollen wenigstens so weit von den vordersten eigenen Truppen entfernt sein, daß diese

auch in unübersichtlicher Lage nicht gefährdet sind und ihre Handlungsfreiheit nicht aus Sicherheitsgründen eingeengt wird.
Der Verteidiger muß anstreben, starke Feindkräfte mit weitreichendem atomarem Feuer schon während der Annäherung zu vernichten. Damit wird die Angriffskraft des Feindes entscheidend geschwächt, noch bevor er auf die Stellungen der Kampftruppen trifft.
Ist der Feind schon mit der eigenen Truppe verzahnt, werden mit Atomsprengkörpern Ziele in seiner Tiefe bekämpft, aber auch Feindkräfte vernichtet, die der eigenen Truppe unmittelbar gegenüberstehen und sich vor ihr stauen. Bei einer solchen Verwendung von Atomsprengkörpern muß der Truppenführer sorgfältig die Sicherheit der eigenen Truppe berücksichtigen.
Das Fehlen ausreichender Aufklärungsergebnisse kann dazu zwingen, zur Bekämpfung von Zielen in der Tiefe des Feindes Atomsprengkörper nur aufgrund der Beurteilung der Feindlage und des Geländes einzusetzen. Die Zielpunkte liegen dann vor allem dort, wo nicht nur die vermuteten feindlichen Truppen getroffen, sondern auch durch Verwüstungen die Bewegungen des Feindes behindert werden.
Atomsprengkörper, besonders Atomsprengladungen, sind geeignete Mittel, Engen in Front und Flanken nachhaltig zu sperren.

Wir werden nicht Ruhe geben

Das deutsche Volk diesseits und jenseits der Zonengrenze ist im Falle eines Krieges zwischen Ost und West dem sicheren Atomtod ausgeliefert. Einen Schutz gibt es nicht.
Beteiligung am atomaren Wettrüsten und die Bereitstellung deutschen Gebietes für Abschußbasen von Atomwaffen können diese Bedrohung nur erhöhen. Ziel einer deutschen Politik muß deshalb die Entspannung zwischen Ost und West sein. Nur eine solche Politik dient der Sicherheit des deutschen Volkes und der nationalen Existenz eines freiheitlich-demokratischen Deutschlands.
Wir fordern Bundestag und Bundesregierung auf, den Rüstungswettlauf mit atomaren Waffen nicht mitzumachen, sondern als Beitrag zur Entspannung alle Bemühungen um eine atomwaffenfreie Zone in Europa zu unterstützen.
Wir rufen das gesamte deutsche Volk ohne Unterschied des Staates, der Konfession oder der Partei auf, sich einer lebensbedrohenden Rüstungspolitik zu widersetzen und statt dessen eine Politik der friedlichen Entwicklung zu fördern.
Wir werden nicht Ruhe geben, solange der Atomtod unser Volk bedroht.

Kampf dem Atomtod, 1958

Freundschaft gegen den Feind

Der Krieg wird nicht mehr erklärt,
sondern fortgesetzt. Das Unerhörte
ist alltäglich geworden. Der Schwache
ist in die Feuerzonen gerückt.
Die Uniform des Tages ist die Geduld,
die Auszeichnung der armselige Stern
der Hoffnung über dem Herzen.

Er wird verliehen,
wenn nichts mehr geschieht,
wenn das Trommelfeuer verstummt,
wenn der Feind unsichtbar geworden ist
und der Schatten ewiger Rüstung
den Himmel bedeckt.

Er wird verliehen
für die Flucht vor den Fahnen,
für die Tapferkeit vor dem Freund,
für den Verrat unwürdiger Geheimnisse
und die Nichtachtung jeglichen Befehls.

Ingeborg Bachmann

Braucht der Westen die Neutronenbombe?

Man merkt's, hier ist zu lang kein Krieg gewesen. Wo soll da die Moral herkommen, frage ich. *Bertolt Brecht: Mutter Courage*

Nicht nur ein Blick in die Zeitungen, sondern auch das Gespräch mit dem Bürger zeigt: Fragen der Verteidigung sind wieder aktuell — und das ist gut so. Allzu lange hat man den Frieden für selbstverständlich und die Freiheit für gesichert genommen und nicht mehr darüber nachgedacht, daß sie die Frucht harter Anstrengungen sind. Viele fragen: Wirkt die Abschreckung noch? Viele beginnen aufs neue zu begreifen, daß es die Schicksalsfrage der Menschheit schlechthin ist, die verheerende Zerstörungskraft der Atomwaffen zu bändigen und die Menschheit vor Kriegen, d. h. vor gegenseitiger Vernichtung zu bewahren.

Nur: die unselige Zerstörungskraft des Atoms schafft man nicht mit idealistischen Beteuerungen und schon gar nicht mit gefühlsmäßigen Protesten aus der Welt. Selbst die völlige Abschaffung der Atomwaffen würde die Menschheit nicht vor dem Atomkrieg schützen. Die Menschheit ist dazu verdammt, mit der Bombe zu leben. Die Schlußfolgerung daraus lautet: Wer den Krieg verhindern will, muß einen möglichen Angreifer mit unkalkulierbaren Risiken konfrontieren. Der Westen braucht die Neutronenwaffe, je früher, desto besser.

Manfred Wörner

1. Was ist eine „Neutronenwaffe"? Warum heißt sie „Neutronenwaffe"? Wie funktioniert sie?

Die Neutronenwaffe ist eine typische Nuklearwaffe.

Die Technik der Nuklearwaffen nutzt zwei unterschiedliche kernphysikalische Prozesse: Kernspaltung (Fission) und Kernverschmelzung (Fusion).

Viele der vorhandenen Nuklearwaffen sind Kernspaltungswaffen: Plutonium oder Uran wird durch Neutronen gespalten. Bei der rasch ablaufenden Kettenreaktion wird Strahlung erzeugt — Neutronen- und Gammastrahlung — und weitere Energie als Druck und Hitze freigesetzt.

Eine andere Art vorhandener Nuklearwaffen sind Kernverschmelzungswaffen (Fusionswaffen): Wasserstoff-Atome werden unter hohem Druck und hoher Temperatur verschmolzen. Es entsteht das Element Helium. In diesem Verschmelzungsprozeß wird Neutronenstrahlung hoher Energie und Gammastrahlung erzeugt, aber auch wie bei der Kernspaltungswaffe Energie als Druck und Hitze freigesetzt. Im Unterschied zur Kernspaltungswaffe ergeben sich aber andere Anteile der verschiedenen Wirkungskomponenten Strahlung, Druck und Hitze an der insgesamt freigesetzten Energie. Bekanntes Beispiel für diesen Typ von Nuklearwaffen ist die sogenannte Wasserstoffbombe.

Die Neutronenwaffe ist eine Fusionswaffe. Fusionswaffen gibt es seit 1952. Moderne Technik ermöglicht es, dieses Funktionsprinzip auch in kleinen Sprengkörpern zu nutzen. Dies wird bei der Neutronenwaffe angewendet. Die Neutronenwaffe wirkt daher durch Strahlung und auch durch Druck und Hitze. Bei gleichem Detonationswert von Neutronenwaffe und Kernspaltungswaffe setzt aber die Neutronenwaffe 10mal mehr Kernstrahlung frei, hat jedoch die gleiche Druckstoßwirkung und 50 Prozent weniger Hitzestrahlung. Wegen dieser erhöhten Strahlenwirkung ist die Waffe offiziell als Enhanced-Radiation (ER)-Waffe (Waffe mit verstärkter Strahlung) bezeichnet worden.

Weil diese Waffe in ihrer Kernstrahlung 6- bis 8mal mehr Neutronen als die Kernstrahlung der Kernspaltungswaffe enthält, ist sie „Neutronenwaffe" genannt worden. Verwirrung entstand, als in der plötzlich ausgelösten öffentlichen Diskussion in den USA dieser Name „Neutronenwaffe" oder „Neutronenbombe" verwandt wurde. Dieser Name ist auch bei den in allen Phasen der Entwicklung dieser Waffe kontinuierlich erfolgten Informationen durch die USA in den zuständigen Gremien der NATO nie aufgetaucht.

2. Wie wirkt diese Nuklearwaffe auf Mensch und Material?

Alle Nuklearwaffen können Menschen durch Strahlung, Druck und Hitze töten und Material, das heißt auch Waffen und Geräte, vor allem durch Druck zerstören. Je nach Entfernung vom Explosionsort wirken Strahlung, Druck und Hitze unterschiedlich zusammen.

Bei den heute vorhandenen Nuklearwaffen reichen Strahlung, Druck und Hitze über das unmittelbare militärische Ziel hinaus. Dadurch entstehen ungewollte Nebenwirkungen. Sie heißen in der Fachsprache „Kollateralschäden". Dieser Begriff umfaßt alle unerwünschten Schäden für die Zivilbevölkerung, ihre Infrastruktur und für die eigene Truppe.

Kollateralschäden können bei Einsatz kleinerer Detonationswerte ganz erheblich vermindert werden. Mit der Neutronenwaffe wird dieses Ziel erreicht.

Sie erfüllt auch mit einem Detonationswert, der 10- bis 60mal kleiner ist als bei einer vorhandenen Kernspaltungswaffe, die militärische Forderung, einen bestimmten, militärisch notwendigen Schaden beim Gegner zu bewirken. Damit würden die Kollateralschäden erheblich reduziert.

Im Unterschied zu einer anderen Nuklearwaffe werden Schäden vorwiegend durch Strahlung bewirkt und zu einem geringen Teil durch Druck u n d Strahlung. Kleinere Detonationswerte bedeuten damit aber auch Verzicht auf eine möglichst große Zerstörung des militärischen Materials beim Gegner zugunsten drastisch reduzierter kollateraler Schäden außerhalb des militärischen Zielgebietes.

Im Wirkungsbereich der Neutronenwaffe treten jedoch alle verheerenden Wirkungen herkömmlicher Kernwaffen auf. Von einer „Strahlenwaffe", die sich nur gegen Leben und nicht gegen Material richtet, kann daher bei der Neutronenwaffe keine Rede sein.

Presse- und Informationsamt der Bundesregierung, 1978

Was wollen wir eigentlich schützen?

Seit ein paar Tagen bekommen wir in den Zeitungen die Wirkung der Neutronenbombe erklärt. Auf eine kurze Formel gebracht, ist dies eine Waffe, die keinen oder nur geringen Sachschaden anrichtet, aber die Menschen „sauber“ tötet. Dies soll der letzte Fortschritt sein? *Ist die Menschheit dabei, verrückt zu werden?*

Hier wird die Skala aller Werte auf den Kopf gestellt. Zum Ziel ist die Erhaltung des Materiellen geworden; der Mensch ist zweitrangig. Daß man Produktionsanlagen, Straßen und Kommunikationssysteme fast unmittelbar „danach“ wieder benutzen kann — das ist der Sinn. Der Fortschritt besteht auch darin, daß es leichter ist, die Leichen von Menschen zu beseitigen als die Trümmer von Städten und Fabriken. Mit seinem Gehirn macht sich der Mensch zu weniger als einem Sklaven der Maschine: im Ernstfall ist nicht der Mann, sondern die Maschine erhaltenswert. Die Neutronenbombe ist ein Symbol der Perversion des Denkens.

Gleichgültig, ob man vom Christentum her denkt oder von Maximen humanistischer Ethik, ob man fragt, was verteidigungswert ist oder sich im Zusammenhang mit dem § 218 an die Diskussion um die Heiligkeit des Lebens erinnert: Mit der Neutronenbombe verbannt sich der Mensch aus dem Mittelpunkt an den Rand, denn im Mittelpunkt steht dann die Materie. Materialismus im triumphalen Exzeß oder Leben — was wollen wir schützen?

Egon Bahr

Der sogenannte Blick für die strategische Wirklichkeit

Die Neutronenwaffe macht Schlagzeilen. Ein deutscher Politiker hat die Waffe als pervers bezeichnet. Britische „Friedensapostel“ verwandten vor dem Zweiten Weltkrieg diese Formel gern, wenn sie gegen die Einführung neuer Waffen polemisierten. Auch liberale amerikanische Analytiker nutzten und nutzen ähnliche Vokabeln. Im Westen also nichts Neues. Auch die östliche Einmischung hat die sachliche Auseinandersetzung nicht gefördert, sollte sie auch nicht fördern. Man nahm den emotionalen Argumentationsfaden der schrecklichen Vereinfacher auf und spann ihn mit Erfolg weiter.

Doch das Augenfällige darf den Blick für die strategische Wirklichkeit nicht verstellen. Der Kampf für oder gegen die Neutronenwaffe ist Teil der ständigen Kraftproben, zu der im Atomzeitalter die Nuklearbeiganten verdammt sind. Die Atomstrategie ist eine defensive Strategie. Wenn man so will, handelt es sich um eine negative Sicherheitskonzeption. Man kann bei der Eigenart der nuklearen Waffensysteme, über die jede Seite verfügt, den möglichen Feind nicht entwaffnen. Weder militärisch durch den Sieg, weil Atomkrieg den Untergang beider bedeutete, noch politisch durch Verhandeln, weil der, der seine militärisch nutzbare Atomkraft verringert, theoretisch das eigene Gebiet verletzbarer macht. Ziel der Atomstrategie ist es deshalb, das Gleichgewicht zu halten. Jede atomare Waffe, die der eine seinem Potential zufügt, vermindert das Abschreckungspotential des anderen.

Ein Waffensystem ist im Entstehen, das raumgreifend und flächendeckend eine wirkliche Vorwärtsverteidigung ermöglicht. An die militärischen Führer ist der Appell zu richten, sich geistig und technisch schon jetzt auf diesen Wandel einzustellen.

Adelbert Weinstein

USA erproben neue Atombombe mit konträrer Wirkung der N-Waffe

Washington (ddp)

Die Vereinigten Staaten testen gegenwärtig schon wieder eine neue Atomwaffe, die eine der Neutronenwaffe entgegengesetzte Wirkung haben soll. Präsident Carter habe im Kongreß um die Bewilligung der Mittel für die Entwicklung dieser Waffe nachgesucht, teilten Regierungsbeamte in Washington mit. Die Druckbombe, auch RRR-Bombe (Reduced Residual Radiation) genannt, soll verstärkte thermische Wirkung und eine größere Explosionskraft besitzen. Die radioaktive Strahlung, die die neue Waffe nach ihrer Explosion hinterläßt, soll dagegen äußerst gering sein. Auf diese Weise können Gebäude zerstört, Krater aufgeworfen oder Pässe zerstört werden, ohne daß das Gebiet so verseucht wird, daß es die eigenen Truppen nicht mehr betreten können. Die Versuche mit der Waffe werden in den Laboratorien von Los Alamos in Neumexiko und Livermore in Kalifornien vorgenommen. Die Kontrolle obliegt dem US-Energieministerium, das vom Verteidigungsministerium mit der Entwicklung neuer Atomwaffen beauftragt wurde.

Süddeutsche Zeitung vom 2. 5. 1978

Gib Alarm!

Gib Alarm
Sammle deine Freunde
nicht
wenn die Hyänen heulen
nicht
wenn der Schakal Dich umkreist
oder
die Haushunde kläffen
nicht
wenn der Ochs unterm Joch
einen Fehltritt tut
oder der Muli am Göpel stolpert
Gib Alarm
Sammle Deine Freunde
wenn die Karnickel die Zähne blecken
und ihren Blutdurst anmelden
Wenn die Spatzen Sturzflug üben
und zustoßen
Gib Alarm.

Heinrich Böll

Imperialistische Kriege III

DER EINMARSCH IN DIE CSSR

Und dann sah ich die ersten Panzer

Zunächst sah ich nur die Menschen, größtenteils junge Menschen, die unten standen, debattierten, erregt gestikulierten. Und dann sah ich die ersten Panzer. Sie kamen die ganze Länge der Weinberger Straße herauf. Panzer und gepanzerte Amphibienfahrzeuge, alle voll mit Soldaten. Ich hatte nur nach einer Richtung freie Sicht, nach links. So weiß ich nicht, ob sie auch aus der anderen Richtung kamen, über die Römische Straße. Im Raum wurde es plötzlich sehr still, alle traten an die Fenster. Ich hörte die Stimme aus dem Lautsprecher:
„Bitte, geht auseinander, ihr hier vor dem Gebäude. Sie werden schießen."
Die Stimme drang auch von der Straße zu mir herauf, aus hunderten Transistorradios. Es war eine bange Stimme, die Stimme einer Frau, aber sie klang nicht so, als hätte diese Frau noch Angst um sich selbst. Sie hatte Angst um die dort unten. Um diese jungen Menschen, die sich in diesem Augenblick vor nichts fürchteten; die nicht die Angst vor dem Krieg kannten, weil sie den Krieg nicht erlebt hatten, die nie gesehen hatten, wie schrecklich traurig ein menschlicher Leib zusammenfällt, der von einer Kugel durchbohrt wird.
Die gepanzerten Wagen, die Transporter mit den bis zu den Zähnen bewaffneten Soldaten blieben stehen. Auch die beiden Panzer blieben stehen und richteten ihre Geschützrohre gegen das Rundfunkgebäude. Der Fahrer des gepanzerten Transporters schien unschlüssig, er zögerte. Die jungen Leute drängten sich zu ihm vor, sie pfiffen, drohten mit den Fäusten, schrien. Die Stimme aus den Radios wiederholte immer wieder:
„Bitte, provoziert nicht die sowjetischen Soldaten, provoziert nicht, gebt keinen Anlaß zu Gewalttaten."
Ich mußte an den 5. Mai 1945 denken, an den Tag, da sich Prag gegen die deutschen Okkupanten erhob. Auch damals hatte alles hier vor dem Rundfunkgebäude begonnen. Hier gab es die ersten Toten. Und heute?
Der Soldat hinter dem Lenkrad des feisten, gepanzerten Ungeheuers, das mit Scharfschützen schwanger ging, setzte sein Fahrzeug in Bewegung und fuhr auf die Menge zu. Die Menschen in der ersten Reihe begannen entsetzt zurückzuweichen, sie bildeten eine Gasse, aber der Soldat fuhr weiter. Das Fahrzeug hinterließ eine tiefe Kratzspur am Verputz des Gebäudes, es fuhr zurück und setzte sich abermals gegen die schreiende und drohende Menge in Bewegung. Hin und her. Es war eine automatische Bewegung, wie wenn eine Straße gewalzt wird. Angstschreie wurden laut. Es gab die ersten Verwundeten. Aus dem zweiten Wagen begann man zu schießen. Ich verstand das nicht.

Warum? Auf wen schossen sie? Sie schossen in die Luft. Sie hatten selbst Angst. Sie wollten die immer noch anwachsende Menschenmasse einschüchtern. Die Kollegen in den Kabinen sprachen in die Mikrophone, ihre Augen hingen an den Türen. Sie wußten, daß unten geschossen wurde. Sie warteten auf den ersten Soldaten, der durch die Tür treten würde. Der den Dialog unterbrechen würde, den die Redakteure schon seit Monaten mit ihren Hörern führten. Und dennoch wurden ihre Stimmen immer ruhiger. Jetzt, da unten bereits die Tanks standen, war alles einerlei. Es galt nur noch zu tun, was selbstverständlich war.

„Wir geloben, daß wir die Mikrophone nicht verlassen, ehe sie uns nicht aus der Hand gerissen werden", sagte einer. Es klang nicht wie eine Phrase.

Unten, vor dem Gebäude feierte die Lust, Soldat zu sein, Orgien. Der Fahrer des Panzers hatte sich vom Vorbild seines Kollegen hinter dem Lenkrad des Truppentransporters inspirieren lassen. Auch er hatte einen Gegenstand gefunden, um daran seine Energie abzureagieren. In der Straße, die rechts bergauf führt, standen die Wagen der Redakteure und der Techniker. Sie standen hier, wie sie gestern und vorgestern hier standen. Nicht so zahlreich wie sonst, aber sie waren da. Der Panzer rollte auf die geparkten Wagen zu. Stahl prallte gegen Stahl. Panzerstahl gegen Stahlblech. Das Kräfteverhältnis entsprach etwa jenem, das zwischen den einrückenden Armeen und unserer Streitmacht bestand: die Personenkraftwagen hatten gegen den Panzer keine Chance. Schon nach dem ersten Kräftemessen waren sie verbeult wie nach einem schweren Unfall. Aber das genügte nicht. Immer und immer wieder fuhr der Panzer über die Autos hinweg, walzte sie nieder, bis von ihnen nur noch dünne Blechplatten übrigblieben. Öl und Benzin rannen auf die Straße. Jemand warf ein Streichholz in die Lache. Wenn schon Orgie, dann richtig, mit Feuerwerk. Die Pflastersteine schienen zu brennen. Die Russen schossen in die Luft. Vom Wenzelsplatz kamen neue Panzer herauf.

Erich Bertleff

„Wir schätzen die mutige und verantwortungsbewußte Handlungsweise ..."

„An alle Bürgerinnen und Bürger der Deutschen Demokratischen Republik!

Wie durch Rundfunk und Fernsehen bekannt geworden, haben dem Sozialismus treu ergebene Persönlichkeiten der Partei und des Staates der CSSR am 20. August offen den Kampf zum Schutze der sozialistischen Staatsordnung gegen die konterrevolutionären Umtriebe aufgenommen. Dies wurde notwendig, nachdem durch einen verschärften Rechtskurs einer Gruppe in der Führung der KPC und die erhöhte Aktivität der antisozialistischen Kräfte eine akute politische Krise in der CSSR ausgelöst worden war. Diese Persönlichkeiten der Partei und des Staates der Tschechoslowakischen Sozialistischen Republik haben sich am 21. August an die Regierungen der mit der CSSR verbündeten Staaten, der Volksrepublik Bulgarien, der DDR, der Volksrepublik Polen, der Ungarischen Volksrepublik und der Union der sozialistischen Sowjetunion mit der Bitte gewandt, in Anbetracht der durch die Wühlarbeit der konterrevolutionären Elemente und der Einmischungsbestrebungen der imperialistischen Mächte entstandenen Gefahr dem tschechoslowakischen Brudervolk und Bruderstaat unverzüglich jegliche Hilfe, einschließlich militärischer Hilfe zu erweisen. Entsprechend den abgeschlossenen Verträgen über Freundschaft, gegenseitigen Beistand und Zusammenarbeit haben die Ministerräte der sozialistischen Bruderländer diesem Ersuchen entsprochen.

Wir schätzen die mutige und verantwortungsbewußte Handlungsweise der dem Sozialismus treu ergebenen leitenden Persönlichkeiten der Partei und des Staates der CSSR hoch ein, da ihre Tat den aggressiven Kreisen des Imperialismus, die mit Hilfe der sogenannten neuen Ostpolitik die Konterrevolution in die sozialistischen Länder Europas exportieren möchte, einen Strich durch die Rechnung macht."

Erklärung des SED-Regimes 1968

„Wir verneigen uns in tiefer Ehrfurcht . . ."

90 Stunden waren die Prager Reformer dem massiven Druck der gesamten sowjetischen Führungsspitze ausgesetzt. Kommunisten versuchten, Kommunisten zu erpressen.
Noch weiß niemand genau, wer wirklich gesiegt hat. Moskaus Panzer oder Dubceks Ideen.
Aber selbst wenn, was die meisten befürchten, Moskaus Panzer in der Tschechoslowakei Oberhand behalten: Der Kommunismus hat in Prag seine schlimmste Niederlage erlitten.
14 Millionen Tschechen und Slowaken — in ihrer Geschichte oft zerstritten — halten wie Pech und Schwefel zusammen.
Moskaus Panzer werden bleiben. Aber die Herzen der Tschechoslowaken haben die Russen für immer verloren.
Wir verneigen uns in tiefer Ehrfurcht und Bewunderung vor der Größe dieser Nation.
Sie — die Tschechen und Slowaken — sind *zwei* Völker und doch *eine* Nation.
Wann endlich werden wir, die wir *ein* Volk sind, auch wieder *eine* Nation?

BILD-Zeitung vom 28. 8. 1968

„Man hat uns schrecklich belogen"

Er kam aus Leningrad und hieß Jurij. Seinen vollen Namen wollte er mir nicht sagen. 1945 hatte er als siebzehnjähriger Bursche an der Befreiung Prags teilgenommen. Seine Einheit war dann noch zwei Wochen in Prag geblieben, und er hatte viele Freundschaften geschlossen. Unter anderem mit einem Ehepaar, einem Elektromonteur und dessen Frau, die am 16. Mai 1945 einen Sohn zur Welt brachte, dessen Pate er war und der nach ihm Jurij hieß.
Dann sprang er plötzlich auf, packte das Paket, das er vor sich auf den Tisch gelegt hatte, riß die Verpackung auf, zog einen Stoß Bilderbücher heraus, eines fiel auf den Boden, er trampelte auf ihm herum, ergriff ein zweites, hielt es mir unter die Nase und wetterte:
„Schau, die hab' ich noch in Leningrad gekauft, in der tschechischen Buchhandlung, als ich erfuhr, daß wir in die Tschechoslowakei kommen. Ich habe sie gekauft, weil ich sie an Kinder verschenken wollte, wie damals, 1945, und weißt du, was die Kinder gemacht haben? Den Rücken haben sie mir gekehrt, und einer, ein siebenjähriger Bengel, hat es genommen, hat draufgespuckt und hat es mir vor die Füße geworfen, das war vorgestern in Tábor. Wir sind doch als Freunde gekommen, um euch zu helfen, genau wie 1945, damals habt ihr uns mit Blumen empfangen, die Frauen haben Buchteln für uns gebacken, und die Mädchen haben mit uns auf der Straße getanzt. Und jetzt? Meine Soldaten wollten gestern in Sobeslav Wasser haben, sie waren durstig, wir gingen in ein Haus, da stand eine Frau in der Küche, sie hat uns angeblickt und

hat ganz ruhig gesagt: ‚Ihr kommt mit Waffen, wie Diebe. Hinaus!' Wir gingen hinaus, legten die Maschinenpistolen ab und versuchten es noch einmal. Ich verlangte für meine Kameraden und mich Wasser, aber sie sagte wieder: ‚Nein. Wenn ihr Durst habt, klopft schön an und tretet mit einem Gruß ein, dann werdet ihr Wasser bekommen.' Wir taten das dann auch, und die Frau gab uns Wasser. Und so ergeht es uns überall. Niemand gibt uns zu essen, auch nicht, wenn wir dafür bezahlen wollen, auch die alten Weiber auf dem Markt nicht, und hier unten im Hotel haben die Gäste den Saal verlassen, als ich mich an den Tisch setzte. Heute vormittag ging ich in die Bank und wollte Rubel gegen Kronen tauschen. Der Beamte, ein alter Herr, war sehr höflich, sagte, selbstverständlich, Herr Major, darf ich um Ihren Reisepaß bitten? Ich gab ihm mein Soldbuch, er blätterte darin, gab es mir zurück, schüttelte den Kopf und sagte: ‚Ich bedaure, Herr Major, Sie können bei uns kein Geld wechseln, denn Sie sind ohne gültigen Reisepaß eingereist.'"

„Man hat uns schrecklich belogen", sagte Jurij. „Und das wissen auch die, die uns hergeschickt haben: Morgen sollen wir abgelöst werden, es kommen ganz neue Einheiten, wir taugen nichts, heißt es, die ganze Truppe sei demoralisiert. Aber ich gehe nicht zurück. Wir kommen sowieso alle nach Sibirien, irgendwo an die chinesische Grenze, dort werden wir bis an unser Lebensende bleiben, nach Leningrad läßt man uns nie mehr zurück, damit wir nicht erzählen können, was wir hier gesehen haben. Damit sie weiter lügen können."

Ich fragte ihn, was er denn nun beginnen wolle, aber er antwortete mir nicht mehr. Ich stand auf und ging wortlos zu meinem Wagen zurück. Etwa zweihundert Meter weiter macht die Straße eine scharfe Linkskurve. Als ich sie erreicht hatte, blickte ich ein letztes Mal zurück. Jurij saß noch immer im Gras und warf Stein um Stein in das Wasser.

Am 25. August ging eine Meldung des freien tschechoslowakischen Rundfunks durch die Welt: In Prag habe sich ein russischer Major auf dem Altstädter Ring vor den Augen der Passanten mit seiner Maschinenpistole erschossen.

Erich Bertleff

Sogenannte Verhandlungen

Nachts vom 24. auf den 25. August bin ich in einer sowjetischen Militärmaschine mit dem Rest der Parteiführung nach Moskau geflogen, also mit den Leuten, die auch heute in der Führung sitzen. Ich war als einziges Mitglied der neuen Parteileitung dabei, die in Wysocany von einem außerordentlichen Parteitag gewählt worden war. Ich habe einige Materialien von dort mitgebracht, für Dubcek und die anderen verschleppten Parteiführer, die nun im Kreml als eine Halb-Delegation, als Halbverhaftete saßen. Sie wußten nichts über die Lage in Prag.

Diese sogenannten Verhandlungen im Kreml kann man sich nicht als normale Gespräche vorstellen. Wir standen alle unter dem Druck der sowjetischen Seite; wir wußten, daß es in jedem Moment in Prag zu einem Massaker an der Zivilbevölkerung kommen könne. Die sowjetischen Machthaber haben ein Ultimatum vorgelegt, und nur darüber konnten wir noch sprechen.

Während dieser „Verhandlungen" habe ich meine letzten ideologischen Illusionen verloren. Breschnjew sprach ganz offen aus, daß es um nichts anderes ging als um Weltmachtinteressen und überhaupt nicht um die Entwicklung des Sozialismus. Er sagte:

„Na, worauf warten Sie überhaupt? Glauben Sie, es wird einen Krieg geben? Nein, es wird keinen Krieg geben. Ich habe Präsident Johnson die Frage gestellt, ob die Vereinigten Staaten die Abkommen von Jalta und Potsdam für gültig halten; am 18. August hab' ich die Antwort bekommen: ‚Ja, soweit es die Tschechoslowakei und Rumänien betrifft; soweit es Jugoslawien betrifft, müßte man darüber noch sprechen.'"
Dann fügte Breschnjew ohne jede ideologische Phrase hinzu: „Sie glauben, daß die westliche kommunistische Bewegung Ihnen helfen kann. Ja, wissen Sie, Genosse Berlinguer wird sprechen, Genosse Tito wird sprechen, aber das bedeutet nichts. Diese kommunistische Bewegung in Westeuropa hatte 50 Jahre lang überhaupt keine Bedeutung." Man sprach gar nicht über brüderliche Hilfe und solche Sachen, auch nicht über die Entwicklung des Sozialismus in Europa, sondern nur über die Machtinteressen der Sowjetunion.

Zdenek Mlynár, 1968 ZK-Sekretär und Autor des Aktionsprogramms der KPC, Mitglied der „Charta 77"

„Wir werden keinen Schritt zurückweichen"

„Teure Mitbürger! Nach viertägigen Verhandlungen in Moskau sind wir wieder bei Ihnen in unserem Vaterland. Wir kehrten zusammen mit den Genossen Dubcek, Cernik und den anderen zurück. Weder Ihnen noch uns war es leicht. Mit unseren Gedanken waren wir in jedem Augenblick bei Euch. Wir gedachten daran, wie Ihr diese schweren Tage durchlebt. Die Stellung unseres Landes in der heutigen Welt ist und kann nirgendwo anders als in der sozialistischen Gesellschaft sein. Wie ich bereits betonte, reiste ich nach Moskau zu Verhandlungen nach einer Übereinkunft mit der Regierung der Republik. Wie ich Euch bereits aus Moskau wissen ließ, und wie Ihr Euch überzeugen könnt, kehrte ich gemeinsam mit all den Genossen zurück, die auch sofort ihre Funktionen übernehmen, in die sie demokratisch eingesetzt wurden und in denen Ihr sie mit Eurem ganzen Vertrauen unterstützt habt. Es ist dies der erste und für uns wichtigste Schritt zur Normalisierung der Lage in unserem Vaterland. Damit hängt begreiflicherweise auch der Abzug der Truppen der Sowjetunion und der anderen sozialistischen Länder aus unserem Territorium zusammen. Wir erzielten ein grundsätzliches Abkommen über eine schrittweise Realisierung eines vollkommenen Abzuges der Truppen. Bis dahin ist ihre Anwesenheit eine politische Realität. Wir wollen weiter die sozialistische Gesellschaftsordnung stärken und entwickeln und ihren humanitären und demokratischen Charakter, so wie es im Aktionsprogramm der Kommunistischen Partei der Tschechoslowakei und der programmatischen Erklärung der Regierung ausgedrückt ist. Wir wollen weiter mit der gesamten Nationalen Front unser Vaterland aufbauen. Von diesen unseren Absichten treten wir keinen Schritt zurück."

Auszüge aus der Rede Svobodas

Aus einem Fragebogen des Schulministeriums

Von allen Mitarbeitern des Schulwesens Punkt für Punkt auszufüllen!
1. Stellungnahme zu den Ergebnissen des Plenums der ZK der KPC vom Januar 1968. Was erwarteten Sie von der Entwicklung nach dem Januar 1968?
Wie bewerten Sie die Entwicklung im Jahre 1968 aus der Sicht der heutigen Informationen?

2. Eigenes Engagement und Stellungnahmen bei der Entstehung der politischen Situation.

a) in der Schule: im Lehrerkollektiv und vor den Schülern,

b) außerhalb der Schule: am Schulort, am Wohnort,

aa) in der Zeit vor dem August 1968,

bb) während der Augustereignisse 1968,

cc) während der Krisensituation nach dem August 1968 und bis zum Februar 1969.

3. Führen Sie den Standpunkt an, den Sie eingenommen haben zu: dem konterrevolutionären Manifest der „2000 Worte", den Angriffen gegen die KPC und ihre führende Rolle, den Angriffen gegen die Sicherheitsorgane, den Forderungen nach Auflösung der Volksmilizen, der Entstehung der staatsfeindlichen Organisationen KAN, K 231, den Forderungen nach einem pluralistischen System.

4. Welches war Ihr moralisch-politischer Standpunkt nach dem Einmarsch der Truppen der Länder des Warschauer Pakts am 21. August 1968 in unser Land?
Haben Sie sich für die Forderungen nach Neutralität engagiert und in welcher Form?

5. Wovon und von wem war Ihr Standpunkt am meisten beeinflußt?

6. Führen Sie an: Ihre Zugehörigkeit zur KPC, SCSP, einer anderen politischen Partei, einer Gliederung der NF (seit wann?).
Bei Eintritt nach dem 1. Oktober 1968: Datum und ausführliche Begründung. Sind Sie nach dem 1. Januar 1968 in die KPC, SCPS oder andere Gliederungen der NF eingetreten, führen Sie das Datum an und geben Sie eine ausführliche Begründung.

7. Wie beteiligten Sie sich an der Normalisierung der Beziehungen zu den Ländern des sozialistischen Lagers, insbesondere zur UdSSR und der Sowjetarmee?
Wie wirken Sie in dieser Richtung auf Ihre Schüler ein und seit wann?
Wie ist Ihr Verhältnis zum proletarischen Internationalismus?
Machen Sie ihn bei der erzieherischen Arbeit in der Schule mit sozialistischem Patriotismus systematisch geltend?

8. Kennen die Schüler, deren Eltern sowie die Öffentlichkeit Ihr Verhältnis zum proletarischen Internationalismus?
Korrigieren Sie falsche politische Ansichten Ihrer Schüler, die diese aus dem Familienmilieu mitbringen?
Wie? Führen Sie konkrete Beispiele an!

9. Wie stehen Sie zur neuen Parteiführung und zu deren Bemühungen um die Konsolidierung der Verhältnisse?
Welches war Ihr Standpunkt zur Novemberresolution und zu den Richtlinien zu ihrer Realisierung, zur Rede des Genossen Präsidenten und des Ersten Sekretärs des ZK der KPC, des Genossen Husak, aus der letzten Zeit, die auf die negativen Erscheinungen der Nachjanuarentwicklung hinweisen und den 21. August 1968 erläutern?
Wie verwenden Sie diese Fakten am Arbeitsplatz zur Erklärung und Unterstützung der neuen Parteiführung? Führen Sie Beispiele an.

10. Welche politischen Grundfragen sind Ihnen unklar?

11. Welche konkrete Hilfe gewähren Sie den Partei-, Gewerkschafts- und Jugendorganisationen?
Nennen Sie Ihre gesamte gesellschaftliche Tätigkeit außerhalb der Schule.

12. Welche Presse verfolgen Sie regelmäßig?

13. In welchen Organisationen arbeiten Sie aktiv mit?

14. Wodurch gedenken Sie in Zukunft Ihre Beziehung zum Sozialismus und zu unserem sozialistischen Vaterland unter Beweis zu stellen? (Wir erinnern Sie hierbei an Ihren Diensteid!)

15. Wie gedenken Sie Ihre fachliche Qualifikation zu erhöhen und die Ergebnisse der pädagogischen Arbeit zu verbessern (politisch-erzieherische Wirkung sowie Lehr- und Erziehungsprozeß)?

16. Wie bewerten Sie selbst Ihre politisch-erzieherische Arbeit während der Zeit vom Januar 1968 bis zum Februar 1969?

Wie werden Sie weiterhin Ihre politische Reife erhöhen? (Wir erinnern Sie hier an die Richtlinien des Schulministeriums in der Lehrerzeitung.)

17. Gedenken Sie an Ihrem bisherigen Arbeitsplatz zu verbleiben, auch wenn Sie während der Krisenzeit 1968/69 einen negativen Standpunkt eingenommen haben?

Zehn Jahre danach

Vor zehn Jahren, am 27. Juni 1968, wurde in Prag das Manifest „Zweitausend Worte" veröffentlicht — eines der Grunddokumente des „Prager Frühlings" und vom Standpunkt der politischen Demokratie und der Bürgerrechte her das radikalste Dokument der tschechoslowakischen Reformbewegung von 1968. Das ursprünglich von 70 Wissenschaftlern und Künstlern unterschriebene Manifest wurde in einer Woche von mehr als 40 000 Tschechoslowaken unterzeichnet. Nach zehn Jahren — in einer Situation, in der Millionen von Tschechen und Slowaken seit der militärischen Aggression vom 21. August 1968 ihren freien Willen nicht aussprechen dürfen — halten es wir, Tschechen und Slowaken, Anhänger eines demokratischen Sozialismus, Sozialdemokraten, unabhängige Sozialisten, frühere Reformkommunisten, von denen ein Teil bereits nach der Machtübernahme durch die KPC am 25. Februar 1948 und die Mehrheit nach der gewaltsamen Okkupation am 21. August 1968 die CSSR verlassen hat, für unsere Pflicht, die demokratische Öffentlichkeit in der Bundesrepublik Deutschland und die Weltöffentlichkeit überhaupt an die folgenden Tatsachen zu erinnern:
Zwischen August 1969 und Januar 1978 sind in der Tschechoslowakei rund 6000 Bürger aus politischen Gründen verhaftet und in ihrer überwiegenden Mehrheit auch verurteilt worden. Davon sind mindestens 1300 Bürger zwischen dem 19. und 22. August 1969 wegen der Teilnahme an den Demonstrationen zum ersten Jahrestag des Einmarsches verhaftet worden; etwa 450 von ihnen sind vor Gericht gestellt worden, die übrigen wurden ohne eine Gerichtsverhandlung mehrere Wochen und Monate in Untersuchungshaft gehalten, wo sie Mißhandlungen physischer und psychischer Art erleiden mußten.
Wir möchten in diesem Zusammenhang darauf aufmerksam machen, daß sich unter diesen 6 000 Verhafteten oder Verurteilten — von denen in Anbetracht der durchschnittlichen Dauer des Freiheitsentzugs zur Zeit nur noch eine Minderheit gefangengehalten wird — ein hoher Prozentsatz demokratischer Sozialisten befand und befindet.

Die „Straftaten“ von rund 4700 anderen Verhafteten beruhten ausnahmslos auf der Teilnahme an der gesamtnationalen Bewegung um die Durchsetzung eines demokratischen Sozialismus in den Jahren 1968/69, auf dem Widerstand gegen die militärische Intervention in unserem Land und gegen die Wiedereinführung eines totalitären Systems, das alle Grund-, Bürger- und Menschenrechte liquidierte und das tschechoslowakische Volk zu der vorgetäuschten Billigung eines Regimes und einer Ideologie zwingt, die von der Mehrheit der Bevölkerung abgelehnt werden.
Zehn Jahre nach den bürgerrechtlichen Postulaten des Manifestes „Zweitausend Worte“ und mehr als neun Jahre nach der Einleitung der „Normalisierung“ — das heißt: der Zurückwerfung der tschechoslowakischen Gesellschaft in allen ihren Lebensbereichen vor das Jahr 1960, ja zum Teil vor das Jahr 1956 — präsentiert sich das heutige Regime in der CSSR als das am meisten entspannungsfeindliche System des Ostblocks — sowohl der Welt als auch der eigenen Bevölkerung gegenüber. Diese überschwemmt man geradezu mit Entspannungsphrasen, doch in Wirklichkeit spricht man ihr jegliche Entspannung als Lebensrealität streng ab. Das infolge Immobilität und Anpassungsunfähigkeit stehengebliebene System der CSSR ist wie kein anderes osteuropäisches Regime außerstande zu begreifen, daß die Frage der Grundfreiheiten und der Menschen- und Bürgerrechte mehrere Jahre schon die internationale Politik mitgestaltet. Wir dagegen sind fest davon überzeugt, daß gerade die in unserer Heimat mit Füßen getretenen Menschenrechte zum primären Maßstab der inneren Qualität der Teilnehmerstaaten des KSZE-Systems geworden sind: Je schamloser und hinterlistiger die Menschenrechte in einem Staat mißachtet und verweigert werden, desto mehr bedroht ein solches System nicht nur die Entspannung, sondern den Frieden selbst.
Daran die demokratische Öffentlichkeit in der Bundesrepublik und in aller Welt nachdrücklich zu erinnern, finden wir für angebracht gerade zehn Jahre nach der Veröffentlichung der „Zweitausend Worte“, gerade zehn Jahre nach dem Höhepunkt des „Prager Frühlings“.

Appell von 150 im Exil lebenden Tschechen und Slowaken an die Weltöffentlichkeit, 27. 6. 1978

Imperialistische Kriege IV

DER VIETNAMKRIEG

HörnSemirdochaufmitIhrem Scheiß-Vietnam
kennen wir ja schon alles.
Unterleib verkohlt, das Antlitz angebraten, wissen wir doch alles:
so ein Krieg ist keine Zuckerschleckerei.
Wer sich mit dem Kommunismus einläßt
muß mit allem rechnen!!!
HaunSe lieber ab in Ihr beschißnes Vietnam!
KönnSe Ihren Mannesmut beweisen!
KönnSe Ihre Fresse halten lernen!
Was wir machen müssen, ist Realpolitik.

Dieter Süverkrüp

Alles zum Wohle der Nation

Wir kämpfen, weil wir kämpfen müssen, wenn wir in einer Welt leben wollen, in der jedes Land sein eigenes Schicksal gestalten kann. Und nur in einer solchen Welt wird unsere eigene Freiheit letztlich gesichert sein.
Eine Welt dieser Art wird niemals durch Bomben und Kugeln erstehen. Aber die Unvollkommenheiten des Menschen sind nun einmal derart, daß die Gewalt oft der Vernunft vorausgehen muß — und die Vergeudung des Krieges den Werken des Friedens.
Wir wünschten, daß dies nicht so wäre. Aber wir müssen mit der Welt, wie sie ist, fertig werden, wenn sie jemals so werden soll, wie wir sie uns wünschen. *Präsident Johnsons Rede in Baltimore vom 7. April 1965*

Scott Camil: Artillerie-Einsatz als Unterhaltungsspiel funktionierte so: die Granatwerfer-Schützen suchten sich ein paar Häuser aus in Dörfern, die uns freundlich gesonnen waren. Dann schossen sie, bis sie ein bestimmtes Haus zerstört hatten. Anschließend war die Artillerie an der Reihe. Wer am wenigsten Munition verbraucht hatte, hatte gewonnen. Wenn wir zurückkamen, mußte irgendwer der anderen Partei ein Bier ausgeben. Einmal habe ich erlebt, wie ein Gefangener am Boden aufgespießt wurde. Es waren zwei Gefangene da. Den einen schlitzten sie bei lebendigem Leibe auf. Sie schnitten einen Teil seiner Eingeweide heraus und sagten zu dem anderen, sie würden auch ihn töten, wenn er ihnen nicht sagte, was sie wissen wollten. Ich weiß nicht, was er sagte, weil er vietnamesisch sprach. Aber anschließend brachten sie ihn trotzdem um.
John Birch: Waren das hauptsächlich Zivilisten, oder glauben Sie, daß es wirklich Vietcong waren?
Scott Camil: Wer Waffen hatte, war Vietcong. Wer keine hatte, war Zivilist. So haben wir zwischen Zivilisten und Vietcong unterschieden. Die Toten wurden generell als

Vietcong eingestuft. Man bringt einen um, und jemand fragt: „Woher weißt du, daß das ein Vietcong war?“ Die übliche Antwort darauf ist: „Weil er tot ist.“ Und das genügte.

Das Abschneiden von Köpfen passierte beim Unternehmen „Stone“. Da war auch ein Oberstleutnant dabei. Zwei Gefangenen wurden die Köpfe abgeschnitten, auf Stangen gesteckt und mitten auf dem Feld aufgestellt. Dann wurde uns mitgeteilt, daß die Presse über das Unternehmen berichte, und daß wir solche Sachen nicht mehr machen könnten.

Rusty Sachs: Ich war zu dieser Zeit Leutnant. Im allgemeinen sagten sich die Offiziere, daß es ja immer noch einen Ranghöheren gibt. Und der würde schon einschreiten, wenn irgendwas nicht in Ordnung wäre. Dieses Verhalten breitete sich immer weiter aus, weil nie irgendein ranghöherer Offizier irgend etwas stoppte. Alle nahmen an, daß auf diese Weise alles in Ordnung sei.

Wir wurden nie über die Genfer Konvention unterrichtet. Als wir unsere Karten mit der Genfer Konvention erhielten, bestand die ganze Erläuterung darin, daß wir bei Gefangennahmen nur Namen, Dienstgrad, Nummer und Geburtsdatum angeben müßten. So nach dem Motto: hier habt ihr die Genfer Konvention, und jetzt schnappt sie euch! Man hat uns nie gesagt, wie wir mit Gefangenen umgehen sollten, wenn wir selbst welche machen.

Scott Camil: Ich habe erlebt, wie eine Frau von einem unserer Scharfschützen angeschossen wurde. Als wir zu ihr hinkamen, verlangte sie nach Wasser. Der Leutnant befahl sie zu töten. Er riß ihr die Kleider runter. Sie stachen ihr in beide Brüste. Dann spreizten sie ihr die Beine und schoben einen Schaufelstiel in die Vagina. Sie bat noch immer um Wasser. Dann zogen sie den Stiel wieder raus und nahmen einen Ast. Dann wurde die Frau erschossen.

John Birch: Haben die Männer in Ihrer Einheit geglaubt, daß es in Ordnung sei, etwas Derartiges mit Vietnamesen zu machen?

Scott Camil: Sie wurden nicht als menschliche Wesen betrachtet. Wir waren darauf dressiert worden zu glauben, daß dies alles zum Wohle der Nation, zum Besten unseres Landes geschehe; daß alles, was sie taten, okay war. Wenn man einen erschoß, glaubte man nicht einen Menschen zu erschießen. Das waren eben Gooks, und damit war es in Ordnung.

Winter Soldier

„In diesem Glauben bin ich erzogen worden“

Es geht in Vietnam um mehr als um die Frage, ob ein kleines Land dem Kommunismus anheimfällt. Der Verlust Vietnams wäre ein sehr harter Rückschlag für die Sache der Freiheit und würde die Aufgabe, eine weitere Ausbreitung des militanten asiatischen Kommunismus zu verhindern, erheblich erschweren. Würde diese Expansion nicht gestoppt, so wäre eine Schwächung unserer strategischen Positionen in der Welt und eine direkte Gefährdung unserer nationalen Sicherheit die zwangsläufige Folge.

Verteidigungsminister Robert S. McNamara am 4. August 1965

Ken Campbell: Die Vietnamesen waren Gooks. Wir nannten nicht nur die Vietcong und die Nordvietnamesen Gooks, sondern alle. Sie waren Schlitzaugen, Geschmeiß, Orientalen. Gegenüber uns waren sie minderwertig. Wir waren Amerikaner. Wir waren zivilisierte Leute; und diese Menschen waren uns scheißegal!

Reporter: Haben Sie sich damals schon gefragt, ob da etwas Schlimmes im Gang sei?
Bishop: Die ganze Sache war einfach furchtbar. Wir haben alles falsch gemacht. Nur habe ich erst angefangen, über diese Dinge nachzudenken, als ich wieder zu Hause war. Ich mußte es tun, um mit mir selbst wieder ins reine zu kommen, um den Mut zu finden, darüber zu sprechen.
Reporter: Ich habe hier Soldaten von Greueltaten berichten hören, die sie selbst begangen haben. Doch allein die Tatsache, daß sie hier anwesend sind, beweist, daß sie sich betroffen fühlen.
Was passiert mit einem Mann in Vietnam?
Scott Camil: Lange, bevor man in die Armee kommt, wird einem schon eingebleut, daß Amerika immer recht hat, daß die Regierung immer recht hat. Wir sind die Besten, Gott steht auf unserer Seite. Und Nagasaki und Hiroshima haben gezeigt, daß es okay ist, Zivilisten zu töten, wenn es zum besten der Nation ist. Ich war zweimal in Vietnam, und ich habe geglaubt, es sei im Interesse der Nation. Die Gehirnwäsche war so vollständig, daß ich zum zweiten Mal wieder hinging.
Reporter: Aber hatten Sie keine moralischen Bedenken gegen einige dieser Befehle?
Scott Camil: Ich habe geglaubt, daß alles, was zum Wohle meines Landes ist, in jedem Fall das beste sei. In diesem Glauben bin ich erzogen worden. Winter Soldier

„Niemals würden die USA zivile Ziele bombardieren"

Im März 1966 unternahmen amerikanische Flugzeuge 20 000 Flüge in Südvietnam. Es ist besser, aufs Geratewohl zu bombardieren, als sich ein Ziel entgehen zu lassen.

Mc Conell, Generalstabschef der USA Air Force

Frage: Herr Präsident, Sie haben erklärt, eine Bombardierung von Deichen und Dämmen in Nordvietnam verstoße gegen die amerikanische Politik. Gestern hat das Außenministerium zugegeben, daß gelegentlich und unbeabsichtigt Schäden durch in der Nähe eingeschlagene Bomben entstanden seien. Meine Frage lautet: Ist es das Risiko wert, daß aufgrund einer Bombardierung von Dämmen möglicherweise Überschwemmungen ausgelöst werden oder die Weltmeinung gegen uns aufgebracht wird?
Antwort: Ich glaube, Ihre Frage läßt sich besser beantworten, wenn ich ganz generell die Politik bezüglich der Bombardierung ziviler Einrichtungen erläutere, dann speziell auf Ihre Frage eingehe und so eine allgemeine Antwort gebe.
Einige von Ihnen, die mit mir zusammen in Texas waren, werden sich erinnern, daß diese Frage auf der Connally-Ranch gestellt wurde, daß sie praktisch von einem Befürworter der Bombardierung der Deiche gestellt wurde und daß sie darauf hinauslief, warum wir die Deiche nicht bombardieren. Ich sagte damals, daß es vor der Einstellung der Bombenangriffe im Jahre 1968 nicht die Politik der USA gewesen ist, Deiche zu bombardieren, daß dies jetzt nicht unsere Politik ist und daß es auch nicht in der Zukunft unsere Politik sein würde, weil die Vereinigten Staaten in allen ihren Maßnahmen in Nordvietnam die Politik verfolgen, die Angriffe nur gegen militärische Ziele zu richten.
Dies war die Politik der sechziger Jahre und ist auch jetzt unsere Politik, seit wir die Bombenangriffe wieder aufnehmen mußten, aus Gründen, die ich in meiner Rede vom 8. Mai erwähnt habe.

Wir werden keine zivilen Ziele im Norden bombardieren. Wir machen von der großen Macht keinen Gebrauch, die Nordvietnam an einem Nachmittag auslöschen könnte, und wir werden dies auch in Zukunft nicht tun. Es wäre jedoch der Gipfel der Unmoral, wenn die Vereinigten Staaten Vietnam an diesem Punkt im Stich lassen würden und wenn wir bei unserem Abzug das Schicksal von 17 Millionen Südvietnamesen, die keine kommunistische Regierung wünschen, den Nordvietnamesen überantworten würden.

Präsident Nixon, am 27. 7. 1972

Aber es geht nicht nur darum, die Unabhängigkeit der Völker Südostasiens zu erhalten und seine reichen Hilfsquellen dem Zugriff jener zu entziehen, die der Freiheit feindlich gesonnen sind.
Der Krieg in Vietnam ist der Testfall für eine Aggressionstechnik, die die Kommunisten in ihrem Jargon „nationale Befreiungskriege“ nennen. Sie verstehen hierunter jegliche kommunistische Bemühungen, die bei Vermeidung eines „großen Krieges“ auf die gewaltsame Beseitigung nicht-kommunistischer Regierungen abzielen ...
Sollten wir in Vietnam versagen, hätte dies schwerwiegende Konsequenzen. Unsere Gegner würden dadurch ermutigt, anderswo größere Risiken einzugehen, und das Vertrauen, das unsere Verbündeten und andere freie Länder in unsere Verpflichtungen setzen, würde ernstlich gemindert.

Außenminister Rusk, am 13. August 1965

„Indochina ist einen langen Krieg wert“

Indochina ist einen langen Krieg wert. Im Norden gibt es ausführbares Zinn, Wolfram, Manganerze, Kohle, Holz und Reis. Ferner Gummi, Pfeffer, Tee und Felle. Schon vor dem zweiten Weltkrieg warf Indochina jährlich zirka 300 Millionen Dollar Dividende ab.

New York Times am 12. 2. 1960

Zwei Jahrzehnte nach der Gründung der KP Indochinas durch Ho Tschi Minh proklamierte dieser am 8. September 1941 von China aus die „Vietnamesische Befreiungsfront“ der Vietminh. Sein Parteifreund Vo Nguyen Giap baute die gegen die französische Kolonialmacht gerichteten Guerilla-Verbände auf. Nach dem Zusammenbruch Japans setzten die Vietminh den von den Japanern geduldeten Kaiser Bao Dai am 25. August 1945 ab und riefen in Hanoi die „Republik Vietnam“ aus. Ihr Präsident wurde am 2. September 1945 Ho Tschi Minh. Die am 19. Dezember 1946 durch die Vietminh ausgelösten blutigen Unruhen in Hanoi waren der Beginn des Indochinakrieges.

23. Dezember 1950: Abkommen der Vereinigten Staaten mit Frankreich, Vietnam, Kambodscha und Laos über indirekte Militärhilfe, Präsident Truman schickt 35 US-Berater ins Land.

21. April 1954: Die US-Luftwaffe fliegt ein französisches Bataillon zur Verstärkung der belagerten Garnison Dien Bien Phu nach Vietnam.

7. Mai 1954: Dien Bien Phu fällt am 169. Tag der Belagerung unter den Angriffen der von General Giap geführten Vietminh-Armee.

21. Juli 1954: Die Genfer Indochina-Konferenz endet mit einem Waffenstillstandsabkommen. Danach wird Vietnam am 17. Breitengrad in Nord- und Südvietnam geteilt. Bis zum 20. Juli 1956 sollen in beiden Landesteilen Wahlen mit dem Ziel der Wiedervereinigung stattfinden, eine internationale Waffenstillstandskommission wird zur Überwachung eingesetzt. Die USA und das südvietnamesische Regime unter Ngo Dinh Diem unterschreiben das Abkommen nicht.

24. Oktober 1954: Präsident Eisenhower teilt Ngo Dinh Diem mit, daß die amerikanische Militärhilfe künftig direkt an Südvietnam und nicht mehr über Frankreich geleistet wird; 200 US-Berater kommen bis Ende des Jahres ins Land.

12. Februar 1955: Eine amerikanische Militärhilfe- und Beratergruppe übernimmt die Ausbildung der südvietnamesischen Armee.

30. Dezember 1960: Die „Nationale Befreiungsfront für Südvietnam“ wird von den Vietcong zur politischen Vertretung der Aufständischen erklärt.

23. Mai 1961: Die USA haben 685 Militärberater in Südvietnam; Präsident Kennedy entsendet 100 Spezialisten für den Dschungelkampf.

1. November 1963: Der südvietnamesische Präsident Diem wird bei einem Militärputsch ermordet.

4. August 1964: Der US-Zerstörer Maddox wird angeblich von nordvietnamesischen Torpedobooten im Golf von Tongking beschossen. Am 7. August 1964 verabschiedet der amerikanische Kongreß die Tongking-Resolution, durch die der Präsident ohne formelle Kriegserklärung praktisch unbeschränkte Vollmachten erhält, „alle erforderlichen Maßnahmen“ zu ergreifen, Südostasien vor Angriffen zu schützen“. Dies ist der Beginn des vierjährigen Bombenkriegs gegen Nordvietnam.

15. September 1967: Präsident Johnson bietet in San Antonio die Einstellung der Luftangriffe als Gegenleistung für die Aufnahme von Friedensgesprächen an; 475 000 US-Soldaten stehen in Vietnam.

30. Januar 1968: Der Vietcong beginnt die Tet-Offensive, die Tausende von Menschenleben kostet und in ganz Vietnam, einschließlich Saigon, schwere Schäden anrichtet.

3. April 1968: Hanoi bietet Kontakte über die Möglichkeit von Friedensgesprächen an, die einen Monat später in Paris beginnen.

1. November 1968: Der von Präsident Johnson verkündete Bombenstopp tritt in Kraft, eine Entschärfung der Luftangriffe auf Nordvietnam beginnt.

12. November 1971: Präsident Nixon gibt eine Verringerung der amerikanischen Truppenstärke in Vietnam auf 139 000 Mann bekannt.

28. Januar 1973: Nach dreieinhalbjährigen Geheimverhandlungen zwischen den USA und Nordvietnam tritt der in Paris von Kissinger und Le Duc Tho ausgehandelte Vietnam-Vertrag in Kraft. Die „Vietnamisierung“ des Krieges beginnt.

Seite 154 und 155: ▶

Das ganze Leiden, die Furcht und das Elend der vietnamesischen Bevölkerung zeigen diese Bilddokumente. Fotos: USIS

Seite 156 und 157:

Trotz großer Überlegenheit und trotz modernster Waffen ist der Vietcong militärisch nicht zu besiegen. Amerika verliert den „schmutzigen Krieg“ und sein Gesicht bei den asiatischen Verbündeten.

Seite 158 und 159:

Der tropische Dschungel und die feuchtheißen Sümpfe des Mekong-Deltas bedeuten für die kämpfende Truppe eine schwere Belastung. Fotos: USIS

Ein amerikanischer Soldat trägt ein verwundetes Kind aus einem zerschossenen Haus.

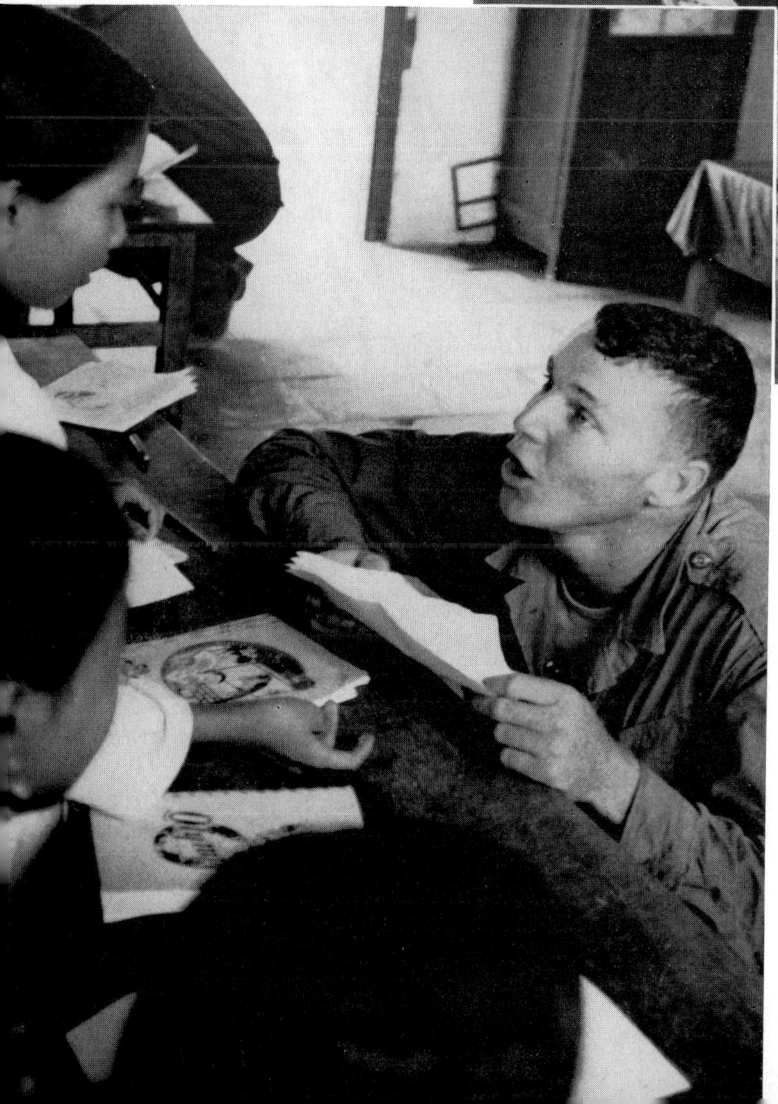

GI'S geben Englischunterricht. Fotos: USIS

Chau-Đao Sai Gon Tọc-Đao Đo-Thanh
TIỂU THÁNH-THẤT HUỲNH-ĐỨC "Bàn-Cờ"

2

8. Oktober 1974: Die provisorische Revolutionsregierung gibt bekannt, daß sie nur nach dem „Sturz Thieus und seiner Bande" mit Saigon weiterverhandeln werde.

28. März 1975: Präsident Thieu überläßt halb Südvietnam kampflos den Kommunisten, die im Januar zu einer Großoffensive angetreten waren.

16. April 1975: Der US-Kongreß verweigert jede weitere Militärhilfe für Südvietnam und Kambodscha; er bewilligt lediglich 200 Millionen Dollar zum Abtransport der Amerikaner aus Saigon.

21. April 1975: Rücktritt Präsident Thieus; Nordvietnamesen und Vietcong stehen vor Saigon.

29. April 1975: US-Präsident Ford gibt den Befehl zur Evakuierung der letzten 1000 US-Bürger aus Saigon und beendet damit endgültig das 25jährige Engagement der Vereinigten Staaten in Indochina.

Süddeutsche Zeitung

Die schmerzliche Wahrheit

Unter den vielen Lehren, die uns Vietnam erteilt hat, hebt sich eine besonders heraus: Amerikanische Macht, wie lang sie auch angewendet sein mag, kann keine Gesellschaft retten, die nicht den politischen Willen hat, sich selbst zu retten. Andererseits kann (und hat sich) unsere Existenz als lebensnotwendig für bedrohte Verbündete bewiesen, wenn sie wußten, wofür sie kämpften und daran auch glaubten. *Chicago Sun Times*

Ich führe nun einige Punkte aus, die ich nach der Lektüre der Pentagon-Papiere begriffen habe.

Es gab niemals einen ersten oder zweiten Indochinakrieg, auch keinen dritten. Es war ein einziger Krieg, der seit einem Vierteljahrhundert andauert. Es war eigentlich von Anfang an ein amerikanischer Krieg: ein Krieg der Vietnamesen — nicht von allen, aber es waren genug, um durchzuhalten — gegen die amerikanische Politik und Finanz, gegen die Bevollmächtigten, die Techniker, die Feuerkraft und schließlich gegen die Truppen und Piloten. Spätestens seit Ende der vierziger Jahre gab es wahrscheinlich kein Jahr, in dem die gewaltsamen politischen Auseinandersetzungen in Vietnam das Stadium eines „Krieges" erreicht hätten, wenn nicht der amerikanische Präsident, der Kongreß und die amerikanischen Staatsbürger ihn mit Geld, Waffen und schließlich mit Soldaten geschürt hätten: zuerst durch die Franzosen, dann durch Marionettenregierungen und zum Schluß durch direktes Eingreifen.

Die gängige Kritik, wir hätten uns in etwas „eingemischt", was in Wirklichkeit ein Bürgerkrieg sei — eine Ansicht, die von manchen meiner früheren Kollegen lange privat gehegt worden war, gewissermaßen als Beweis für ihren heimlichen Realismus — ist genauso ein Mythos wie die frühere offizielle Theorie der „Aggression aus dem Norden". Einen Konflikt, in dem eine Armee gänzlich vom Ausland finanziert und ausgerüstet wird, einen „Bürgerkrieg" zu nennen, verschleiert nur die schmerzlichere Wahrheit: daß dieser Krieg letztendlich eine Aggression von außen ist. Unsere Aggression.

Daniel Ellsberg

◀ *Der Hubschrauber, das wichtigste Fortbewegungsmittel im Vietnamkrieg. Foto: USIS*

Die Position des Herrn Diem ist sehr schwierig. Er ist unpopulär, und je unpopulärer er ist, desto mehr amerikanische Hilfe wird er benötigen, um an der Macht zu bleiben. Und je mehr amerikanische Hilfe er erhält, desto mehr wird er wie eine Marionette der Amerikaner aussehen und desto weniger wahrscheinlich ist es, daß er Unterstützung vom Volk erhält. Pham Van Dong, im November 1962

Vergewaltigungen und Morde gelten nicht als Verbrechen

Drei Monate nach My Lai verübten Soldaten der 11. Infanteriebrigade der American Division in der Nähe des Divisionshauptquartiers in Chu Lai eine weitere Gruppenvergewaltigung. In diesen von den Militärbehörden als „schwerwiegend" gewerteten Vorfall waren zwei Offiziere und mindestens vier gemeine Soldaten verwickelt. Die zahlreichen Aussagen in verschiedenen Militärgerichtsprozessen — wie üblich wurde gegen jeden Angeklagten einzeln verhandelt — ergaben unwidersprochen folgenden Tatbestand: Angehörige des ersten Zuges der B-Kompanie hatten während einer Operation im Dragon Valley am Nachmittag des 2. Juni 1968 einige männliche und zwei weibliche „Orientalen" gefangengenommen. Die beiden Mädchen wurden verdächtigt, Vietcong oder NVA-Krankenschwestern zu sein. Die jüngere hieß Yen; sie war vierzehn Jahre alt.

Der befehlshabende Offizier der B-Kompanie, Hauptmann Leonard Goldman, erfuhr vom Bataillonshauptquartier über Sprechfunk, daß kein Hubschrauber verfügbar war, um die Gefangenen zu einer Ermittlungseinheit zu transportieren. Daraufhin gab er einem Feldwebel den Befehl, die Gefangenen über Nacht in sicheren Gewahrsam zu nehmen. „Die Geschehnisse, die sich in dieser Nacht ereigneten, stehen außer Frage", heißt es in der gestelzten Sprache der verschiedenen Schriftsätze Goldmans:

„... es genügt, festzustellen, daß die beiden weiblichen Gefangenen Opfer mehrfacher Vergewaltigung, widernatürlicher Unzucht und anderen Mißhandlungen seitens verschiedener Soldaten des ersten Zuges der B-Kompanie waren. Am Morgen des 3. Juni 1968 wurden die Gefangenen, darunter auch die beiden Orientalinnen, zum Landeplatz gebracht, wo eine der beiden Krankenschwestern (Yen) von einem Soldaten aus der Einheit des Berufungsangeklagten ermordet wurde. Leutnant D., der seinerzeitige befehlshabende Offizier der Kompanie (der Angeklagte befand sich auf Urlaub), befahl einem gefangenen Angehörigen der Vietcong, die Krankenschwester zu erschießen, und übergab ihm zu diesem Zweck ein geladenes Gewehr M-16. Der Vietcong-Angehörige schoß der Krankenschwester in das Genick, worauf Leutnant D. noch zwei weitere Schüsse auf ihren Kopf abgab. Der Angeklagte war bei der Tötung nicht anwesend, und als er von dem Vorfall unterrichtet wurde, erklärte man ihm: ‚Irgendein Schlitzauge griff sich ein Gewehr und erschoß eine der Krankenschwestern'."

Yens Leiche wurde zwei Tage später anläßlich einer Inspektion gefunden. Die ältere Krankenschwester, drei Tage lang in einer Hütte gefangengehalten, wurde freigelassen. Im Verfahren gegen Goldman bekundete ein Zeuge, der Angeklagte habe zu seinem Feldwebel gesagt: „Wenn sie einer Befragung unterzogen wird und erzählt, was hier draußen passiert ist, baumeln wir alle."

Keiner baumelte dafür. Hauptmann Goldman, angeklagt wegen unterlassener Meldung der Vergewaltigung und Ermordung des Mädchens, erhielt eine Geldstrafe von 1200 Dollar wegen „Versäumnisses angemessener Vorkehrungen zum Schutz weiblicher Orientalen" und durfte seinen Abschied aus der Armee nehmen.

Leutnant William H. DeWitt, in den Protokollen nur als „Leutnant D." bezeichnet, wurde für geistig unzurechnungsfähig erklärt, aus der Armee entlassen und per Schiff in die Vereinigten Staaten zurückbefördert. Die Soldaten Marlyn D. Guthmiller und William C. Ficke jr., der eine wegen Vergewaltigung, der andere wegen widernatürlicher Unzucht angeklagt, wurden jeder zu einem Jahr Freiheitsstrafe verurteilt, eine Strafe, die in der Berufung auf sechs Monate reduziert wurde. Ein fünfter Soldat wurde freigesprochen, einem sechsten, der als Kronzeuge der Anklage auftrat, wurde Straffreiheit gewährt.

Gewöhnlich kam es gar nicht zu Militärgerichtsverhandlungen, Verurteilungen und Gewährung von Strafmilderungen. Vergewaltigung war nach den Worten eines Vietnam-Veterans „pretty SOP" (standard operating procedure = „übliche Verfahrensweise"), und US-Soldaten, die den Mut oder die moralische Einstellung besaßen, auch gegen ihre Kameraden vorzugehen und Meldung zu erstatten, waren höchst selten.

Susan Brownmiller

„Ich fing an, mich zu ändern"

Scott Camil: Als ich aus Vietnam zurückkam, hatten wir ein paar Rekruten in unserer Einheit, und die dachten ganz anders als wir. Ich unterhielt mich mit ihnen, weil ich eben gern mit Leuten rede. Und die erzählten mir, warum sie den Krieg für falsch hielten, warum wir nicht in Vietnam sein sollten, und warum es richtig sei, sich vor der Einberufung zu drücken. Ich habe darüber nachgedacht. Aber ich habe das damals auch für falsch gehalten. Und dann ging ich aufs College. Ich belegte Geschichte, weil ich das für mein Jura-Studium brauchte. Ich mußte eine Menge politische Wissenschaften und Geschichte hören. Und dabei fing ich an, vieles zu durchschauen. Und ich konnte nicht mehr an die Dinge glauben, wie sie im Buch standen. Zum Beispiel über die Genfer Konvention. Ich nahm ihnen den Schmus nicht mehr ab, daß wir den Vietnamesen keine freien Wahlen erlauben könnten, weil dann die Kommunisten ans Ruder kommen würden. Und daß wir das natürlich nicht zulassen könnten.

Ich fing an, mich zu ändern. Ich begann, über meine Erfahrungen nachzudenken und sie in Beziehung zu dem zu setzen, was ich lernte. Ich fing an, mir Gedanken darüber zu machen, was wir wirklich in Vietnam anstellen. Wir tun den Leuten dort keinen Gefallen. Alles, was wir dort machen, dient einzig und allein unserem wirtschaftlichen Profit und unserer politischen Macht. Im Gleichgewicht der Kräfte gibt uns der Besitz von Vietnam eben ein bißchen mehr Macht, weil es so dicht bei China liegt. Die Leute dort sind uns völlig egal. Wenn sich das Ganze irgendwo anders abspielen würde, wie zum Beispiel in der Tschechoslowakei, würden wir uns überhaupt nicht einmischen.

Frage: Alle Ihre Erfahrungen konzentrierten sich also plötzlich auf diesen Punkt?

Scott Camil: Richtig. Und ich begriff, daß ich vorher Unrecht gehabt habe, daß man Leute als menschliche Wesen betrachten muß und sie nicht trennen kann nach schwarz, weiß oder rot oder nach ihrer Weltanschauung. Wenn ich früher über die Vietnamesen sprach, habe ich dabei gelacht. Weil ich nicht wollte, daß man mich für unmännlich hielt. Mit dieser Einstellung bin ich auch groß geworden. Als Mann muß man hart sein und darf keine Gefühle haben und solches Zeug.

Wenn ich darüber nachdenke, regt es mich innerlich sehr auf. Aber ich kann es nicht ändern. Warum sollte ich mir also den Kopf zerbrechen? Ich habe aufgehört, darüber nachzudenken.

Winter Soldier

Bewein ich den Tod

Was weißt Du schon Liebste
Von der sengenden Hitze des Mittags
Auf den Straßen der Stadt
Im Dickicht der Berge
Im kniehohen Wasser des Reisfelds
Was weißt Du schon Liebste
Von mir
Wenn ich weinend mich festklammre
Um aufrecht zu bleiben
Geschlagen von Schwäche
Entstellten Gesichtes
Allein

Was weißt Du schon Liebste
Von der gläsernen Stille des Mittags
Auf den Straßen der Stadt
Umschwebt vom Gesange der Frauen
Das war unsre Heimat
Zerrissen die Melodien
Asche die Städte Ruinen der Zukunft Nacht ohne Morgen
Da noch weinen wozu

Da noch weinen wozu
Beschämend und unnütz
Wie Gedichte machen wie Liebe
Wie der Krieg wie die Slogans
Auf
Nieder
Vorwärts
Zurück
Beschämend und unnütz
Ein blödes Gewimmer
Aufs tiefste beschämend
Vollkommen unnütz
Wie viele Jahre schon
Wie viele Jahre schon bis zum heutigen Tag

Was weißt du schon Liebste
Zu Ende die Regenzeit ohne Bedauern
Der Sommer ist da
Aufrecht betrachte ich mein Gesicht
Das der Spiegel zurückwirft
Wozu da noch wimmern

Wozu da noch wimmern
Was weißt Du Geliebte was weißt Du
Jeden Tag jede Nacht jeden Augenblick
Kontinente und Meere Wüsten und Urwälder
Gibt es auf dieser Erde
Dieser geliebten heimischen Erde (nicht wahr?)
Die leben gibt es die sterben
Sanftes Verlöschen gewaltsamen Tod
Was weißt Du schon Liebste was weißt Du
Bewein ich den Tod bewein ich das Leben
Die unaussprechliche Schönheit der Landschaft
Den idiotischen Selbstmord
Die Mörder namenlos wie die Opfer
Singen das gleiche Lied
Unter dem freien Himmel
Während die Dämmerung niedersinkt
Auf die verwüstete Landschaft

Worte Worte allein
Ändern nichts am Lauf dieser Welt

Do Quy Toan

Unaufhörlich „hört der Krieg auf"

Im Oktober schrieb ich zusammen mit fünf Rand-Kollegen unsere erste öffentliche Kritik an der Vietnam-Politik: einen Brief an die New York Times, in dem der einseitige Rückzug der USA innerhalb eines Jahres gefordert wurde. Zugleich unternahm ich — ohne daß irgend jemand bei Rand etwas davon wußte — persönliche Schritte, die Informationen der Pentagon-Papiere an die Öffentlichkeit zu bringen; ich begann beim Senate Foreign Relations Committee.

Wie sich herausstellte, dauerte es zwanzig Monate, bevor die Informationen die Öffentlichkeit und den Rest des Kongresses schließlich erreichten (bzw. die Exekutive, die bis dahin gänzlich versäumt hatte, ihre eigenen Kopien der McNamara-Studie hervorzuholen und zu studieren). Mittlerweile hatten, wie befürchtet, zwei weitere Invasionen stattgefunden; eine weitere Million Tonnen Bomben war abgeworfen worden; fast zehntausend weitere Amerikaner waren gefallen und Hunderttausende von Indochinesen. Es war schmerzhaft klargeworden, daß ein großer Teil des Kongresses ebenfalls zum Problem gehörte. Ich informierte also auch die unabhängige Öffentlichkeit durch die „vierte Gewalt", die Presse.

Jetzt ist fast ein ganzes Jahr vergangen, und der Krieg geht weiter: unaufhörlich „hört er auf", während das Bombardement andauert (in Dimensionen, die wir vom Zweiten Weltkrieg kennen) und täglich heftige Überfälle auf Nordvietnam unternommen werden. Die gesamte Menge der Bomben, die über Indochina abgeworfen worden sind, ist jetzt dreimal so hoch wie die vom ganzen Zweiten Weltkrieg. In vier Jahren warfen die USA unter Lyndon Johnson mehr Bomben (drei Millionen Tonnen) ab als im Zweiten Weltkrieg und in Korea zusammen; in weniger als drei Jahren hat Präsident

Nixon — während er „den Krieg drosselte“ — mehr Bomben werfen lassen als Johnson; mehr als irgendein anderes Staatsoberhaupt in der Geschichte.
„Ich habe gerade John McAlisters Buch gelesen“, erzählte mir Cyrus Vance Anfang 1971, als wir uns zu einem privaten „Hintergrundgespräch“ mit Henry Kissinger zu einem Treffen in Cambridge begaben. „Hätten wir das bloß Mitte der sechziger Jahre gehabt!“ Ich verstand, was er meinte. Auch ich glaube, daß ein solches Buch manches für uns geändert hätte — in bezug auf unsere Handlungen und auf die Gefühle, die wir dabei empfanden. Doch jetzt gab es ein solches Buch. Und es war zum Beispiel für Henry Kissinger zugänglich (neben dem Exemplar der McNamara-Studie des Weißen Hauses, die zu prüfen oder von einem Untergebenen durchforsten zu lassen ich ihn im September 1970 ohne Erfolg gebeten hatte. „Kann man wirklich soviel daraus lernen?“ fragte er. „Schließlich treffen wir doch unsere Entscheidungen heute ganz anders.“). An diesem Abend erzählte uns Kissinger: „Wir beenden den Krieg ... der Krieg geht seinem Ende zu, und ich kann Ihnen versichern, dieße Tendenz setzt sich durch.“ — Am darauffolgenden Morgen nahmen wir die Bombardierung von Laos zur Kenntnis, die die Invasion vorbereitete.
Werden die Pentagon-Papiere in den Händen der Öffentlichkeit schließlich mehr bewirken? Oder ist das Volk vielleicht auch ein Teil des Problems? Haben uns unsere Passivität, Angst, Gewohnheit zu einem Rädchen des Mechanismus gemacht, so daß wir alle für den Rest der Welt zum Problem geworden sind?

Daniel Ellsberg

Kriegsveteranen im Krieg gegen ihre Regierung

Ohne die riesigen Protestdemonstrationen und den entschiedenen Widerstand einiger weniger wäre das Ausmaß und die Intensität des amerikanischen Krieges noch schrecklicher gewesen als das, was wir in den letzten drei Jahren erlebten, wäre die Öffentlichkeit, wenn auch nicht enthusiastisch, weiterhin in einer Haltung geblieben, die Hans Morgenthau „unsere konformistische Dienstbarkeit gegenüber der Staatsmacht“ genannt hat.

Noam Chomsky

Da sind ein paar nervös gewordene alte Jungfern und andere, die anfangen schlappzumachen und zu kneifen bei dem Druck, Leute, die gegen ihre eigenen Führer rebellisch werden und die ihrem eigenen Land und den kämpfenden Soldaten an der Front in den Rücken fallen.

Präsident Johnson

Die disziplinierten Demonstrationen der Veteranen gewannen die Sympathie der Bevölkerung. Die Veteranen gewannen zudem einen psychologischen Sieg gegen die Nixon-Regierung, die die Proteste zu ignorieren versuchte. Unter dem Eindruck der breiten Sympathie wagte es die Regierung nicht, eine Entscheidung des Bundesgerichts, das den Veteranen verbot, im Park vor dem Capitol zu übernachten, polizeilich durchzusetzen. Zu bewegenden Szenen kam es, als 100 Veteranen zum Bundesgericht marschierten und forderten, daß das höchste Gericht in den USA endlich über die Verfassungswidrigkeit des Vietnamkrieges entscheiden sollte. (Der Vietnamkrieg ist nach amerikanischem Recht verfassungswidrig, weil die Tonking-Resolution, die die Intervention ursprünglich legalisierte, inzwischen vom Senat zurückgezogen wurde.) Als die Veteranen die Eingänge zum Bundesgericht blockierten, weigerten sich Polizisten, Schwerkriegsverletzte festzunehmen.

Am Freitag warfen die Veteranen die Orden, die sie in Vietnam „für Tapferkeit“ erhalten hatten, auf die Stufen des Capitols. Höchste Orden („Purple Heart“), die mit einer jährlichen finanziellen Unterstützung verbunden sind, wurden verächtlich abgegeben, weil diese Orden, wie die Veteranen befreit ausriefen, „die Integrität unseres zukünftigen Lebens verneinen“.
Am Freitagabend besuchten mehrere hundert aktive Soldaten, die an den Demonstrationen nicht teilnehmen konnten, als symbolischen Protest einen Gedenkgottesdienst für alle getöteten Menschen in Vietnam.
Die Vietnam-Veteranen hatten entscheidenden Einfluß auf die seit den 30er Jahren erstmalige Teilnahme von breiten Bevölkerungsschichten an gewaltlosen anti-militaristischen und anti-imperialistischen Demonstrationen. Die Unterstützung durch die Gewerkschaften kann nicht genügend betont werden und ist ein wichtiges Moment im Hinblick auf eine sozialistische Rekonstruktion der amerikanischen Gesellschaft. Ein Arbeiter bemerkte nach dem Friedensmarsch am 24. April, daß „jeder Veteran mehr wert war als hundert andere Demonstranten“. Die Kritik der Veteranen war für viele Amerikaner ein aktiver Wendepunkt, weil diejenigen, die in Vietnam kämpften, „es ja wissen müssen“.
Die Vietnam-Veteranen ließen die Erfahrung von barbarischer Gewalt zum Ausgangspunkt einer Kritik der Gewalt werden. Sie tragen damit zur Verhinderung einer drohenden Faschisierung der Innenpolitik bei und lassen die Friedensbewegung für viele Menschen als vernünftige Alternative erscheinen. So hat die Politik der Gewalt erst eine Politik der Gewaltlosigkeit möglich gemacht.
Nach den Demonstrationen der Veteranen erklärten die einflußreichen Senatoren Mansfield, Fraktionsvorsitzender der Demokraten, und Fulbright, Vorsitzender des Außenpolitischen Ausschusses, daß sie einen Abzug aus Vietnam gegen Ende des Jahres befürworten. Inzwischen sind in den Staaten Massachuetts und Minnesota Anti-Kriegsgesetze verabschiedet worden, die die Musterung von Wehrpflichtigen für Vietnam verbieten. Diese Gesetze und der Stimmungswandel im Senat sind an sich bedeutungslos, denn die Nixon-Regierung wird sie ignorieren müssen, um die Interessen des amerikanischen Imperialismus zu verteidigen. Dadurch wird aber die Nixon-Regierung in die Verfassungswidrigkeit gedrängt. Meinungsumfragen zufolge hegen 73 % der Bevölkerung ein tiefes Mißtrauen gegen die Militärpolitik. Die Vietnam-Veteranen haben dieses Mißtrauen beispielhaft formuliert und dadurch neue soziale Gruppen mobilisiert. Sie tragen dazu bei, die Bedingungen für einen massenhaften zivilen Ungehorsam zu schaffen, der direkt ins Herz des US-Imperialismus trifft. Manfred Stinnes

Die Wirkung der Giftgase

> *Nunmehr bin ich überzeugt, daß Napalm eine gute Waffe ist, um Menschenleben zu retten. Es ist eine strategische Waffe und für die Verfolgung der Taktik, die wir eingeschlagen haben, erforderlich, wenn man übermäßig hohe Verluste amerikanischen Lebens verhindern will.*
>
> *Der Präsident der Herstellerfirma von Dioxin, 1968*

Dioxin — das ist die Chemikalie, die bei der Katastrophe im oberitalienischen Seveso die Umgebung verseuchte. Das Gift war aus dem Reaktor einer der Givaudan/Hoffroche gehörenden Fabrik ausgetreten. Dasselbe Dioxin war auch in Entlaubungsmitteln enthalten, die in den sechziger Jahren von amerikanischen Soldaten in Vietnam eingesetzt worden waren, um dem Feind die Deckung des Dschungels zu nehmen. Der Leiter eines Spitals in Hanoi hat nun in London über Spätfolgen berichtet.

Von 1962 an versprühten amerikanische Flugzeuge insgesamt 66 Millionen Liter hochgiftiger Entlaubungsmittel über Vietnam, um nordvietnamesische Soldaten und Vietcong-Einheiten ihrer natürlichen Deckung im Dschungel zu berauben. Noch heute sind ausgedehnte vietnamesische Urwaldgebiete totale Baumwüsten. Die gigantische Umweltkatastrophe ist aber auch an den Menschen nicht spurlos vorübergegangen: Amerikanische Kriegsveteranen und Vietnamer klagen über viele Krankheiten, die sie dem Kontakt mit den teuflischen Chemikalien zuschreiben. Die schlimmsten Spätfolgen der Gifte sind Geburtenmißbildungen und Leberkrebs. Bei einem Besuch in London berichtete kürzlich Professor Ton Than Tung, der Direktor des Viet-Duc-Hospitals in Hanoi, von zahlreichen Krankheitsfällen durch die Entlaubungsmittel.

Nach Tungs Angaben gibt es zwar noch keine exakten wissenschaftlichen Beweise dafür, daß die Entlaubungsmittel die Ursache der spontanen Fehlgeburten, Mißbildungen und Krebserkrankungen sind. Vietnam habe gegenwärtig andere Sorgen, als aufwendige medizinische Versuchsreihen zu machen, sagte der Professor. Für vietnamesische Ärzte gebe es aber kaum Zweifel, daß die amerikanischen Chemikalien für die sich häufenden Fälle von Leberkrebs verantwortlich seien. Auch die Teilnehmer einer wissenschaftlichen Tagung seien 1970 in Hanoi zu dem Schluß gekommen, daß die Entlaubungsmittel Menschen noch nach Jahrzehnten töten könnten.

Dafür spricht, daß auch Amerikaner lange nach ihrer Rückkehr in die Vereinigten Staaten von eigenartigen Hautausschlägen heimgesucht wurden, an sexueller Triebschwäche und Taubheitsgefühl in Fingern und Zehen litten sowie an Leberkrebs erkrankten. Eine noch nicht statistisch erfaßte Zahl von Vietnamheimkehrern hat außerdem mißgebildete Kinder gezeugt.

Tagesanzeiger Zürich, 9. 6. 1978

„Die Amerikaner haben allen Grund, stolz zu sein“

Die Ausweitung und Verschärfung des Vietnamkrieges hat in den vergangenen zwei Jahren in den USA rund eine Million neuer Arbeitsplätze geschaffen. Von den seit 1965 entstandenen vier Millionen neuen Arbeitsplätzen in der amerikanischen Wirtschaft entfallen 23 Prozent auf den militärischen Bereich.

Unser Treffen hier ist von den Nachwehen der Vietnam-Tragödie überschattet. Es werden noch Jahre vergehen, ehe eine leidenschaftslose Analyse dieses Konflikts möglich sein wird, auf den wir uns vor 15 Jahren so nichtsahnend einließen, der unser Land tiefer gespalten hat als irgendein anderes Geschehen seit unserem Bürgerkrieg und der ein so plötzliches und schmerzliches Ende fand.

Lassen Sie mich mit einer grundlegenden Erklärung beginnen: Die Tatsache, daß wir bei einer unserer Initiativen einen Fehlschlag erlitten haben, bedeutet nicht, daß alle übrigen auch hinfällig werden. Wenn wir uns jetzt nach Vietnam der Verantwortung so unkritisch entziehen, wie wir vor einem Jahrzehnt in das Engagement hineinge-

Ein gefangener Vietcong-Soldat wird abgeführt. Foto: USIS ▶

Seite 170 und 171:
Vietnam: Verwundet an Kopf und Knie versucht ein farbiger Marinesoldat seinem Kameraden zu helfen. Foto: Larry Burrows (Life)

Kennst du das Land, wo die Kanonen blühn?
Du kennst es nicht? Du wirst es kennenlernen!
Dort stehn die Prokuristen stolz und kühn
in den Büros, als wären es Kasernen.

Wenn dort ein Vorgesetzter etwas will
- und es ist sein Beruf, etwas zu wollen -,
steht der Verstand erst stramm und zweitens still.
Die Augen rechts! Und mit dem Rückgrat rollen!

Kennst Du das Land? Es könnte glücklich sein.
Es könnte glücklich sein und glücklich machen!
Dort gibt es Äcker, Kohle, Stahl und Stein
und Fleiß und Kraft und andere schöne Sachen

Erich Kästner

schlittert sind, dann werden wir uns bestimmt bald in einer Zeit des Chaos und der Gefahren sehen, die alle früheren Erfahrungen in den Schatten stellt. Weltweiter Friede und die Sicherheit Amerikas, weltweiter Fortschritt und der Wohlstand Amerikas hängen entscheidend davon ab, wie wir in den vor uns liegenden Monaten und Jahren handeln.

Die Amerikaner haben jeden Grund, auf das stolz zu sein, was ihr Land in der Außenpolitik geleistet hat. In den seit dem Zweiten Weltkrieg vergangenen 30 Jahren haben die Vereinigten Staaten mehr zur Erhaltung des Friedens und zur Förderung des Fortschritts getan als jede andere Nation der Welt. Der Wiederaufbau Westeuropas und Japans, die Schaffung und ständige Auffrischung unserer Friedensallianzen, die Gestaltung des weltweiten Handels- und Währungssystems und sein Gedeihen, die wirtschaftliche Förderung der jüngeren und ärmeren Völker, die Maßnahmen zur Kontrolle des nuklearen Wettrüstens, die Entwicklung eines neuen Programms der weltweiten Kooperation — all dies sind bleibende Errungenschaften, die unter der Führung Amerikas geschaffen wurden.

Wir haben diese Anstrengungen nicht als caritative Tätigkeit aufgefaßt, sondern haben sie im aufgeklärten Eigeninteresse unternommen. Eine Generation lang hatten wir begriffen, daß der Weltfrieden nicht ohne unser Land erhalten werden kann. Eine Generation lang ist es deutlich gewesen, daß der Wohlstand Amerikas untrennbar mit einer blühenden Weltwirtschaft verknüpft ist und von dieser abhängt. Unsere internationalen Anstrengungen haben vielen Amerikanern das Leben beziehungsweise den Arbeitsplatz erhalten.

Henry A. Kissinger am 12. 5. 1975

„... und werden sich auch in Zukunft der neuen Menschheit verpflichtet fühlen"

Die Amerikaner haben nun die Erfahrung hinter sich, nicht nur ihren ersten Krieg verloren zu haben, sondern auch gezwungen gewesen zu sein, sich ihren Weg aus Saigon gegen die gleichen südvietnamesischen Verbündeten freizuschießen, deretwegen sie in den Krieg gezogen waren. Wir sind verwundet und erniedrigt. Aber wir sind vielleicht etwas klüger geworden, und wenn dies so ist, dann wurde mehr gewonnen als verloren.

Baltimore Evening Sun

So stehen wir also vor ungeheuren Aufgaben. Es ist an der Zeit, mit den selbstquälerischen Diskussionen aufzuhören und an die Arbeit zu gehen. Als Amerikaner haben wir immer schon geglaubt, daß sich unsere Bestimmung nicht im Streben nach materiellem und physischem Wohlbefinden erschöpft. Um uns selbst treu zu bleiben, haben wir uns immer vor Augen gehalten, was wir anderen bedeuten, und zwar nicht nur in technischer, sondern auch in moralischer Hinsicht. Der Grundgedanke unserer Revolution war die Verteidigung universaler Wahrheiten und der Menschenrechte. Während der Jahrzehnte, in denen wir in internationale Angelegenheiten verstrickt waren, haben wir uns aufgerichtet an der Überzeugung, daß unsere Zielsetzung — wirtschaftlicher und sozialer Fortschritt und politische Freiheit — den Zielen aller Völker entspricht; wir wurden bei unseren eigenen Leistungen noch angespornt durch das Bild des Fortschritts, das wir allen boten. Diese Überzeugung muß uns auch weiterhin inspirieren.

Wir können nicht Werte aufgeben, die untrennbar mit Amerika verbunden sind. Auch wenn unsere Position nicht länger dominierend ist, so können wir uns doch einer Führungsrolle nicht entziehen.
Wir wissen, daß zu viel von diesem Land abhängt, um uns den Luxus eines Rückzugs leisten zu können. Wenn die Vereinigten Staaten auf die Herausforderung, eine friedliche und wachsende neue Welt aufzubauen, mit Ideenreichtum und Ausdauer reagieren, wenn wir der Welt klarmachen, daß wir wissen, wohin dieser Weg führt, und daß wir den Weg einhalten, dann liegt vor uns eine neue Ära bedeutender Errungenschaften für die gesamte Menschheit. Hierin liegt unsere tiefste Verpflichtung und unser bedeutendster Einsatz.

Henry A. Kissinger am 12. 5. 1975

Abschreckung oder Entspannung?

Der Rüstungswettlauf

Es ist ein Kuriosum, daß Sicherheit und militärische Stärke über Jahrhunderte als Synonyme verwendet wurden und weiterhin verwendet werden. Ein „Mehr“ an Rüstung, so wird gemeinhin angenommen, bedeute ein „Mehr“ an Sicherheit. (Wobei Sicherheit als das Vermögen verstanden wird, dem Gegner große Verluste beizubringen, um ihn so von einem Angriff abzuschrecken.) Daß sich eine solche Auffassung, die in der Annahme eines aggressiven Kommunismus gründet, in Militärdoktrin und Rüstungsaufträgen niederschlägt, ist die logische Folge. Auch hier ist der Grundstein für den Rüstungswettlauf und die Unmöglichkeit seiner Kontrolle gelegt. Diese Denkweise führte dahin, daß es ausreicht, eine neue Waffe dadurch zu rechtfertigen, daß man darauf hinweist, die Sowjets bauten oder könnten auch eine bauen. Die Frage, ob die Sowjetunion eine militärische Intervention in Mitteleuropa jemals ernsthaft beabsichtigt hat oder gegenwärtig beabsichtigt, ist dabei unerheblich geworden.
So hat sich ein Denken entwickelt, das nicht an der Realität, sondern an Möglichkeiten haben muß. Eine solche Politik hat selbstverständlich Auswirkungen auf die Gegenseite. Doch ist damit keine Dynamik von Aktion und Reaktion in Gang gesetzt, wie McNamara es meinte, vielmehr hat sich eine Eigendynamik der Rüstungspolitik durchgesetzt.

Günther Gugel

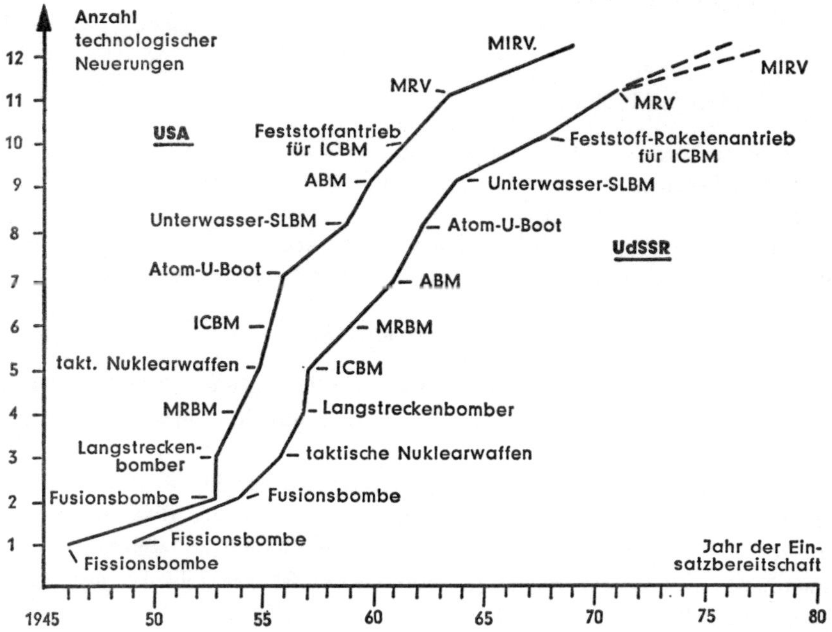

Zeitliche Abfolge der wichtigsten technischen Neuerungen in der Nuklearrüstung auf seiten der USA und der UdSSR. Graphik nach „osteuropa“ Heft 2/Februar 1973, Seite 100 (II b).

Wirtschaftsbericht bei der Nirgendwer AG im Nirgendwoland

Meine Herren, ohne Zweifel
hat die Industrie
ein vitales Interesse
daran, daß sich die
Arbeitslosigkeit in Grenzen
hält.

Demzufolge, meine Herren,
hat die Industrie
ein vitales Interesse
daran, daß sich die
Waffen, die sie produziert,
von Zeit zu Zeit verschleißen.

Drittens aber, meine Herren,
muß die Industrie,
um im harten Konkurrenzkampf
zu bestehen, die
Waffen immer besser machen,
und dazu braucht sie:
einen kleinen Kriegsschauplatz, wo man
den ganzen Kram
in Ruhe
ausprobieren kann.

Dieter Süverkrüp

Vertrauensbildende Maßnahmen?

Die Teilnehmerstaaten, *in dem Wunsche,* die Ursachen von Spannungen, die zwischen ihnen bestehen können, zu beseitigen und somit zur Festigung des Friedens und der Sicherheit in der Welt beizutragen;
entschlossen, das Vertrauen zwischen ihnen zu stärken und somit zur Erhöhung der Stabilität und Sicherheit in Europa beizutragen; *haben folgendes angenommen:*

Vorherige Ankündigung von größeren militärischen Manövern

Sie werden ihre größeren militärischen Manöver allen anderen Teilnehmerstaaten auf üblichem diplomatischem Wege in Übereinstimmung mit den folgenden Bestimmungen ankündigen:
Ankündigungen werden gegeben von größeren militärischen Manövern von Landstreitkräften in einer Gesamtstärke von mehr als 25 000, an denen diese selbständig oder kombiniert mit etwaigen Teilen von Luft- oder Seestreitkräften teilnehmen (in diesem Zusammenhang schließt der Begriff „Landstreitkräfte“ amphibische und Luftlandekräfte ein). Im Falle selbständiger Manöver von amphibischen oder Luftlandekräften oder kombinierter Manöver, in die sie einbezogen sind, werden diese Kräfte in diese

Gesamtstärke eingeschlossen. Des weiteren können, im Falle kombinierter Manöver, bei welchen die oben angegebene Gesamtstärke nicht erreicht wird, in die jedoch Landstreitkräfte zusammen mit einer bedeutenden Zahl entweder amphibischer oder Luftlandekräfte, oder beider, einbezogen sind, diese Manöver ebenfalls angekündigt werden.

Austausch von Beobachtern

Die Teilnehmerstaaten werden, freiwillig und auf bilateraler Grundlage, im Geiste der Gegenseitigkeit und des guten Willens allen Teilnehmerstaaten gegenüber, andere Teilnehmerstaaten einladen, Beobachter zur Teilnahme an militärschen Manövern zu entsenden. Der einladende Staat wird in jedem einzelnen Fall die Anzahl der Beobachter, die Verfahren und Bedingungen ihrer Teilnahme bestimmen und sonstige Informationen geben, die er für nützlich halten mag. Er wird angemessene Vorsorge treffen und Gastfreundschaft gewähren.
Die Einladung wird auf üblichem diplomatischem Wege soweit im voraus ergehen, wie dies passend und möglich ist.

Fragen im Zusammenhang mit der Abrüstung

Die Teilnehmerstaaten anerkennen ihrer aller Interesse an Bemühungen zur Verminderung der militärischen Konfrontation und zur Förderung der Abrüstung, die darauf gerichtet sind, die politische Entspannung in Europa zu ergänzen und ihre Sicherheit zu stärken. Sie sind von der Notwendigkeit überzeugt, auf diesen Gebieten wirksame Maßnahmen zu ergreifen, die durch ihren Umfang und ihre Natur Schritte darstellen, um schließlich eine allgemeine und vollständige Abrüstung unter strenger und wirksamer internationaler Kontrolle zu erreichen und die zur Festigung des Friedens und der Sicherheit in der ganzen Welt führen sollen.

Aus der Schlußakte der Konferenz von Helsinki (KSZE)

Friedliches Nebeneinander der Systeme?

Ich halte die Wiedervereinigung Deutschlands für gut, weil dadurch viele landwirtschaftlich schöne Gegenden und kulturell wichtige Gebäude oder Plätze, die heute in der DDR liegen, wieder zu Deutschland gehören würden. Durch einen Krieg ist das natürlich möglich, aber ganz würde die DDR sicher nie wieder zu Deutschland gehören. Die Voraussetzung ist, daß die Nato überhaupt dem Warschauer Pakt überlegen wäre. Ich würde dafür eintreten.

Realschüler Heinz B., 14 Jahre

Natürlich hat auch Entspannungspolitik Risiken. Solche Risiken bestehen einmal darin, daß die eine Seite versucht, mehr Vorteile herauszuholen als die andere, wenn man es von der praktischen Außen- und Vertragspolitik her betrachtet, zum anderen bestehen sie darin, daß eine Seite tatsächlich eine auf Sicht überlegene Ordnung errichtet, die das zurückgebliebene gesellschaftliche System in ihren Sog zieht. Aber diese Risiken sind gleichmäßig verteilt. Ebenso wie die Chancen, sich in einem solchen friedlichen

Wettbewerb durchzusetzen. Wer in der Bundesrepublik sagt, wir könnten im friedlichen Wettbewerb der Systeme nur auf der Seite der Verlierer landen, hat zur demokratischen Ordnung offenbar kein großes Vertrauen, betrachtet sie also von vornherein für unterlegen. Die Kräfte, die in der Bundesrepublik und darüber hinaus in der westlichen Welt die Herausforderung der Koexistenz angenommen haben und sich ihr in der Vertragspolitik stellen, teilen diesen Pessimismus nicht. Sie gehen vielmehr davon aus, daß wir alle Möglichkeiten besitzen, in diesem Wettbewerb siegreich zu bleiben.

Sicherheit und Zusammenarbeit in Europa (Friedrich-Ebert-Stiftung)

Friedliche Koexistenz bedeutet keinen Verzicht auf den Klassenkampf zwischen Sozialismus und Imperialismus. Den Imperialismus zur friedlichen Koexistenz zu zwingen, heißt nichts anderes, als die für den Sozialismus, die Arbeiterklasse und alle antiimperialistischen Kräfte günstigen Bedingungen des Kampfes gegen den Imperialismus zu schaffen.

Friedliche Koexistenz und Klassenkampf, Berlin (Ost) 1974

Die Sowjets wollen mit allen Mitteln verhindern, daß die atlantische Allianz eine Abwehrwaffe erhält, die die sowjetischen Panzerarmeen zu Schrott werden läßt. Die Rote Armee dagegen bereitet sich auf einen chemischen Krieg vor. Die sowjetischen Streitkräfte werden mit Waffensystemen ausgerüstet, die biologische und chemische Kampfstoffe in Massen verschießen können.
Bei dieser strategischen Situation gewinnt der Ausbau einer westlichen Panzerabwehr, die sich vorwiegend auf fliegende Einheiten stützt, wachsende Bedeutung.
Zu Beginn des kommenden Jahres erhalten die atlantischen Streitkräfte ein zusätzliches fliegendes Abwehrsystem: den Angriffsbomber A-10 Thunderbolt II.
Die A-10 ist als „Panzerknacker“ konzipiert. Wir haben ihre Wendigkeit und Durchschlagskraft in Virginia beobachtet. In einem durchsichtigen blauen Himmel führte der Pilot eine A-10 vor, die elastisch wie ein Hubschrauber, hart wie ein Bomber und einfallsreich wie ein Jäger flog. Skurril sind die Formen: ein Cockpit mit großartiger Sicht, ein gestutztes Flügelpaar, Zwillingsmotoren am hinteren doppelten Ruder. Leistung: Noch in fünf Meter Höhe gehorcht die Maschine jedem Druck des Flugzeugführers. Sie kann langsam fliegen, steigen, drehen. Sie kann mit hoher Geschwindigkeit das Schlachtfeld verlassen und im steilen Bogen zurückmanövrieren. Die A-10 ist gepanzert. Ihre Raketen werden von Fernsehkameras gelenkt. Eindreiviertel Stunden kann das Flugzeug in der Luft bleiben. 108 Maschinen werden im Januar startbereit sein. Weitere 725 werden gefertigt. Kosten: rund fünf Milliarden Dollar.
Schließlich gehört zum westlichen Modernisierungsprogramm, durch das mit dem sowjetischen Panzerpotential gleichgezogen werden kann, noch die stetige Weiterentwicklung der „Laser-Waffe“. Noch ist man zwar im Versuchsstadium. Doch bis 1982 werden die Laserstrahlen den für den militärischen Einsatz notwendigen „Schub“ von zwanzig Kilowatt erreichen, eine Energie, die ausreicht, Panzer zu vernichten.

Frankfurter Allgemeine Zeitung vom 24. Oktober 1978

Das letzte Kapitel

Am 12. Juli des Jahres 2003
lief folgender Funkspruch rund um die Erde:
daß ein Bombergeschwader der Luftpolizei
die gesamte Menschheit ausrotten werde.

Die Weltregierung, so wurde erklärt, stelle fest,
daß der Plan, endgültig Frieden zu stiften,
sich gar nicht anders verwirklichen läßt,
als alle Beteiligten zu vergiften.

Zu fliehen, wurde erklärt, habe keinen Zweck.
Nicht eine Seele dürfe am Leben bleiben.
Das neue Giftgas krieche in jedes Versteck.
Man habe nicht einmal nötig, sich selbst zu entleiben.

Am 13. Juli flogen von Boston eintausend,
mit Gas und Bazillen beladene Flugzeuge fort
und vollbrachten, rund um den Globus sausend,
den von der Weltregierung befohlenen Mord.

Die Menschen krochen winselnd unter die Betten.
Sie stürzten in ihre Keller und in den Wald.
Das Gift hing gelb wie Wolken über den Städten.
Millionen Leichen lagen auf dem Asphalt.

Jeder dachte, er könne dem Tod entgehen.
Keiner entging dem Tod, und die Welt wurde leer.
Das Gift war überall. Es schlich wie auf Zehen.
Es lief die Wüsten entlang. Und es schwamm übers Meer.

Die Menschen lagen gebündelt wie faulende Garben.
Andre hingen wie Puppen zum Fenster heraus.
Die Tiere im Zoo schrien schrecklich, bevor sie starben.
Und langsam löschten die großen Hochöfen aus.

Dampfer schwankten im Meer, beladen mit Toten.
Und weder Weinen noch Lachen war mehr auf der Welt.
Die Flugzeuge irrten, mit tausend toten Piloten,
unter dem Himmel und sanken brennend ins Feld.

Jetzt hatte die Menschheit endlich erreicht, was sie wollte.
Zwar war die Methode nicht ausgesprochen human.
Die Erde war aber endlich still und zufrieden und rollte,
völlig beruhigt, ihre bekannte elliptische Bahn.

Erich Kästner

Sag nein, wenn du nicht töten willst

Dann gibt es nur eins!

Du. Mann an der Maschine und Mann in der Werkstatt. Wenn sie dir morgen befehlen, du sollst keine Wasserrohre und keine Kochtöpfe mehr machen — sondern Stahlhelme und Maschinengewehre, dann gibt es nur eins:
Sag NEIN!

Du. Mädchen hinterm Ladentisch und Mädchen im Büro. Wenn sie dir morgen befehlen, du sollst Granaten füllen und Zielfernrohre für Scharfschützengewehre montieren, dann gibt es nur eins:
Sag NEIN!

Du. Besitzer der Fabrik. Wenn sie dir morgen befehlen, du sollst statt Puder und Kakao Schießpulver verkaufen, dann gibt es nur eins:
Sag NEIN!

Du. Forscher im Laboratorium. Wenn sie dir morgen befehlen, du sollst einen neuen Tod erfinden gegen das alte Leben, dann gibt es nur eins:
Sag NEIN!

Du. Dichter in deiner Stube. Wenn sie dir morgen befehlen, du sollst keine Liebeslieder, du sollst Haßlieder singen, dann gibt es nur eins:
Sag NEIN!

Du. Arzt am Krankenbett. Wenn sie dir morgen befehlen, du sollst die Männer kriegstauglich schreiben, dann gibt es nur eins:
Sag NEIN!

Du. Pfarrer auf der Kanzel. Wenn sie dir morgen befehlen, du sollst den Mord segnen und den Krieg heilig sprechen, dann gibt es nur eins:
Sag NEIN!

Du. Kapitän auf dem Dampfer. Wenn sie dir morgen befehlen, du sollst keinen Weizen mehr fahren — sondern Kanonen und Panzer, dann gibt es nur eins:
Sag NEIN!

Du. Pilot auf dem Flugfeld. Wenn sie dir morgen befehlen, du sollst Bomben und Phosphor über die Städte tragen, dann gibt es nur eins:
Sag NEIN!

Du. Schneider auf deinem Brett. Wenn sie dir morgen befehlen, du sollst Uniformen zuschneiden, dann gibt es nur eins:
Sag NEIN!

Du. Richter im Talar. Wenn sie dir morgen befehlen, du sollst zum Kriegsgericht gehen, dann gibt es nur eins:
Sag NEIN!

Du. Mann auf dem Bahnhof. Wenn sie dir morgen befehlen, du sollst das Signal zur Abfahrt geben für den Munitionszug und für den Truppentransport, dann gibt es nur eins:
Sag NEIN!

Du. Mann auf dem Dorf und Mann in der Stadt. Wenn sie morgen kommen und dir den Gestellungsbefehl bringen, dann gibt es nur eins:
Sag NEIN!

Du. Mutter in der Normandie und Mutter in der Ukraine, du Mutter in Frisko und London, du, am Hoangho und am Mississippi, du, Mutter in Neapel und Hamburg und Kairo und Oslo — Mütter in allen Erdteilen, Mütter in der Welt, wenn sie morgen befehlen, ihr sollt Kinder gebären, Krankenschwestern für Kriegslazarette und neue Soldaten für neue Schlachten, Mütter in der Welt, dann gibt es nur eins:
Sagt NEIN! Mütter, sagt NEIN!

Denn, wenn ihr nicht NEIN sagt, wenn IHR nicht nein sagt, Mütter, dann:
dann:
In den lärmenden dampfdunstigen Hafenstädten werden die großen Schiffe stöhnend verstummen und wie titanische Mammutskadaver wasserleichig träge gegen die toten vereinsamten Kaimauern schwanken, algen-, tang- und muschelüberwest den früher so schimmernden dröhnenden Leib, friedhöflich fischfaulig duftend, mürbe, siech, gestorben — die Straßenbahnen werden wie sinnlose glanzlose glasäugige

Käfige blöde verbeult und abgeblättert neben den verwirrten Stahlskeletten der Drähte und Gleise liegen, hinter morschen dachdurchlöcherten Schuppen, in verlorenen kraterzerrissenen Straßen —

eine schlammgraue dickbreiige bleierne Stille wird sich heranwälzen, gefräßig, wachsend, wird anwachsen in den Schulen und Universitäten und Schauspielhäusern, auf Sport- und Kinderspielplätzen, grausig und gierig, unaufhaltsam —

der sonnige saftige Wein wird an den verfallenen Hängen verfaulen, der Reis wird in der verdorrten Erde vertrocknen, die Kartoffel wird auf den brachliegenden Äckern erfrieren und die Kühe werden ihre totsteifen Beine wie umgekippte Melkschemel in den Himmel strecken —

in den Instituten werden die genialen Erfindungen der großen Ärzte sauer werden, verrotten, pilzig verschimmeln —

in den Küchen, Kammern und Kellern, in den Kühlhäusern und Speichern werden die letzten Säcke Mehl, die letzten Gläser Erdbeeren, Kürbis und Kirschsaft verkommen — das Brot unter den umgestürzten Tischen und auf zersplitterten Tellern grün werden und die ausgelaufene Butter wird stinken wie Schmierseife, das Korn auf den Feldern wird neben verrosteten Pflügen hingesunken sein wie ein erschlagenes Heer, und die qualmenden Ziegelschornsteine, die Essen und Schlote der stampfenden Fabriken werden, vom ewigen Gras zugedeckt, zerbröckeln — zerbröckeln — zerbröckeln —

dann wird der letzte Mensch, mit zerfetzten Gedärmen und verpesteter Lunge, antwortlos und einsam unter der giftig glühenden Sonne und unter wankenden Gestirnen umherirren, einsam zwischen den unübersehbaren Massengräbern und den kalten Götzen der gigantischen betonklotzigen verödeten Städte, der letzte Mensch, dürr, wahnsinnig, lästernd, klagend — und seine furchtbare Klage: WARUM? wird ungehört in der Steppe verrinnen, durch die geborstenen Ruinen wehen, versickern im Schutt der Kirchen, gegen Hochbunker klatschen, in Blutlachen fallen, ungehört, antwortlos, letzter Tierschrei des letzten Tieres Mensch —

all dies wird eintreffen, morgen, morgen vielleicht, vielleicht heute nacht schon, vielleicht heute nacht, wenn — —
wenn — —
wenn ihr nicht NEIN sagt.

Wolfgang Borchert

Wer noch einmal ein Gewehr in die Hand nehmen will, dem soll die Hand abfallen. *Franz Josef Strauß, 1948*

Wir haben, so meine ich, noch kein entspanntes, natürliches Verhältnis zu unserer Wiederbewaffnung gefunden.
Bundespräsident Scheel, 1978

Lebenslauf

Den ersten Faustschlag ins Gesicht bekam er, als sie seinen Vater holten. Damals war er zwölf. Die Angst schüttelte seinen Körper wie im Fieber. Das ganze Zimmer füllten schwarze, grausame Stiefel aus. Die furchtsame Stimme seines Vaters ertrank in einem Meer aus Hohn und Spott. Dann war er allein. Seine Lippen bebten —, doch seine Tränen blieben ungeweint.

Als er siebzehn war, konnte er die Faustschläge nicht mehr zählen, die sein Gesicht getroffen und seine Tränen zurückgedrängt hatten. Sie gaben ihm ein Gewehr und sagten: Schieß! Und er schoß in Gesichter, die manchmal zu gütigen Vätern aufgeblickt hatten.

Mit einundzwanzig entrissen sie ihm das Gewehr und zogen einen Stacheldraht um ihn. Ängstlich schlichen die Jahre an ihm vorbei. Ihr kläglicher und dürftiger Inhalt war eine dünne Suppe, auf der ein Widerschein blühender Kartoffelfelder lag.

„Sie sind nun frei", sagte man ihm, als er vierundzwanzig war, doch er verstand ihre Sprache nicht . . .

Er ging, seine Mutter zu suchen, durch die öden Steinwüsten des zerstörten Jerusalem. Ihr Bild war in ihm ausgelöscht. Er fand nur noch den verwitterten Namenszug in einem grauen, düsteren Kreuz eingeätzt. Doch seine Tränen blieben ungeweint.

Sein Zimmer war kalt. Von der Decke hing eine Lampe, sonst war es leer. Selbst die Fliegen scheuten sich, um das Licht zu tanzen. Morgens ging er in die Fabrik, und abends kam er nach Hause — dann schlief er, und morgens ging er in die Fabrik, und abends kam er nach Hause . . .

Als er vierunddreißig war, gaben sie ihm wieder ein Gewehr und sagten: Schieß!

Walther Müller-Jentsch

Das Recht auf Kriegsdienstverweigerung im Grundgesetz verankern

Ich las vor einigen Tagen in der Tageszeitung, daß das „Kriegsdienstverweigerungsrecht im Grundgesetz verankert" werden soll. Hoffentlich entspricht diese Meldung der Wahrheit. Es wäre jedenfalls sehr zu begrüßen.

Ich bitte Sie aber um alles in der Welt: Vergessen Sie bitte nicht mit zu „verankern", daß die fraglichen Paragraphen des Grundgesetzes niemals durch eine Person oder eine Regierung außer Kraft gesetzt werden können, wenn schon, dann nur durch Volksentscheid.

Eingabe eines Straßenbahnschaffners aus Kiel an den Parlamentarischen Rat, 1948

Massenverschleiß oder Massenschlaf des Gewissens?

Niemand darf gegen sein Gewissen zum Kriegsdienst mit der Waffe gezwungen werden. Das Nähere regelt ein Bundesgesetz.

Grundgesetz, Artikel 4, Absatz 3

„Ich glaube, für meine Meinung, daß dieser Absatz gestrichen werden muß, spricht so etwas wie ein historisches Stilgefühl. Wir sind nämlich jetzt dabei, ein Werk der Demokratie zu schaffen. Die allgemeine Wehrpflicht ist das legitime Kind der Demokratie, seine Wiege stand in Frankreich. Mir scheint es unumgänglich zu sein, daß wir in diesem Augenblick, in welchem wir eine neue Fundamentierung des Staates vornehmen wollen, nun mit einer solchen Deklaration kommen. Sie ist dann eine berechtigte Angelegenheit, wenn man sich entschließt, das in einem Gesetz zu machen, wie es für die Quäker, die Mennoniten usw. in der angelsächsischen Welt vorliegt. Aber wenn wir jetzt hier einfach das Gewissen einsetzen, werden wir im Ernstfall einen Massenverschleiß des Gewissens verfassungsmäßig festlegen ... Ich bin also der Meinung, daß wir diesen Satz aus der Verfassung herausnehmen sollten, daß aber der künftige Gesetzgeber in dem Sinne, wie das in England und Amerika möglich ist, ein solches Gesetz schafft, wie es früher auch bei uns für die Mennoniten gegolten hat."

Abg. Professor Dr. Heuss (FDP) am 18. 1. 1949 vor dem Hauptausschuß des Parlamentarischen Rates

„Dr. Heuss, Sie sprechen von dem Massenverschleiß des Gewissens, den Sie befürchten. Ich glaube, wir haben hinter uns einen Massenschlaf des Gewissens. In diesem Massenschlaf des Gewissens haben die Deutschen zu Millionen gesagt: Befehl ist Befehl und haben daraufhin getötet. Dieser Absatz kann eine große pädagogische Wirkung haben, und wir hoffen, er wird sie haben. Dann wird es durch ihn in die Gewissensentscheidung des einzelnen gelegt, ob er einen solchen Befehl für sich gelten lassen will oder in anderer Weise dem Lande dienen will."

Abg. Dr. Eberhardt (SPD) in der gleichen Sitzung

Was ist Gewissen?

Gewissen ist als ein (wie immer begründbares, jedenfalls aber) real erfahrbares seelisches Phänomen zu verstehen, dessen Forderungen, Mahnungen und Warnungen für den Menschen unmittelbar evidente Gebote unbedingten Sollens sind ... Eine Gewissensentscheidung wird — das folgt aus ihrem Wesen — stets angesichts einer bestimmten Lage getroffen, in der es innerlich unabwendbar wird, sich zu entscheiden. Der Ruf des Gewissens wird dem einzelnen vernehmbar als eine sittliche und unbedingt verbindliche Entscheidung über das ihm gebotene Verhalten.

Als eine Gewissensentscheidung ist somit jede ernste sittliche, d. h. an den Kategorien von gut und böse orientierte Entscheidung anzusehen, die der einzelne in einer bestimmten Lage als für sich bindend und unbedingt verpflichtend innerlich erfährt, so daß er gegen sie nicht ohne ernste Gewissensnot handeln könnte. Das ist sinnvoll, nicht nur, weil der Staat kein Interesse daran haben kann, Wehrpflichtige mit der Waffe auszubilden, die im Kriegsfalle die Waffenführung verweigern werden, sondern auch vom Standpunkt des einzelnen aus, dem eine Ausbildung nicht aufgezwungen werden darf, die einzig den Zweck hat, ihn zu einer Betätigung vorzubereiten, die er aus Gewissensgründen ablehnt.

Urteil des Bundesverfassungsgerichts vom 20. 1. 1960

Der beste Gewissenstest

„Der beste Gewissenstest", erläuterte der Kölner Rechtsprofessor Martin Kriele vor den Verfassungsrichtern die Vorstellungen der Bunderegierung, „beteht darin, daß der Zivildienst im Verhältnis zum Wehrdienst eine unangenehme Alternative darstellt." Mit dem Entzug der „Heimschlaferlaubnis", mit heimatferner Einberufung und der Unterbringung in Sammellagern will Iven jetzt den Ersatzdienst dem Soldaten-Alltag angleichen und dadurch die Verweigerrate auf neun Prozent eines Geburten-Jahrgangs drükken — etwa 40 000 Mann, die er auf Mülldeponien und in Museen, bei der Wildfütterung und im Wattenmeer unterbringen will. „Warum sollen die eigentlich nicht mal Bäume fällen, warum sollen sie nicht mal mit der Oma zum Friedhof wackeln und dem Opa die Zeitung vorlesen?"

Der Spiegel vom 23. 1. 1978

Die Vollstreckung hängt ab von der Kopfbedeckung

Der Schütze Meinhardt hat einen Menschen getötet.
Der Schütze Meinhardt ist ein Held.
Einen Orden für den Schützen Meinhardt, Herr General!
Der Tote hieß Pierre Blanc, von Beruf Dreher,
und war 26 Jahre alt.
Er hinterläßt eine Frau und zwei Kinder.

Schütze Meinhardt, legen Sie die Hand an den Helm.
Schütze Meinhardt, Ihre Nation ist stolz auf Sie,
brav so, weitermachen!

Der Zivilist Meinhardt hat einen Menschen getötet.
Der Zivilist Meinhardt ist ein Mörder!
Lebenslänglich für den Zivilisten Meinhardt, Herr Richter!
Der Tote hieß Peter Weiß, von Beruf Dreher,
und war 26 Jahre alt.
Er hinterläßt eine Frau und zwei Kinder.

Zivilist Meinhardt, nehmen Sie die Mütze ab!
Zivilist Meinhardt, Sie sind eine Schande für Ihr Volk,
wir werden dafür sorgen, daß
so etwas nicht noch einmal vorkommt!

Ilona Bodden

„Ich lasse mich nicht zum Mörder abrichten"

Ich verweigere den Dienst mit der Waffe, weil ich nicht imstande bin, einen anderen Menschen zu töten. Ich könnte es mit meinem Gewissen nicht in Einklang bringen, wenn ich einen „feindlichen Soldaten" — einen Menschen wie Du und ich — umgebracht hätte. Für mich gibt es keine Feinde, viel weniger Todfeinde. Die sogenannten „Feinde" wurden seit jeher gezüchtet durch verhetzte und unwahre Propaganda und Informationen auf allen Seiten. Und so ist es auch heute! Verteufelungen der anderen schüren die Feindseligkeiten.
Ich bin gegen Gewaltanwendung, weil diese Methode niemals einen gangbaren Ausweg darstellt. Vielmehr vergrößert die gewaltmäßige Auseinandersetzung das Ausmaß jedes drohenden Unheils und wehrt somit keinesfalls einer Not, bringt hingegen neue Not mit sich, was jeder Krieg deutlich offenbart.
Ich verurteile jeden Krieg als ein Verbrechen an der Menschheit. Aus diesem Grunde würde mich schon die Teilnahme an Übungen, die ja ohnedies nur eine Vorbereitung für den Fall X sind, in schwere Gewissenskonflikte bringen.
Was mir mit dem besten Willen nicht verständlich erscheint, ist folgendes: Wie läßt sich erklären, daß das Zerstören von Leben und fremdem Eigentum in Friedenszeiten als Verbrechen strafrechtlich verfolgt wird, die gleichen Taten im Krieg jedoch gerechtfertigt und belohnt werden, weil sie einem angeblich „höheren" Zweck dienen? Meiner Auffassung nach gibt es auf meine Frage keine allgemeinverständliche Antwort.
Wer hat denn in allen seitherigen Vernichtungsaktionen — sprich Krieg — den Kopf hinhalten müssen? Waren es vielleicht die ach so feinen Herren der Staatsführungen, ganz gleich welcher Nation?! Und warum diese elenden Massaker?
Mir will nicht in den Kopf, weshalb man mich ausbilden will, wie ich den „Gegner", dessen Kinder vielleicht zu Hause auf den Vater warten, wie ich diesen „Gegner" am sichersten umbringen kann. Ich lasse mich nicht zum Mörder abrichten! Haben wir, und vor allem wir Deutschen, denn überhaupt aus der Vergangenheit gelernt? Hat denn der letzte Weltkrieg nicht genug Opfer verlangt? Die Toten aller Völker klagen uns an, und da verlangen wir wieder nach Aufrüstung. Wo bleibt da der Verstand, der uns Menschen vom Tier mit seinem Gewalttrieb abheben soll?

Werner Lenk, Versicherungskaufmann
Aus einem Antrag auf Kriegsdienstverweigerung

Das Gewissen bei einem „gesunden Menschen"

Es gibt in der Bundesrepublik keinen normalen Menschen, der Menschen töten will. Bei jedem gesunden Deutschen ist das Gewissen dagegen. Aber das Gewissen muß in der Not des Vaterlandes bezüglich des Tötens von Menschen schweigen, weil sich sonst jedes Volk selbst aufgibt, solange es noch Staaten gibt, die Kriege zu führen bereit sind. Damit kommen wir zu dem Ergebnis, daß niemand sein Gewissen dafür in Anspruch nehmen kann, um den Wehrdienst zu verweigern.

Leserbrief in der Frankfurter Allgemeinen Zeitung vom 4. 11. 1977

Jene zu Unrecht verdächtigte Instanz, die Gewissen heißt

Tatsächlich, sittliche Gefahren drohen Ihnen, lieber Herr M., keine geringen; jene zu Unrecht verdächtigte Instanz, die Gewissen heißt, wird sich melden; und es wird die schlimmste Plage aller Soldaten über Sie kommen, die unabhängig ist vom Stand der Bewaffnung: der Stumpfsinn, vor dem Sie gewiß niemand gewarnt hat. Nehmen Sie keine der dargebotenen Trost-Schablonen an: den technischen Reiz gewisser Waffen, körperliche Ertüchtigung, oder jene Art von Kameraderie, wie sie von Typen wie Major Sch. gepflegt wird: beim Bier ein Schulterklopfen, ein wenig bramarbasiert, mit dem Unterton: „Ist doch alles wurscht." Meiden Sie den Gottesdienst, den der Divisionspfarrer abhält; schließlich gibt es für Zahnärzte auch keine Sondergottesdienste, und die beiden gutgewachsenen Ministranten in Heeresuniform sind nur ein kleines optisches Spectaculum, das Sie sich ersparen sollten; das Pathos, das in solchen Veranstaltungen liegt, würde bei einem Turnverein lächerlich, bestenfalls rührend wirken; doch eine Armee ist kein Turnverein, sie hütet den schrecklichsten aller Horte, sie ist die Verwalterin des Todes von Millionen Menschen. Wenn Sie nach Vorbildern suchen: es gibt deren unzählige; wählen Sie einen kleinen Judenjungen aus einem galizischen Dorf, einen Namenlosen, der vom Spielplatz weg in den Waggon gezerrt, an der Rampe in Birkenau von der Hand seiner Mutter gerissen und im Zustand vollkommener Unschuld getötet wurde. Oder falls Sie ein Vorbild suchen, das Aktion vollzog: wählen Sie den Grafen Schwerin von Schwanenfeld, der vor dem Volksgerichtshof, von Freisler angebrüllt, mit leiser, klagender Stimme sagte: „Ich dachte an die vielen Morde." Ein Christ und Offizier, der verbündet war mit Männern, die ihm seiner Herkunft und seiner politischen Tradition nach so vollkommen entgegengesetzt waren: mit Marxisten und Gewerkschaftlern; der Geist dieser Verbrüderung und des Bündnisses hat sich nicht erhalten, ist nicht in die Nachkriegspolitik eingegangen; wir könnten eine Tradition haben, diese, doch es scheint, als wäre es unmöglich, diesen Geist in die gegenwärtige Politik zu tragen: die Catcher beherrschen das Feld, die Primitiv-Taktiker, Männer ohne Erinnerungsvermögen, die Vitalen, Gesunden, die nicht „rückwärts blicken" und nicht jenem verpönten Laster frönen, das Nachdenken heißt, aber unter dem Namen Morbidität als eine Art Rauschgift für sogenannte Intellektuelle diffamiert wird; erhalten Sie sich getrost etwas von dieser Morbidität, räumen Sie ihr eine Provinz Ihres Bewußtseins ein und versuchen Sie, die Verzweiflung des kleinen Unteroffiziers zu begreifen, der die Geschichte nicht ertragen konnte.

Heinrich Böll

Gewissensprüfung und Grundgesetz 1978

Das Bundesverfassungsgericht hat durch das am 13. April 1978 verkündete Urteil seines Zweiten Senats — gegen das Sondervotum des Bundesrichters Hirsch — das Gesetz für verfassungswidrig erklärt, mit dem die Koalitionsparteien SPD und FDP im Sommer 1977 das bisher geltende Anerkennungsverfahren für Kriegsdienstverweigerer bei noch nicht einberufenen und nicht benachrichtigten Wehrpflichtigen abgeschafft hatten. Unter der Geltung des Gesetzes genügte bei der genannten Kategorie von Wehrpflichtigen eine einfache Erklärung gegenüber dem zuständigen Kreiswehrersatzamt, man sehe sich aus Gewissensgründen gehindert, Wehrdienst zu leisten. Das Bundesverfassungsgericht erkannte in dieser Regelung einen Verstoß gegen mehrere Grundgesetzbestimmungen, vor allem gegen den Gleichheitsgrundsatz — in seiner speziellen Ausformung im Sinne der Wehrgerechtigkeit — und gegen die in den Artikeln 4 und 12 fixierte Begrenzung der Wehrdienstverweigerung als einer besonderen und begrenzten Ausprägung der Gewissensfreiheit.

Frankfurter Allgemeine Zeitung vom 14. 4. 1978

Bequemlichkeit oder Aufstand des Gewissens?

Was für Träumer machen denn bei uns Verteidigungspolitik? Glaubte man im Ernst, ein Jugendlicher würde nur mit Gewissensqualen die Postkarte an das Kreiswehrersatzamt schreiben, wenn die Alternative lautet: fünfzehn Monate lang mehrere hundert Kilometer von zu Hause und ohne Begrenzung der täglichen Dienstzeit sich militärischem Drill auszusetzen oder sich auf die lange Liste der Anwärter für einen Zivildienstplatz zu setzen und sich über das dritte Semester ins Studium zu retten.
Die Wehrpflicht ist für jeden jungen Mann eine lästige Angelegenheit. Ich glaube, man überfordert das Pflichtbewußtsein und die Heimatliebe der Jugendlichen, wenn man ihnen moralisch verwehrt, daß jeder versucht, seine Dienstzeit so angenehm wie möglich hinter sich zu bekommen. Nicht die Jugendlichen, sondern die Verteidigungspolitiker haben mein Vertrauen enttäuscht.

Leserbrief in der Frankfurter Allgemeinen Zeitung vom 9. 11. 1977

Wenn in den Monaten August und September bis zum 15. Oktober dieses Jahres 18 201 Wehrpflichtige den Kriegsdienst verweigert haben, dann reicht zur Erklärung hierfür der Wegfall der unhaltbar gewordenen Gewissensprüfung allein nicht aus. Mit Sicherheit kann gesagt werden, daß hier von Zehntausenden eine unmißverständliche politische Antwort auf die Neutronenbombe und die Bereitschaft der Regierung wie des Parlamentes gegeben wurde, diese satanische Waffe bei uns einzuführen.
Aus zahllosen Gesprächen und Diskussionen mit Wehrpflichtigen und Kriegsdienstverweigerern wissen wir, daß sie eine klare Vorstellung von der Pflicht des Staates zum Gewaltverzicht haben; ebenso, daß sich die Bundesrepublik auf der europäischen Sicherheitskonferenz zum Verzicht auf Gewaltandrohung verpflichtet hat. Es ist deshalb nur logisch, und darin muß das moralisch wie politisch Bedeutsame der massenhaften Kriegsdienstverweigerung gesehen werden, wenn sich die Wehrpflichtigen selbst dem Staat als Gewaltpotential verweigern, entziehen.
Massenhafte Kriegsdienstverweigerung ist massenhafter Gewaltverzicht und damit unübersehbar demokratisches Votum für Entmilitarisierung und Abrüstung.

Deutsche Volkszeitung vom 1. 12. 1977

Ihr seid alle von der Rekrutierung bedroht!

Ihr seid alle von der Rekrutierung bedroht! Folgende Stellen nehmen sofort Eure Erklärungen zu Protokoll, daß Ihr aus Gewissensgründen jeden Kriegs- und Militärdienst ablehnt. Alle Deutschen, deren Einsicht ihnen sagt, daß durch Gewalt und Krieg Völkerschicksale nicht sinnvoll gestaltet werden können, wählen

Form a) Ich lehne aus Gewissensgründen jede Art von Kriegs- und Militärdienst ab.
Alle anderen, die nicht auf ihre deutschen Brüder schießen wollen, wählen
Form b) Ich lehne aus Gewissensgründen jede Art von Kriegs- und Militärdienst bis zum Inkrafttreten eines gerechten, gesamtdeutschen Friedensvertrages ab.
Die aufgeführten Stellen nehmen Eure Unterschriften in Listen auf und geben Euch eine amtlich gestempelte Bescheinigung hierüber. Personalausweis muß bei der Unterschriftsleistung vorgelegt werden.

Aufruf von zehn Duisburger Pfarrern an die evangelische Jugend Duisburgs, Juli 1952

Die unmöglich gemachte Herausforderung

Ein Wolf war an der Spitze einer Schafskompanie aufs Schlachtfeld gezogen. Hier legten die Schafe ihre Gewehre beiseite und begannen zu weiden. „Eingraben!" brüllte der Wolf, „so werdet ihr doch zusammengeschossen!" „Seit wann", fragten die Schafe kauend, „wird Grasrupfen mit dem Tode bestraft?"

Wolfdietrich Schnurre

Es ist ganz einfach

Es ist
Ganz einfach:
Wenn keiner
Hingeht
Kann es
Von keinem heißen:
Er sei
Nicht zurückgekehrt.

Gerd Heidenreich

Die Entscheidung treffen besondere Ausschüsse

Über die Berechtigung, den Kriegsdienst mit der Waffe zu verweigern, wird auf Antrag entschieden.
Der Antrag ist schriftlich oder zur Niederschrift beim Kreiswehrersatzamt zu stellen. Er soll begründet werden.
Die Entscheidung treffen besondere Ausschüsse (Prüfungsausschüsse für Kriegsdienstverweigerer). Sie werden mit einem vom Bundesminister der Verteidigung bestimmten Vorsitzenden, einem Beisitzer sowie zwei ehrenamtlichen Beisitzern besetzt.

Paragraph 26 des Wehrpflichtgesetzes

Prüfungsausschuß 1972

Einer sagte: Sie könnten
mein Sohn sein. Ein anderer
beschwor seinen Vater,
vor Charkow liegend.
Einer klopfte an sein hohles Bein.

Draußen vor der Tür
stand unter Plexiglas:
Ausschuß.

Manfred Bosch

Die zehn meistgenannten Verweigerungsgründe

Das menschliche Leben ist für mich das höchste Gut; keiner ist berechtigt, das Leben eines anderen Menschen zu vernichten.
Ich kann nicht töten.
Krieg ist ein Verbrechen an der Menschheit.
Man kann den Frieden nicht durch Aufrüstung schaffen oder erhalten.
Auch Töten auf Befehl ist Mord.
Gewaltloser Widerstand ist ein besseres Mittel zur Konfliktlösung.
Mit Krieg kann niemals etwas gewonnen, nur Schaden angerichtet werden.
Die Verteidigung der Freiheit rechtfertigt nicht die Vernichtung von Menschenleben.
Krieg als Fortsetzung der Politik halte ich für verwerflich.
Gewalt erzeugt immer Gewalt; Unrecht kann durch Waffengewalt nicht beseitigt werden.

Die fünfzehn häufigsten Fragen der Prüfungsausschüsse

Wie kam Ihre Entscheidung zur Kriegsdienstverweigerung zustande?
Wie stehen Ihre Eltern zu Ihrem Entschluß?
Haben Sie verweigert, weil auch Ihre Freunde verweigert haben?
Haben Sie eine Freundin, haben Sie körperlichen Kontakt zu ihr?
Inwieweit haben Sie bisher in humanitärer Absicht Hilfe geleistet?
Wie stehen Sie zur freiheitlich-demokratischen Grundordnung?
Gehören Sie einer politischen Organisation an?
Wie beurteilen Sie politischen Terror?
Wie stehen Sie zum Problem des § 218?
Würden Sie Ihr Vaterland nicht auch gegen den Angriff eines anderen Landes verteidigen wollen?
Sind Sie gegen die Institution der Bundeswehr?
Warum leisten Sie keinen Sanitätsdienst bei der Bundeswehr?
Sind Sie Mitglied oder haben Sie Kontakt zu DDV-Verbänden?
Was tun Sie bei endgültiger Nichtanerkennung?
Halten Sie gewaltlosen Widerstand für wirksam, wie soll er funktionieren?

Befragung eines Kriegsdienstverweigerers
durch den liberalen und zuvorkommenden Kammervorsitzenden

also Sie berufen sich da pausenlos aufs Grundgesetz
sagen Sie mal
sind Sie eigentlich Kommunist?
ja Sie dürfen sitzen bleiben
überhaupt wir sind hier ziemlich liberal
lange Haare Bärte Ketten Ringe
ham wir alles schon gehabt
aber in die Akten scheißen
mögen wir hier nicht.
Marx und Engels haben Sie gelesen sagen Sie uns
sagen Sie verstehen Sie das denn?

Sie ham doch bloß die Volksschule besucht.
na nun regen Sie sich nicht gleich auf
dafür können Sie ja nichts
lesen dürfen Sie ja was Sie wollen — überhaupt
hier darf jeder machen was er will
im Rahmen der freiheitlich-demokratischen Grundordnung
versteht sich.

ja Soldat sein das will heute keiner mehr
kann ich auch verstehen
und ich selber hätte keine Lust
aber
Gründe haben müssen wir dafür.
na nun fangen Sie nicht wieder an
mit Imperialismus, den zwei Kriegen
und die alte Klasse ist noch immer an der Macht
und Sie wollen nicht für die
Kastanien aus dem Feuer holen.
das verstehn wir ja
mag auch alles richtig sein
interessiert uns aber nicht
das ist nämlich Politik.
hier interessieren nur Gewissensgründe
was das ist?
hört sich zwar sehr grausam an
trifft den Nagel aber auf den Kopf
nämlich
ob Sie töten können oder nicht. ja
hier darf jeder machen was er will
im Rahmen der freiheitlich-demokratischen Grundordnung
versteht sich.

also fangen wir mal an
in 'ner Kirche sind Sie nicht
auch nicht in 'ner anerkannten Sekte
sehen Sie da wirds schon schwierig
mit Gewissensgründen.
einen haben wir mal hier gehabt
und der machte auf Buddhist
war son Typ mit Glatze
aber durchgekommen ist er.
schlaues Kerlchen.

also passen Sie mal auf
ich werd jetzt Ihr Gewissen prüfen
nehmen wir mal an

Sie gehn spazieren mit Ihrer Freundin
nachts im Park
plötzlich
kommt 'ne Horde Russen
stockbesoffen und bewaffnet
halt
sagen wir 'n Trupp Amerikaner
schwer betrunken und bewaffnet
nachts im Park
machen sich an Ihre Freundin ran.
Sie haben 'ne MP bei sich —
na was machen Sie?
was sagen Sie uns da
Sie verbitten sich dieses Beispiel?
meinetwegen bitte schön
hier darf jeder machen was er will
im Rahmen der freiheitlich-demokratischen Grundordnung
versteht sich.

schön die Russen und Amerikaner
fallen also weg
die Chinesen sicher auch
und mit Negern brauch ich gar nicht erst zu kommen
lassen wir das eben
nehm' wir einfach ein paar ganz normale Kriminelle
schwer betrunken und bewaffnet
nachts im Park
machen sich an Ihre Freundin ran.
Sie haben wieder die MP dabei.
na was machen Sie?
sagen Sie uns bloß jetzt nicht
Sie fallen auf die Knie und beten
denn mit so was kommt hier keiner durch
der Marx und Engels liest.
wie
was sagen Sie uns da
ich red' die ganze Zeit von Politik?
das ist aber wirklich komisch.
bilde einen Fall
so richtig auf Sie zugeschnitten
baue Ihnen auch noch goldne Brücken
aber Sie — aber
hier darf jeder machen was er will
im Rahmen der freiheitlich-demokratischen Grundordnung
versteht sich.

so nun wolln wir aber wirklich wissen
was Sie tun.
also nochmal
ein paar schwere Jungen
schwer bewaffnet und betrunken
nachts im Park
machen sich an Ihre Freundin ran.
Sie haben wieder die MP dabei
na was machen Sie?
was sagen Sie uns da
Sie wehren sich
weil Sie ja in Notwehr sind?
ätsch
das ist aber falsch
durften Sie nicht sagen
richtig ist die Antwort nämlich die:
Ich werfe meine Waffe fort
und dann bitte ich die Herrn
mit der Vergewaltigung doch bitte aufzuhörn.
was sagen Sie uns da
Sie kämen als Soldat doch nie in eine solche Situation?
fangen Sie schon wieder an
ist doch Politik
hat doch mit Gewissen nichts zu tun.
ja Grundgesetz ja Grundgesetz ja Grundgesetz
Sie berufen sich hier pausenlos aufs Grundgesetz
sagen Sie mal
sind Sie eigentlich Kommunist?
na ja
hier darf jeder machen was er will
im Rahmen der freiheitlich-demokratischen Grundordnung
versteht sich.

Franz Josef Degenhardt

Ganze Schulklassen verweigern

Die Zahl der Kriegsdienstverweigerer
wächst und wächst.
Aber was zivil ist
ist zuviel. *Manfred Bosch*

Der Wehrpflichtige gehört zu dem Personenkreis der Gymnasiasten, die schon immer, in letzter Zeit aber verstärkt, mit dem Antrag auf Anerkennung als Kriegsdienstverweigerer erreichen wollen, sich der Verpflichtung, Wehrdienst zu leisten, zu entziehen. Viele dieser jungen Leute nehmen einfach die Chance wahr, aus der bekannten Tatsache, daß nicht genügend Ersatzdienstplätze vorhanden sind, Kapital im Hinblick auf ein sofort beginnendes Studium zu schlagen.

Den Gymnasiasten fällt es auch leichter, den Prüfungsausschuß durch eingelernte Verhaltensweisen von der angeblich getroffenen Gewissensentscheidung zu überzeugen. Es darf jedoch nicht hingenommen werden, daß das wohlbegründete Grundrecht auf Anerkennung als Kriegsdienstverweigerer in der Weise mißbraucht wird, daß ganze Schulklassen derjenigen, die später als die Intelligenz des Volkes an führender Stelle tätig sein sollen, sich der Verpflichtung dem Staat gegenüber auf billige Weise entziehen.
Als Beobachter der Szenerie gewinnt man den Eindruck, daß es schick geworden ist, Kriegsdienstverweigerer zu machen, ja es geht sogar soweit, daß man sich einen Sport daraus macht.

Aus einem Schreiben von 1972, mit dem der Leiter eines Kreiswehrersatzamtes Widerspruch einlegt gegen einen Anerkennungsbescheid

Wer länger auf der Schulbank sitzt

Der Unwille in der jungen Generation gegen Streitkräfte und Wehrdienst ist — in dieser Reihenfolge — bei Studenten, Abiturienten und Realschülern bei weitem stärker als bei Hauptschülern. Die Gründe dafür sind mehrschichtig: Wer länger auf der Schulbank sitzt, stellt höhere Ansprüche an seine Lebensform, wählt einen besser bewerteten Beruf, hat ein stärker ausgeprägtes Berufsinteresse und empfindet den Nachteil einer Unterbrechung von Berufsausbildung und Berufsausübung durch den Wehrdienst schärfer.
Oberschüler und Studenten neigen häufig dazu, den Wunsch nach einem waffenlosen Frieden für Realität zu halten. Berufstätige denken realitätsnäher, orientiert an ihrer Arbeitswelt. Oberschüler und Studenten ordnen sich nur schwer in ein Kollektiv, etwa das der Bundeswehr. Berufstätige Jugend hat schon vor dem Wehrdienst im Betrieb Einordnung geübt und Vorgesetzte kennengelernt. Außerdem sperren sich Oberschüler und Studenten oft bewußt gegen die objektive Information über die Zusammenhänge von Verteidigungs- und Entspannungspolitik, über Friedenssicherung und Landesverteidigung.
Der Jugendprotest gegen Gesellschaft, Staat und Bundeswehr umfaßt nur eine Minderheit von Jugendlichen, die meistens noch im Bildungsprozeß sind, gegensätzliche Auffassungen vertreten, mithin auch untereinander verfeindet sind, sich aber zum nonkonformistischen Konformismus des Protestes solidarisieren, oft nur zu einer Pose der Kritik, die gegenüber den eigenen Voraussetzungen durchaus unkritisch ist. Politisches Interesse ist bei dieser Gruppe stark entwickelt, der Informationsstand in politischen Fragen allgemein hoch, doch werden die Fakten nach ideologischen Standpunkten selektiert.
Die weit überwiegende Mehrheit der Jugend, meistens schon im Beruf, ist eher unpolitisch eingestellt, so auch ohne Interesse für Sicherheits- und Verteidigungspolitik. Dieses apolitische Potential, für dessen Indifferentismus in der Politik die gleichen Merkmale wie bei der älteren Generation zu erkennen sind, könnte in Krisen nach der einen oder anderen Richtung mobilisiert werden.
Akute Bedeutung hat der Druck, der von der politisch aktiven Minderheit der Protestler ausgeht. Sie wollen erklärtermaßen die Struktur von Staat und Gesellschaft verändern oder zerstören und greifen den Staat direkt an, so auch das Staatsorgan Bundeswehr.

Wehrstrukturkommission der Bundesregierung

A. Paul Weber, Der Trommler, Zeichnung

Die richtige Einstellung zum Soldatenberuf

Wissenschaftliche Untersuchungen zu Fragen der Bundeswehr gibt es in unseren Universitäten kaum. Es gibt auch kaum eine ernsthafte Erzählung eines deutschen Schriftstellers, die sich mit dem Alltag in unseren Kasernen befaßt. Bundeswehrsoldaten tauchen in der modernen Literatur, wenn überhaupt, als Karikaturen auf. Menschliche Schicksale werden bei Menschen in Uniform nicht vermutet.

Wo aber soll ein junger Mann in der Bundesrepublik Deutschland nun eigentlich die Informationen herbekommen, die ihm eine verantwortliche Berufsentscheidung für die Bundeswehr ermöglichen?

Bundespräsident Scheel am 5. 4. 1978

Wer heute nicht schreit,
ist morgen so weit,
ist morgen im Krieg,
schreit dann Heil und Sieg.

Wer heute nicht spricht,
verliert sein Gesicht,
verliert seinen Mund,
spricht nie mehr gesund.

Wer heut sich nicht wehrt,
wer Bomben verehrt,
wer Hassen mitsät,
wehrt bald sich zu spät.

Karlhans Frank

Zivildienst als Friedensdienst

„Ohne die Hilfe der Zivildienstleistenden könnte das Heim nicht existieren"

Frank Eichler, 19, fährt mit dem Mofa durch das winterliche Frankfurt und friert sich „bei der Kälte den Arsch ab". Er bringt Rentnern Post und Zeitung in die Wohnung, kauft für Blinde und Gelähmte ein, scheuert bei Kranken die Fußböden, holt Kohlen aus dem Keller und leert die Mülleimer. „Manchmal", sagt der Abiturient, „höre ich auch einfach nur zu, für die meisten ist das der einzige Kontakt."

Manfred von Seggern, 21, repariert Fensterläden und deckt Dächer von Bretterbuden, tischlert und glast ein. Auf dem Abenteuerspielplatz im Bremer Arbeiterviertel Huchting hilft er den Kindern, Schmuckkästen und Schlüsselbretter zu hämmern, mit der Laubsäge und dem Linolschneider zu hantieren. Auch bei den Schularbeiten, beim Rechnen und Schreiben, ist der gelernte Dreher für die Kleinen da. Seggern: „Viele kommen aus kaputten Ehen und brauchen jemand."

Gerhard Stock, 26, macht Schichtdienst im Pflegehaus Kapernaum in Bethel. Er wäscht und füttert geistig Behinderte, spielt mit jungen Epileptikern, muß Platzwunden und Beulen seiner Patienten verarzten.

Die drei Sozialhelfer sind Kriegsdienstverweigerer. Sie gehören zu jener Minderheit junger Bundesbürger, die das in Artikel 4, Absatz 3 des Grundgesetzes garantierte Grundrecht für sich beanspruchen. Sie dienen 18 Monate lang — drei Monate länger als wehrpflichtige Soldaten der Bundeswehr (die freilich zusätzlich Reserveübungen absolvieren müssen). Sie tragen weder Waffen noch Uniformrock, kennen keine Kompanie und keine Kaserne, schlafen in den meisten Fällen zu Hause.

Für jeden zweiten Deutschen, so haben die Allensbacher Volksbefrager ermittelt, sind sie „Drückeberger".

„Ohne die Hilfe der eingesetzten Zivildienstleistenden", sagt Horst Ambaum, der im Friedensdorf Oberhausen kriegsversehrte Vietnamesen betreut, „könnte das Heim nicht existieren." Beim Roten Kreuz gibt es, so ein DRK-Sprecher, „Bereiche, die überhaupt nur mit Hilfe von Zivildienstleistenden durchgeführt werden können."

Der Spiegel vom 23. 1. 1978

Eine Zeitung für Deutschland sorgt sich

Es gibt Formen des zivilen Ersatzdienstes, zum Beispiel in Pflegeheimen für mißgestaltete Kinder, die einem Helfer mehr zusetzen können, als es Wehrdienst im Frieden je tun kann. Aber die meisten Zivildienstplätze sind nicht so. Viele sind angenehmer, geistig anregender, auch anscheinend „sinnvoller" als Militärdienst. Bewaffnete Wache für andere zu halten, ist auch ein karitativer Dienst. Daß dabei täglich Frieden erzeugt wird, ist kaum sichtbar zu machen. Meist erlaubt Ersatzdienst auch größere individuelle Bewegungsfreiheit, Befreiung von militärischer Disziplin und von Unterbringung in Kasernen. Die meisten Zivildienstpflichtigen schlafen zu Hause, und je mehr Zivildienstplätze man künftig brauchen sollte, desto leichter würden diese Aufgaben. Der Zivildienst ist zu billig.

Frankfurter Allgemeine Zeitung vom 10. 6. 1978

Frühschicht

Der Wecker rasselt. Ich fahre hoch und stelle den Wecker ab. Am liebsten würde ich ihn mit der Faust zerschmettern. Noch einmal umdrehen bringt nichts, fünf Uhr, raus aus dem Bett. Ich gehe ins Badezimmer. Kurz das Gesicht, den Oberkörper, dann die Zähne, zurück ins Zimmer und rein in die Klamotten. In der Küche das Wasser aufsetzen. Schnell eine Schnitte mit Marmelade. Das Wasser kocht, schnell den Tee aufgießen, eine Tasse trinken, noch 'n Marmeladenbrot. Halb sechs. Ich betrete die Reederstraße und gehe zur Haltestelle auf dem Ostertorsteinweg. Ich höre die Bahn kommen und fange an zu rennen. Es ist die Zwei. Ich erreiche sie rechtzeitig.

Domsheide, Umsteigestelle. Ich gehe an müden Gesichtern vorbei, kaufe am Kiosk noch eine Packung Zigaretten, der Bus steht schon da. Ich laufe. Im Bus stempel ich die Fahrkarte, setze mich ans Fenster und sehe hinaus. Da rennt einer wie besessen, er hat Pech, die Bahn fährt ihm vor der Nase weg. Er flucht. Andere stimmen ihm bei. Ich sehe es an ihren empörten Blicken, am Kopfschütteln. Ich werde zu spät kommen. Es ist schon zehn vor sechs. Der Bus fährt los.

Ich genieße es, morgens im Bus zu sitzen, aus dem Fenster zu starren und vor mich hinzuträumen. Oft denke ich mir, wie schön es wäre, wenn er nicht zum Arbeitsplatz fahren würde, sondern stundenlang durch die Gegend.

Findorffer Krankenhaus. Ich steige aus, überquere die Hemmstraße, biege in die Walsroder und betrete das Krankenhaus. Ich grüße den Pförtner, er nickt mir zu. Ich laufe die Treppen hoch in den zweiten Stock. Im Umkleideraum ist niemand mehr. Es ist Viertel nach sechs. Ich schmeiße mich in meine Pflegertracht und begebe mich auf meine Station. Sie sitzen alle in der Küche. Sie spotten. Ich wehre mich. Sie lassen es nicht gelten. Noch ein paar Züge an der Zigarette, dann springen alle auf. Schwester Ingrid und ich machen die Betten. Im ersten Zimmer werden wir mit Guten-Morgen-Gebrüll empfangen. Abwesend verrichte ich die Handgriffe, die für das Bettenmachen nötig sind. „Was ist mit dir los?“ fragt die Kollegin. „Müde.“ Der Opa am Fenster muß aus dem Bett gehoben werden. „Der gehört in ein Pflegeheim“, meint die Schwester. „Ja, ja.“ Um sieben sind wir fertig. Die Station ist nicht voll belegt. Ich leere die Urinflaschen. Einer alten Frau schiebe ich ein Becken unter den Hintern. Kurz eine Zigarette. Die Essenwagen kommen. Wir verteilen die Tabletts mit dem Frühstück drauf. Schwester Ingrid und ich gehen auf die Zimmer und helfen denen, die nicht alleine essen können. Es ist zuviel für uns. Ich stecke hier einen Löffel in den Mund, da schmiere ich ein Brötchen. Ein alter Mann macht ins Bett, aber erst wird gegessen. Er jammert. Ich fahre ihn an. Es tut mir leid. Ich fluche in mich hinein. Einige sind fertig. Ich räume ab. Acht Uhr. Wir machen erstmal Frühstück. Es schmeckt mir nicht. Kein Hunger, kein Appetit, ich weiß es nicht. „Iß“, sagt unsere Putzfrau, „bist sowieso schon so dünn.“ Ich lache. Heute morgen wird nicht viel gesprochen. Unser Stationspfleger macht ein mürrisches Gesicht.

Schwester Krista versucht, ihn zu foppen. Er geht nicht darauf ein. Ich stecke mir eine Zigarette an. Es klingelt. Ich springe auf und drücke die Zigarette in den Aschenbecher. Ein Patient auf Zimmer vier braucht einen Topf. Ich schiebe ihn unter. „Guten Schiß!“ Er lacht, sein Gesicht läuft rot an. Herr Braun, der am Fenster liegt, fragt mich, ob ich etwas Zeit für ihn habe. Er möchte mit mir reden. Ich sage: „Später.“ Herr Braun ist ein ruhiger Patient, man nimmt ihn kaum wahr. Er hat auf der Arbeit schwer gehoben

und sich einen Leistenbruch geholt. Er ist vierzig Jahre alt, mageres, ernstes Gesicht, und bekommt keinen Besuch.
„Wer wird heute alles operiert?“ frage ich in der Küche. „Der Magen von Herrn Klein, die beiden Blinddärme auf Zimmer vier und die Galle von Frau Müller“, antwortet mir Schwester Krista. Schwester Ingrid erzählt von ihrem Mann. Er fährt zur See, und sie träumt mehr von ihm, als daß sie ihn sieht. Er hat geschrieben. Bald ist er da. Wie sie sich freut! Unsere Putzfrau schmunzelt mir zu. Ich grinse. Halb neun. Alle springen auf. Wieder an die Arbeit. Die üblichen Verordnungen: Baden, Verbinden, Einreiben, Inhalieren, Blasenspülungen. Die Tabletten für mittags und abends müssen gestellt, die OPs vorbereitet werden. Unser Stationspfleger ist schon mit den Spritzen losgezogen. Ich räume noch die restlichen Tabletts ab, dann kümmere ich mich zuerst um das Baden. Es sind nur zwei alte Frauen, denen ich behilflich sein muß, die anderen machen es allein. Ich brauche dann nur noch die Wanne zu säubern und neues Wasser einlaufen zu lassen.

Ich ziehe die eine Omi aus, löse ihren Verband. Sie hat einen künstlichen Darmausgang, durch die Bauchdecke des linken Unterbauches. Rundherum ist alles wund. Bei den Alten heilt alles so verdammt schlecht. Es kommt ein wenig Stuhlgang. Es stinkt. Ich hebe sie hoch und setze sie in die Wanne. Sie ist nur noch faltige Haut und Knochen und sehr leicht zu heben. Sie klammert sich fest an mich wie ein kleines Kind. Ich muß bei ihr bleiben. Sie sitzt in der Wanne und klagt: „Warum macht ihr das alles noch mit mir, laßt mich doch sterben.“ Ich fühle mich hilflos. Ich kann sie verstehen, aber ich darf das nicht sagen. Sie sitzt unbeweglich da. Ich wasche ihren Rücken und fühle ihre Rippen. Ich bin ganz vorsichtig. Ich habe Angst, ihr wehzutun. Sie freut sich, und plötzlich fängt sie an zu weinen. Nach zehn Minuten hole ich sie heraus, trockne sie ab, mache ihr einen provisorischen Verband und lege ihr den Bademantel über. Ich setze sie in einen Rollstuhl, schiebe sie in ihr Zimmer und lege sie ins Bett. Schwester Ingrid ist mit dem Inhalieren fertig, sie geht ins Dienstzimmer und stellt die Tabletten. Auf Zimmer vier klingelt es. Herr Braun fragt mich, ob ich Zeit habe. „Ja, ja, gleich.“ Ich bereite die Blasenspülung vor. Heute sind es nur drei. Herr Bach, der Greis, der alleine lebt, zu Hause die Treppe hinuntergefallen ist und sich dabei einen Schlüsselbeinbruch zugelegt hat, verzieht sein Gesicht, als er mich kommen sieht. Er braucht einen Dauerkatheter, weil er keine Kontrolle mehr über seine Blase hat. „Och“, stöhnt er, „nicht schon wieder.“ Ich löse den Urinbeutel vom Dauerkatheter, lasse den Restharn in eine Schale laufen und stecke die Spritze in den Katheter, der in die Blase führt. Langsam drücke ich die Flüssigkeit in die Harnblase. Er jault ein wenig. „Stell dich nicht so an“, sage ich nicht unfreundlich. Ich lasse die Spülflüssigkeit in ein steriles Gefäß ablaufen, ziehe sie erneut auf und wiederhole den Vorgang, drei- bis viermal, bis die Flüssigkeit klar zurückkommt. Heute kommt kein Blut mit. Zum Schluß spritze ich noch eine desinfizierende Lösung in die leere Blase, die bis zur nächsten Entleerung drin bleibt. Zwischen den Spülungen helfe ich Schwester Krista die OPs in den OP zu schieben. In Zimmer vier sehe ich die Augen von Herrn Braun auf mich gerichtet, ehe er was sagen kann, vertröste ich ihn auf nachher. „Was ist mit ihm?“

Frau Müller mit der Galle liegt im Bett und schaut uns ängstlich an. Die Beruhigungsspritze hatte sie schon eine halbe Stunde vorher bekommen. Ich rede ruhig auf sie ein, doch Frauen mittleren Alters haben nicht so viel Vertrauen zu mir, wegen meiner jungen Jahre. Bei alten Frauen ist das anders. Schwester Krista drückt ihre Hand. Dann steht sie allein im langen Flur des OP.

Ich mache noch meine Einreibungen, dann kommt schon der Wagen mit dem Mittagessen. Wir verteilen die Tabletts. Unsere Putzfrau hilft uns. Jetzt muß natürlich wieder einer auf'n Topf. Seine Zimmergenossen meutern. Einer reißt das Fenster auf. Frau Schneider, eine dicke Frau mit kurzen Armen und einer halbwegs verheilten Blinddarmnarbe, hilft ebenfalls. Gedränge, Gelächter, Geschiebe. Ich denke schon an Feierabend. Nur noch eine Stunde, dann kommt die Spätschicht.

Auf dem Flur steht ein Mann Mitte Dreißig. Neuaufnahme. Er steht gebeugt, die rechte Hand gegen den Unterleib gepreßt. Wieder ein fauler Wurm. „Scheiß Blinddärme!" Ich zeige ihm sein Bett. Dann widme ich mich der Fütterung. Schwester Ingrid ist schon dabei. Zwischendurch ess' ich eine übriggebliebene Portion hastig und kaum gekaut, messe die Größe des Neuankömmlings, wiege ihn und frage, ob er heute schon was gegessen hat. Fühle den Puls und gebe ihm zwei Fieberthermometer, eins rektal und eins unter die Achsel. Schwester Krista kümmert sich um die Frischoperierten. Die Magenoperation verlief nicht ganz ohne Komplikationen. Herr Klein sieht eingefallen aus, auf seiner Stirn perlt der Schweiß. Ein kleiner Schlauch führt aus der Narbe, ständig kommt eitrige Flüssigkeit heraus. Der Verband wird laufend gewechselt. Blutdruck wird gemessen und die Temperatur. Sein linker Arm ist am Tropf angeschlossen.

Die Essentabletts sind im Wagen. Ich verteile noch die Fieberthermometer, ein kurzer Witz im Männerzimmer, hier noch einen Topf unter den Hintern, dann ist es geschafft. Schichtwechsel. In der Küche sitzen schon die anderen. Unser Stationspfleger macht die Übergabe. Ich sage Tschüß und verdufte. Im Umkleideraum ziehe ich meine Pflegertracht aus und steige in Zivil. Ein paar Pfleger von den anderen Stationen kommen. „Gott sei Dank, endlich Feierabend!" sagt der eine. „Mann, Michael ist schon umgezogen", sagt ein anderer. „Wenn er morgens man auch so schnell wäre", lästert ein dritter. Der vierte schlägt mir auf die Schulter. Sie gehen an ihre Schränke und fangen an, sich umzukleiden. Oft quatschen wir noch, trinken ein Bier, heute habe ich keine Lust. Im Fahrstuhl denke ich, daß ich fast alle Kollegen gern mag. Wir kommen gut miteinander aus.

Ich steige in den Bus, der voll ist, und schaue aus dem Fenster. Ich würde auch gern sitzen, denn ich fühle mich ganz schön müde. Dann fällt mir Herr Braun ein. Er wollte doch mit mir reden.

Uwe Herkt

Stolz bin ich als Zivildienstleistender

stolz bin ich
als Zivildienstleistender
ich bin im Pflegedienst tätig
darf alte Leute pflegen

stolz bin ich
als Zivildienstleistender
darf ich sie waschen
anziehen, unterhalten

traurig bin ich
als Zivildienstleistender
weil sie gestorben ist
eine alte Frau

stolz bin ich
als Zivildienstleistender
weil ich sie ermuntert habe
sie lachen wieder

traurig bin ich
als Mensch
weil ich nicht
richtig helfen kann ...

nach einem Jahr
praktischer Hilfe
artet es in Routine aus

die alten Leute
warten in diesem
Silo
nur noch auf eines

ich habe meine Zeit
abgesessen
das zivile Leben ergreift
mich wie eine Krake
Atemnot macht sich bemerkbar

Raphael H. Pfaff

Unter dem Symbol des Spatens

Als Wehrersatzdienst gilt der Dienst im Ministerium für Staatssicherheit, in den VP-Bereitschaften und in den Kompanien der Transportpolizei sowie der Dienst in den Baueinheiten im Bereich des Ministeriums für Nationale Verteidigung.
Zum Dienst in den Baueinheiten werden solche Wehrpflichtigen herangezogen, die aus religiösen Anschauungen oder aus ähnlichen Gründen den Wehrdienst mit der Waffe ablehnen.
Die Angehörigen der Baueinheiten tragen den Namen „Bausoldat".
Neben der Heranziehung zu Arbeitsleistungen ist mit den Angehörigen der Baueinheiten folgende Ausbildung durchzuführen:
a) staatspolitische Schulung
b) Schulung über gesetzliche und militärische Bestimmungen
c) Exerzierausbildung ohne Waffe
d) militärische Körperertüchtigung
e) Pionierdienst und spezialfachliche Ausbildung
Die Bausoldaten der Baueinheiten tragen eine steingraue Uniform mit Effekten und der Waffenfarbe „oliv". Als besonderes Kennzeichen tragen sie das Symbol eines Spatens auf den Schulterklappen.

Anordnung des Nationalen Verteidigungsrates der DDR

Kriegsdienstverweigerung anderswo

Staat	Dauer des Wehrdienstes	Wehrdienstverweigerung Möglichkeit	Gründe	Ersatzdienst
I. Mitgliedstaaten der NATO:				
Belgien	15 Monate	ja Angaben vor Musterung	religiöse, philosophische, ethische Motive	Militärdienst: 15 Monate Zivildienst: 24 Monate
Dänemark	12 Monate	ja	Gewissensgründe	Zivildienst: 15 Monate
Frankreich	12 Monate	ja Werbung u. Propaganda für KDV strafbar	religiöse oder philosophische Motive	Zivildienst: 30 Monate
Griechenland	24 Monate Voraussetzung für Anstellung im Staatsdienst	nein	—	nicht möglich
Italien	15 Monate Marine 24 Monate	ja	religiöse, weltanschauliche oder ethische Gründe	24 Monate, z. B. als Entwicklungshelfer
Luxemburg	6 Monate	ja	religiöse, ethische philosophische Motive	$13^1/_2$ Monate
Niederlande	Heer 16 Monate Luftwaffe 18 Monate Marine 21 Monate	ja	unüberwindliche Gewissensbedenken	23 Monate waffenloser Dienst oder 23 Monate Zivildienst
Norwegen	12 Monate Marine/Luftwaffe 15 Monate	ja	ernsthafte Überzeugungsgründe	Zivildienst 18 Monate (im Kriege 24 Monate)
Portugal	Heer 24 — 48 Monate Luftwaffe 36 Monate Marine 48 Monate Voraussetzung für Anstellung im öffentlichen Dienst	nein	—	nicht möglich
Türkei	Heer/Luftwaffe 20 Monate Marine 32 Monate	nein	—	nicht möglich
USA	24 Monate	ja	Gewissensgründe	24 Monate

Ein ehemaliger Bausoldat berichtet

Die seit November 1964 durchgeführten Einberufungen umfaßten je Durchgang (mit leichtem Anstieg) durchschnittlich etwa 250 bis 280 Bausoldaten. Bis Ende des Jahres 1975 erfolgten acht Durchgänge, was einer Gesamtzahl von etwa 2200 eingezogenen Bausoldaten entspricht. Darüber hinaus muß jedoch noch eine Dunkelziffer (die nicht Einberufenen) berücksichtigt werden, die von Kennern der Situation mit etwa 500 jährlich eingeschätzt wird.

Das Durchschnittsalter der Bausoldaten liegt gegenwärtig etwa zwischen 23 und 24 Jahren. Gegenüber früheren Durchgängen hat sich der Anteil der Verheirateten vergrößert; er überwiegt nunmehr. In der sozialen Struktur bestimmen die handwerklichen Berufe (Elektriker, Schlosser, Orgelbauer u. a.) das Bild; sie entsprechen fast einem 50%igen Anteil. Es folgen Arbeiter mit ca. 30 % und im Kirchendienst hauptamtlich Tätige. Angestelltenberufe bilden eine Ausnahme.

Der weitaus überwiegende Teil der Bausoldaten ist konfessionell gebunden. Ihr Anteil beträgt nahezu 90 %, wobei allein auf Mitglieder der evangelischen Kirche 70 % entfallen, während die anderen vorwiegend den Adventisten und den Freikirchen/Baptisten zugehören. Katholiken bilden noch bis heute eine Ausnahme, wobei jedoch in den letzten Jahren ein Anstieg festgestellt wird. Etwa 10 % der Bausoldaten sind konfessionell nicht gebunden.

Die Beweggründe für die Verweigerung des aktiven Wehrdienstes sind zwar unterschiedlich, lassen sich aber in drei bestimmten Gruppen zusammenfassen. Die erste — und überwiegende — beruft sich im wesentlichen auf ihr religiöses Bekenntnis, niemals töten zu wollen. Sie wendet sich vorrangig gegen jeglichen Waffendienst. Die zweite Gruppe, etwa ein Drittel der Bausoldaten, ist gleichfalls christlich motiviert, jedoch reichen die Ablehnungsgründe über die Verweigerung des Waffendienstes hinaus. Diese Bausoldaten wenden sich gegen das von der Partei- und Staatsführung geforderte Freund-Feind-Bild, wobei auch innerhalb dieser als christlich-humanistisch zu charakterisierenden Gruppe Differenzierungen bestehen. Es werden mehr oder weniger auch rationale und politische Gesichtspunkte gegen den Waffendienst und der ihr zugeordneten Friedensmoral vorgetragen. Bei den nicht konfessionell gebundenen Waffendienstverweigerern reicht die Motivierung von der politischen Opposition über Antimilitarismus und Pazifismus bis hin zu der Position, für das Atomzeitalter eine neue Friedensmoral zu fordern.

Völlige Gleichberechtigung?

Den Dienst als Bausoldat anerkennen wir als eine Entscheidung für den Frieden und den Sozialismus. Die wehrersatzdienstleistenden Bürger der DDR sind völlig gleichberechtigt vor dem Gesetz und nehmen, unabhängig von ihrer Weltanschauung und Bildung, einen gerechten Platz in unserer Gesellschaft ein. Dementsprechend hat bei uns auch jeder Bausoldat die Möglichkeit, die verschiedenen Bildungswege der DDR zu nutzen. Davon zeugt unter anderem die Tatsache, daß sich unter den Bausoldaten auch Abiturienten und Studenten befinden.

Erich Honecker in einem Brief an Clara Faßbinder

Am 14. März wurde in Ostberlin der 22jährige Nico Hübner verhaftet. Er hatte den Wehrdienst in der Nationalen Volksarmee abgelehnt und sich dabei auf den entmilitarisierten Status von ganz Berlin berufen. Bei seiner Verhaftung gab Nico Hübner eine Erklärung ab, in der es u. a. heißt:
„Der Schutz des Friedens und des sozialistischen Vaterlandes und seiner Errungenschaften ist Recht und Ehrenpflicht der Bürger der DDR" heißt es im Artikel 23 der Verfassung der DDR. Diese ‚Ehren'pflicht trifft für mich aus mehreren Gründen nicht zu. Erstens bin ich kein DDR-Bürger, sondern Berliner und zweitens existiert für mich kein ‚sozialistisches Vaterland', sondern nur ein deutsches Vaterland, das sich in der Vergangenheit selbst in Mißkredit gebracht hat. Und auf die ‚Errungenschaften' kann ich auch verzichten. Sie bestehen für mich nur in negativer Hinsicht: praktiziertem Bildungsverbot, Zwangsstaatsbürgerschaft, einer blutigen Grenze zwischen einer Nation, Hausfriedensbruch der VP in meiner Wohnung ... Ich kann sagen, daß es für mich aus rechtlichen und privaten Gründen ein Hohn wäre, einer Sache zu dienen, die ich keinesfalls gutheißen kann."

Presseerklärung der Gesellschaft für Menschenrechte

Wegen Vergehens gegen den § 32 des Wehrpflichtgesetzes sowie gegen die §§ 98 und 106 des Strafgesetzbuches der DDR wurde Nico Hübner von einem Berliner Stadtgericht zu fünf Jahren Freiheitsstrafe verurteilt.

Antimilitarismus Information 8. 9./1978

Mein Bruder, mein Feind?

Der dort drüben steht mit der Waffe,
könnte mein Bruder sein.
Doch was ist ein Bruder?
Kain erschlug Abel.
Märchen erzählen von feindlichen Brüdern,
doch auch das beweist nichts!

Der da mein Bruder sein könnte,
mag sanft sein und friedfertig.
Aber er hat eine Waffe,
gehorcht seinen Oberen,
die sind meine Feinde.

Der dort drüben steht mit der Waffe,
könnte mein Bruder sein.
Aber er ist auch der Heim-ins-Reich-Holer,
billiges Werkzeug der Eroberer,
gefühllose Waffe der Raubmörder,
Mensch, vielleicht Bruder,
jedoch benutzbar zum Mord
und also mein Feind!

Soldatenlied aus der DDR

Die Erziehung zum Haß steht demzufolge nicht im Widerspruch zu den edlen Zielen des Sozialismus. Haß ist die notwendige Konsequenz aus dem Befreiungskampf der Arbeiterbewegung und aus der Tatsache, daß die Errungenschaften der sozialistischen Staatengemeinschaft heute noch durch den Imperialismus aktiv bedroht werden. Dadurch wird zugleich das Freund-Verhältnis deutlicher, nicht als Geste, sondern als objektiv notwendige Forderung des Klassenkampfes und des Sieges über den Feind. Nicht subjektive Auffassungen und Vorstellungen, sondern konkrete gesellschaftliche Bedingungen bestimmen das Freund-Feind-Verhältnis.

Handreichung zur sozialistischen Wehrerziehung

Spiele

Bei Gesprächen sollen die Kinder erfahren, welchen verantwortungsvollen Dienst unsere Soldaten leisten und welche Charaktereigenschaften sie haben müssen. Wenn Soldaten Gäste ihrer Gruppe sind, können die Kinder mit ihnen marschieren üben und ihnen im Spiel nacheifern. In Verbindung zu anderen Tätigkeitsbereichen sollten Buchlesungen, Bildbetrachtungen, Arbeit mit Modellbogen — Fahrzeuge, Flugzeuge, Schiffe u. a. —, Spiele mit militärischem Spielzeug, Filme und Besuche im militärpolitischen Kabinett des Kreises neue Kenntnisse über unsere Nationale Volksarmee und ihre Waffenbrüder der anderen sozialistischen Armeen vermitteln. Das Besichtigen von Einrichtungen der NVA und von Stätten des revolutionären Kampfes der Arbeiterklasse ist stets geeignet, die Kinder mit Traditionen unserer revolutionären Entwicklung vertraut zu machen und sie zu der Erkenntnis zu führen, daß der Sozialismus geschützt werden muß. Die Kinder sollten an Feiertagen den Aufmarsch der Ehrenwachen beobachten und ihre Erlebnisse zeichnen sowie Arbeiter- und Kampflieder (Marschlieder) lernen.

Herta Schneider

Als der Lehrer das Spiel nicht mehr übersehen konnte, machte er die kleinen Plastikfigürchen in Uniformen verschiedener Nationalität und mit MG und Panzerfaust zum Gesprächsthema.
Die Buben witterten Kritik.
Ob sie denn mit den zwölf Aposteln spielen sollten? Die Mädchen hätten halt ihre Puppen.
Er bemerkte, daß die Mädchen mit den Puppen die Rolle der Mutter einüben. Und ob so die Buben nicht die Rolle des Tötenden einüben würden?
Quatsch — Soldaten seien nicht zum Töten da, sondern zum Erobern von Ländern!
Als sie von ihren schönen Kriegslandschaften sprachen, wagte er noch eine Runde. Er frage sich, ob dieses Spiel nicht ein Lügenspiel sei, da es zur Ausstattung dieser Landschaften keine kleinen Leichen zu kaufen gebe.
Die könne man sich leicht selber machen, wurde er belehrt, mit der Beißzange und einer Kerze zum Anschmoren.
Und aus dem Hintergrund hörte er eher laut das Wort „Kommunist“.

Hans Helmut Maier

Ein Schlachtfeld ist das deutsche Land
Die Waffenwälder blühn
Wie Aussatz wuchern die Armeen
Die täglich drüber ziehn

Wir Deutsche sind in Ost und West
Die treuesten Legionen
Der Generäle, die im Pentagon
Oder im Kreml thronen

Wir spieln das Schlachtvieh und wir spieln
Wenns sein muß auch den Schlächter
Dazu sind wir im Geist seit je
Die kühnsten Spiegelfechter

Wolf Biermann

Statt eines Nachwortes

Der Zweck des Krieges heiligt die Mittel

Sicher stumpfen wir alle ab, weil zuviel in dieser Welt geschieht an Grauenhaftem, Unmenschlichem. Nach Palästina, Korea, Vietnam und Kambodscha, nach Flugzeugunglücken, Flugzeugentführungen, Geiselnahmen und dem täglichen Tod auf der Landstraße können wir kein Mitleid mehr empfinden. Wer ist noch bereit, Leid anderer zu tragen, Anteil zu nehmen? Wir versuchen zu vergessen; wir weigern uns, an das zu denken, was wir sehen und hören. Die Anonymität schützt uns. Unter ihrem Schutzmantel werden und wurden die größten Verbrechen begangen. Ein Knopfdruck genügt, und Tausende von Menschen sterben in einem Feuerball, von Napalm verbrannt, von Splitterbomben zerrissen, in Massengräbern verscharrt. Nur werden in Zukunft keine Bäume mehr auf diesen Gräbern wachsen, denn auch die Natur wird sterben, und es wird niemanden geben, der nach dem Sinn fragen kann. Wir vertreiben den Tod, geben ihm Zeichen, Kreuze, lassen ihn stehen in dunklen Krankenhausfluren, in der Enge der Altersheime. Der Tod ist vergessen wie der übelriechende Rauch aus den Krematorien von Treblinka und Auschwitz. Der Tod ist unpersönlich, perfektioniert und in Plastik verpackt.

Wir, du und ich, denken manchmal an den Krieg, wenn wir Soldaten sehen, wenn in der Tagesschau ferne Kriegsschauplätze gezeigt werden, oder wenn in der Haushaltsdebatte des Bundestages der Wehretat verabschiedet wird. Selten sind wir betroffen und in unserer Ohnmacht bereit, den Widersinn einer Wettrüstung zu akzeptieren. Wir glauben, daß ohne die Rüstungsaufträge jeder fünfte arbeitslos ist. Außerdem die anderen rüsten auch. Nur wenn die anderen abrüsten, dann ... Du merkst nicht mehr, daß du dich selber betrügst, daß der Rest deines Gewissens nach Entschuldigungen sucht. Du bist nicht besser als die meisten von uns. Du sagst, da kann man nichts ändern, das ist eben so. Vielleicht träumst du dabei von einer kleinen, heilen Welt. Natürlich bist du gegen den Krieg. Wer ist schon dafür? Solange du gegen den Krieg schreibst, redest, hast du die Mehrheit auf deiner Seite. Doch wenn du danach handelst, stehst du plötzlich allein. Du versündigst dich gegen die Staatsraison, denn der Frieden ist nur als Utopie erwünscht und nicht als Realität. Du willst doch den Fortschritt nicht in Frage stellen. Was darunter zu verstehen ist, läßt sich in den Gebrauchsanweisungen für moderne Waffensysteme nachlesen. Wer ist schon bereit, vom „Freund-Feind-Denken" Abschied zu nehmen. Der Soldat, soll ein preußischer General gesagt haben, braucht eine Idee, um leichter zu sterben, und die Angst, auch im Rücken getroffen zu werden. So hat die Vernunft auch heute nichts erreicht, und aus der Geschichte haben wir nichts gelernt. Eine absurde Idee, daß jede Generation ihren eigenen Krieg braucht, um die Sinnlosigkeit neu zu erfahren und letztlich daraus nichts zu lernen. Es gibt keine größere Kontinuität in der Geschichte als die Dummheit.

Während des letzten Krieges, es war in der Nacht zum 8./9. Oktober 1944, als der Heulton der Sirenen meine Mutter und mich das dritte Mal in dieser Nacht in den Keller trieb, hörten wir bereits das gleichmäßige Dröhnen der Flugzeugmotoren. Durch das nächtliche Kellerfenster sah ich die „Tannenbäume" (Leuchtbomben zur Zielmarkierung) direkt über uns. Scheinwerferfinger erfaßten die Flugzeugpulks; in das Bellen der Flak mischte sich schon das Zischen der Bomben. Wir zählten voller Angst die Sekunden vom Aussetzen des Heultons bis zum Aufschlag.
Das Licht erlöschte, Mörtel fiel von den Wänden, von der Decke, legte sich auf uns alle. Eine Hitzewelle drang die Kellertreppe hinunter. Nach einem ohrenbetäubenden Krach, Bersten und Splittern war es fast ruhig. Als wir mit umgehängten nassen Tüchern uns nach oben tasteten, standen wir plötzlich im Freien. Gegenüber war eine Luftmine direkt vor dem kleinen Splitterbunker explodiert, den die Eltern meines Klassenkameraden im Garten gebaut hatten. Ein riesiger Krater zeigte die Stelle an, wo eben noch Menschen lebten.
Kein Klagen, kein Stöhnen. Die Menschen standen stumm vor dem brennenden Häusermeer. Es wirkte wie eine Erlösung, als eine junge Frau leise zu weinen begann. Wir waren noch einmal davongekommen. Für wie lange?

Hans Frevert

Bibliographie

Einführung

Wolf Biermann: Mit Marx- und Engelszungen, Berlin 1968, S. 27

Helmut Gollwitzer (Originalbeitrag für die 1. Auflage, Baden-Baden 1969)

Heiliger Krieg

Friedrich Heer: Kreuzzüge — gestern, heute, morgen?, Luzern/Frankfurt 1969, S. 5

Recueil des historiens des croisades. Historiens occidenteaux. Bd. III, Paris 1828 (Eigene Übersetzung)

Wolfgang Borchert: Das Gesamtwerk, Hamburg 1949, S. 357

Régine Pernoud: Die Kreuzzüge in Augenzeugenberichten, Düsseldorf 1961, S. 105 f.

Ebd. S. 232

Bibliothèque des croisades. 4. Teil. Chroniques arabes, Paris 1832 (Eigene Übersetzung)

Histoire anonyme de la première croisade, Paris 1804 (Eigene Übersetzung)

Vision eines christlichen Reiches

Erasmus von Rotterdam: Ausgewählt und eingeleitet von Friedrich Heer, Frankfurt/Hamburg 1962, S. 137 f.

Soziale und ideologische Kriege I. Der deutsche Bauernkrieg

Ludwig Fischer (Hrsg.): Die Schlacht unter dem Regenbogen, Berlin 1975, S. 45 f.

Ebd. S. 12 f.

Gerhard Wehr (Hrsg.): Thomas Müntzer. Schriften und Briefe, Frankfurt 1973, S. 179 f.

Ludwig Fischer, a. a. O., S. 19 f.

Soziale und ideologische Kriege II. Der Dreißigjährige Krieg

E. Bucher (Hrsg.): Anno dazumal. Versuch einer Kulturgeschichte in Dokumenten und Anekdoten, Berlin o. J. (1926), Bd. 1, S. 123

Ebd. S. 130 f.

Ebd. S. 127 f.

G. Guggenbühl/H. C. Huber: Quellen zur Geschichte der Neueren Zeit. 2. Aufl. 1956, Bd. 3, S. 182

Die Friedensbewegung der Aufklärer

Voltaire: Candide oder der Optimismus. 4. Aufl., Frankfurt 1978, S. 18 f.

Ulrich Bräker: Der arme Mann von Tockenburg, in: Peter Lahnstein: Report einer „guten alten Zeit", Stuttgart 1970, S. 534 f.

Immanuel Kant: Zum ewigen Frieden, Leipzig o. J. (1917), S. 95 f.

Soziale und ideologische Kriege III. Französische Revolution und Befreiungskrieg

Jean Paul Bertaud (Hrsg.): Valmy. La démocratie en armes, Paris 1970, S. 7 (Eigene Übersetzung)

Walter Grab/Uwe Friesel (Hrsg.): Noch ist Deutschland nicht verloren, München 1973, S. 41

Alwin Binder/Dietrich Scholle (Hrsg.): ça ira. Deutsche politische Lyrik vom Mittelalter bis zum Vormärz, Frankfurt o. J., Teil II, S. 61

E. Bucher: Anno dazumal, a. a. O., Bd. 2, S. 310

J. Hopf/K. Paulsiek (Hrsg.): Deutsches Lesebuch für höhere Lehranstalten, 34. Aufl., Berlin 1910, S. 196

Pazifismus und Antimilitarismus vor 1914

Bertha von Suttner: Krieg und Frieden, Nachwort, 1895, in: Die Barke. Lehrer-Jahrbuch 1966, Wien o. J. (1966), S. 211 f.

Jean Rabaut (Hrsg.): L'antimilitarisme en France 1810—1875, Paris 1975, S. 87 f. (Eigene Übersetzung)

Karl Liebknecht: Militarismus und Antimilitarismus unter besonderer Berücksichtigung der internationalen Jugendbewegung, Leipzig 1907, S. 15 f.

Wilhelm Lamszus: Antikrieg, in: Neue Deutsche Literatur, Berlin 1962, Nr. 10, S. 157

Wilhelm Lamszus: Das Menschenschlachthaus. Visionen vom kommenden Krieg, Hamburg/Berlin 1912, S. 94 f.

Carl von Ossietzky: Der heilige Mars, in: Das freie Volk, 31. 5. 1913

Imperialistische Kriege I. Der Erste Weltkrieg

Berthold Otto: Der Hauslehrer, 25. August 1901, S. 367
Maximilian Bayer (Hrsg.): Scherls Jungdeutschland-Buch, Berlin 1913, S. 4
Ernest Lavisse: Nouveaux discours à des enfants, Paris 1910, S. 34 f. (Eigene Übersetzung)
Ernst Toller: Eine Jugend in Deutschland, New York 1962 (rororo 583), S. 30 f.
Karl Hammer: Deutsche Kriegstheologie (1870—1918), München 1971, S. 326
Philipp Witkop (Hrsg.): Kriegsbriefe gefallener Studenten, München 1928, S. 8
Rudolf Hoffmann (Hrsg.): Der deutsche Soldat. Briefe aus dem Weltkrieg, München 1937, S. 36
André Fontaine: Le plus jeune héros de la guerre, Paris 1919, S. 6 (Eigene Übersetzung)
Liller Kriegszeitung 1915
O. Karstädt: Kinderaug' und Kinderaufsatz im Weltkriege, Leipzig 1916, S. 51 f.
Rudolf Hoffmann (Hrsg.): Der deutsche Soldat, a. a. O., S. 160 f., S. 154 f.
Richard Stumpf: Warum die Flotte zerbrach. Kriegstagebuch eines christlichen Arbeiters (1927), in: Ernst Johann (Hrsg.): Innenansicht eines Krieges, München 1973, S. 117 f.
Karl Retzlaff: Spartacus. Aufstieg und Niedergang. Erinnerungen eines Parteiarbeiters, Frankfurt 1971, S. 51 f.
Ursula von Gersdorff (Hrsg.): Frauen im Kriegsdienst 1914—1945, Stuttgart 1969, S. 135
Ernst Jünger: In Stahlgewittern, 26. Aufl., Stuttgart 1961, S. 226 f.
Erich Maria Remarque: Im Westen nichts Neues, Köln o. J., S. 74 f.

Radikaler Pazifismus 1919—1933

Ernst Friedrich: Krieg dem Kriege!, in: Kunstamt Kreuzberg und Institut für Theaterwissenschaft der Universität Köln (Hrsg.): Weimarer Republik, Berlin 1977, S. 19 f.
Kurt Tucholsky: Drei Minuten Gehör, in: Kurt Fassmann (Hrsg.): Gedichte gegen den Krieg, München 1961, S. 122 f.
Wolfgang Weyrauch (Hrsg.): Ausnahmezustand. Eine Anthologie aus „Weltbühne" und „Tagebuch", München 1966, S. 63 f.
Erich Kästner: Fantasie von übermorgen, in: Kurt Fassmann, a. a. O., S. 147

Soziale und ideologische Kriege IV. Der Spanische Bürgerkrieg

Gustav Regler: Owl of Minerva, London 1959, S. 406 f. Zitiert nach: Hans-Christian Kirsch (Hrsg.): Der spanische Bürgerkrieg in Augenzeugenberichten, 3. Aufl., München 1976, S. 240 f.
Times, 28. 4. 1937. Zitiert nach: Neue Gesellschaft für Bildende Kunst (Hrsg.): Guernica. Kunst und Politik am Beispiel Guernica, Berlin 1975, S. 106 f.
Zitiert nach: Manfred Merkes: Die deutsche Politik im spanischen Bürgerkrieg 1936—1939, 2. Aufl., Bonn 1969, S. 37
Zitiert nach: Neue Gesellschaft für Bildende Kunst: Guernica, a. a. O., S. 135
Klaus A. Maier: Guernica, Freiburg 1975, S. 155
Hanno Kühnert: Wie aus Recht Unrecht wird. Das Schicksal des Theodor Kroliczek, in: DIE ZEIT, 6. 10. 1978

Imperialistische Kriege II. Der Zweite Weltkrieg

Karl-Heinz Janßen: Eine Welt brach zusammen, in: H. Glaser/A. Silenius (Hrsg.): Jugend im Dritten Reich, Frankfurt 1975, S. 89 f.
Werner Beumelburg: Gruppe Bosemüller, in: Mit 17 Jahren vor Verdun, Kranz-Bücherei Nr. 200, Frankfurt o. J., S. 25 f.
Das deutsche Hausbuch, Berlin 1943, S. 85
Niedersächsisches Staatsarchiv, Hannover, 80 Hann. II e 1 Nr. 266
Karl-Heinz Janßen, a. a. O., S. 94
Der Antifaschistische Widerstandskampf der KPD im Spiegel des Flugblattes 1933—1945, Berlin 1977
Peter Rühmkorf: Die Jahre, die Ihr kennt, Hamburg 1972, S. 10
Letzte Briefe aus Stalingrad, Gütersloh 1954, S. 48 f.
Zitiert nach: Günther Weisenborn, Der lautlose Aufstand (Taschenbuch-Ausgabe), Hamburg 1962, S. 276 f.
Alfons Erb: Nein, ich werde nicht schießen. Otto Schimek, der „Heilige von Machowa", in: Pax Christi, 6/1976

Dieter Boßmann: Was ich über Adolf Hitler gehört habe. Auszüge aus Schüleraufsätzen von heute, Frankfurt 1977 (Fischer Tb 1935), S. 282
Ursachen und Folgen vom deutschen Zusammenbruch 1918 und 1945 bis zur staatlichen Neuordnung in der Gegenwart. 17. Band: Das Dritte Reich, S. 56, Abs. K
Kriegstagebuch des Oberkommandos der Wehrmacht. Zusammengestellt von Andreas Hillgruber. Bd. II/2, Frankfurt 1962, S. 1301 f.
Letzte Briefe aus Stalingrad, a. a. O., S. 13, S. 38/39
Heinrich Böll: Auch Kinder sind Zivilisten, in: Wanderer kommst du nach Spa..., in: Hans Jürgen Schultz (Hrsg.): Der Friede und die Unruhestifter, Frankfurt 1973, S. 281 f.
Kriegstagebuch des Oberkommandos der Wehrmacht, a. a. O., S. 1307
Letzte Briefe aus Stalingrad, a. a. O., S. 41 f.
Walter Görlitz (Hrsg.): Ich stehe hier auf Befehl. Lebensweg des Generalfeldmarschalls Friedrich Paulus, Frankfurt 1960, S. 252
W. A. Boelcke (Hrsg.): Wollt Ihr den totalen Krieg? Die geheimen Goebbels-Konferenzen 1939—1945, München 1969, S. 430 f.
Letzte Briefe aus Stalingrad, a. a. O., S. 19 f.
H. Michaelis/E. Schraepler (Hrsg.): Ursachen und Folgen. Vom deutschen Zusammenbruch 1918 und 1945 bis zur staatlichen Neuordnung Deutschlands in der Gegenwart. Eine Urkunden- und Dokumentensammlung zur Zeitgeschichte, Berlin o. J., Band XVIII, S. 105 f.
Theodor Plivier: Stalingrad. München o. J. (TB-Ausgabe Goldmann 3357), S. 385 f.
Alexander Solschenizyn: Der Archipel Gulag, München 1974, S. 469
Heinz Boberach (Hrsg.): Meldungen aus dem Reich. Auswahl aus den geheimen Lageberichten des Sicherheitsdienstes der SS 1939—1945, München 1968, S. 336
Die beiden Briefe an Frau Propfe bekam ich von ihrem Enkel Björn Wilke freundlicherweise zur Verfügung gestellt. M. C.
Ferdinand Otto Miksche: Vom Kriegsbild, Stuttgart 1976, S. 139 f.
Benno Wundshammer: Stukas über Polen, in: Dich ruft Dein Volk. Deutsches Lesebuch für Mittelschulen, 2. Bd., Bielefeld/Leipzig 1941, S. 242 f.
Der Zweite Weltkrieg. Bilder, Daten, Dokumente, Gütersloh 1968, S. 227
Mündliche Überlieferung
Pfarrer Gröpler: Symbol der Zerstörung und der Versöhnung. Unveröffentlichtes Manuskript, das Dr. Jörg Becker von Herrn Dr. Keienburg (Ev. Akademie Rheinland-Westfalen) zugeleitet wurde.
Dieter Kühn: Luftkrieg als Abenteuer. Kampfschrift, München/Wien 1975, S. 36 f.
David Irving: Der Untergang Dresdens, München 1977, S. 151 f.
Bundesminister für Vertriebene, Flüchtlinge und Kriegsgeschädigte (Hrsg.): Aus den Tagen des Luftkrieges. Erlebnis- und Erfahrungsberichte. Dokumente deutscher Kriegsschäden, 1. Beiheft, Bonn 1960
David Irving, a. a. O., S. 206
Ebd., S. 230, S. 241, S. 243
Heinz Boberach (Hrsg.): Meldungen aus dem Reich, a. a. O., S. 389
Linus Pauling: No more war!, New York 1958, 1962, S. 6 f. (Eigene Übersetzung)
H. W. Bär (Hrsg.): Die Stimme des Menschen, Briefe und Aufzeichnungen aus der ganzen Welt 1939—49, München
Günter Kunert: Erinnerung an einen Planeten, München 1963
Marion Gräfin Dönhoff: Namen, die keiner mehr nennt, Düsseldorf/Köln 1962, S. 9
Alfred M. de Zayas: Die Anglo-Amerikaner und die Vertreibung der Deutschen, München 1977, S. 89, S. 213
Wolfgang Borchert: Das Gesamtwerk, a. a. O., S. 357
Deutschland 1945—1972. Quellentexte zur Zeitgeschichte, 9. Aufl., S. 7 f.
Wolfgang Borchert, a. a. O., S. 343 f.
Zitiert nach: Alfred M. de Zayas, a. a. O., S. 133
Zitiert nach: Wolfgang Gast (Hrsg.): Politische Lyrik (Reclam-Arbeitshefte für den Unterricht 9502), Stuttgart 1976, S. 46
Wolfgang Borchert, a. a. O., S. 139 f.

Der Kampf gegen die Wiederaufrüstung 1945—1952

Peter Rühmkorf: Die Jahre, die Ihr kennt, a. a. O., S. 26
Max Frisch: Tagebuch 1946—1949, Frankfurt 1958, S. 309 f.
Dieter S. Lutz: Wehrpflicht, Kriegsdienstverweigerung und Verteidigungsfähigkeit. IFSH-Diskussionsbeiträge, Heft 5, Hamburg o. J. (1978), S. 1 f.
Rede Konrad Adenauers auf dem 1. Parteitag der CDU in Goslar vom 20.—22. 10. 1950, in: Hans-Adolf Jacobsen (Hrsg.): Mißtrauische Nachbarn. Deutsche Ostpolitik 1919—1970, Düsseldorf 1970, S. 236 f.
Hans-Jürgen Schultz (Hrsg.): Der Friede und die Unruhestifter, a. a. O., S. 67 f.
W. W. Rausch/C. Walther (Hrsg.): Evangelische Kirche in Deutschland und die Wiederaufrüstungsdiskussion in der Bundesrepublik 1950—1955, Gütersloh 1978, S. 35 f.
Hans-Adolf Jacobsen (Hrsg.): Mißtrauische Nachbarn, a. a. O., S. 264 f.
Gerda Konietzky/Peter Schütt/Wolf-Dietmar Stock (Hrsg.): Frieden & Abrüstung. Ein bundesdeutsches Lesebuch, Fischerhude 1977, S. 28 f.

Stoppt die Bombe

Gegen den Tod. Stimmen deutscher Schriftsteller gegen die Atombombe, Stuttgart-Cannstatt o. J. (1964), S. 33
Gerda Konietzky/Peter Schütt/Wolf-Dietmar Stock (Hrsg.): Frieden & Abrüstung, a. a. O., S. 26 f.
Hans-Georg Noack: Die Geigerzähler, in: Noack: Lesungen, Baden-Baden 1976, S. 21 f.
Die Heeresdienstvorschrift der Bundeswehr vom 25. 7. 1973, in: Militärpolitik 1/1977, S. 20 f.
Karl A. Otto: Vom Ostermarsch zur APO. Geschichte der außerparlamentarischen Opposition in der Bundesrepublik Deutschland 1960—1970, Frankfurt 1977, S. 60
Zitiert nach: Peter Rühmkorf: Die Jahre, die Ihr kennt, a. a. O., S. 101
Anton Andreas Guha: Die Neutronenbombe oder die Perversion menschlichen Denkens, Frankfurt 1977, S. 129
Presse- und Informationsamt der Bundesregierung (Hrsg.): Die Neutronenwaffe (Materialsammlung), Bonn 1978, S. 43 f.
Egon Bahr: Ist die Menschheit dabei, verrückt zu werden?, in: Vorwärts Nr. 29, 21. 7. 1977 (auch zitiert bei Guha, a. a. O., S. 127)
Frankfurter Allgemeine Zeitung, 31. 3. 1978
Süddeutsche Zeitung, 2. 5. 1978
Hans-Jürgen Schultz (Hrsg.): Der Friede und die Unruhestifter, a. a. O., S. 290

Imperialistische Kriege III. Der Einmarsch in die CSSR.

Erich Bertleff: Mit bloßen Händen. Der einsame Kampf der Tschechen und Slowaken 1968, Wien/München/Zürich o. J., S. 36 f.
Rundfunkkommentare, Berichte, Interviews, Dokumentationen über die sowjetische Intervention in der Tschechoslowakei, gesendet im DLF-Programm vom 21. bis 27. 8. 1968. Hrsg. vom Deutschlandfunk, Köln-Marienburg 1968
Der Bild-Kommentar. Aus: BILD-Zeitung, 28. August 1968
Erich Bertleff, a. a. O., S. 104 f.
DIE ZEIT, 18. 8. 1978
Rundfunkkommentare, a. a. O., S. 229
Viola Fischerova: Krankengeschichte, in: Das kalte Paradies. Emigration — Integration — Konfrontation. Hrsg. von Eric A. Peschler, Frauenfeld 1972, S. 26 f.
„Zweitausend Worte — vom Ostwind verweht?“ Frankfurter Rundschau, 27. 6. 1978, S. 10

Imperialistische Kriege IV. Der Vietnamkrieg

Arno Ploog: Napalm macht frei, Frankfurt/Berlin 1968, S. 32 f.
Wintersoldat (Winter Soldier), Dokumentarfilm, USA 1972. Ausgestrahlt im ARD, I. Programm, 14. 5. 1973, 22.50 Uhr. Zitiert nach dem Manuskript des Westdeutschen Rundfunks, Pressestelle, S. 10 f.
Verteidigungsminister Robert S. McNamara vor dem Verteidigungsausschuß des Bewilligungsausschusses des US-Senats, zitiert nach: Arno Ploog, a. a. O., S. 32
Wintersoldat, a. a. O., S. 12
Arno Ploog, a. a. O., S. 41

Wilfried v. Bredow (Hrsg.): US-Kriegsführung in Vietnam. Neue Dokumente und Materialien, Hefte zu politischen Gegenwartsfragen 5, Köln 1972, S. 34 f.
Arno Ploog, a. a. O., S. 33
Aus dem Aufruf des Nobelpreisträgers Bertrand Russell an das amerikanische Volk. Zitiert nach: F. J. Degenhardt/W. Neuss/H. D. Hüsch/D. Süverkrüp: Da habt ihr es!, Reinbek 1970, S. 82
30 Jahre Vietnamkrieg. Aus: Süddeutsche Zeitung, 30. 4./1. 5. 1975, S. 3
Blick in die Presse. Süddeutsche Zeitung, 2. 5. 1975, S. 4
Daniel Ellsberg: Ich erkläre den Krieg. Vietnam — Der Mechanismus einer militärischen Eskalation, München 1973, S. 34
Arno Ploog, a. a. O., S. 12
Susan Brownmiller: Gegen unseren Willen. Vergewaltigung und Männerherrschaft, Frankfurt 1978, S. 108 f.
Wintersoldat, a. a. O., S. 45 f.
Do Quy Toan: Bewein ich den Tod, in: Blickpunkt, Jg. 1968 (hrsg. vom Stadtjugendring Berlin)
Daniel Ellsberg, a. a. O., S. 40 f.
Hans-Jürgen Benedict: Vom Protest zum Widerstand — Die Vietnamkriegs-Opposition in den USA und in der BRD, in: Friedensanalysen 4, Frankfurt 1977, S. 86
Präsident Johnson zu Beginn der Demonstrationen in der amerikanischen Öffentlichkeit, zitiert nach: H.-J. Benedict, a. a. O., S. 87
Manfred Stinnes: Kriegsdienstgegner in der amerikanischen Armee. Direkte Aktionen der Vietnam-Veteranen, in: Gewaltfreie Aktion. Vierteljahreshefte für Frieden und Gerechtigkeit, Heft 8, 2. Quartal, 3. Jahrgang, 1971, S. 32 f.
Mr. Doan, Präsident der Dow Chemical, in: DIE ZEIT, 15. 3. 1968
Tagesanzeiger (Zürich), 9. 6. 1978, S. 37
Arno Ploog, a. a. O., S. 18
Rede des amerikanischen Außenministers Henry A. Kissinger vor dem World Affairs Council von St. Louis am 12. Mai 1975. Zitiert nach: Europa-Archiv, Folge 13/1975, D, 327 f.
Blick in die Presse, a. a. O.
Rede des amerikanischen Außenministers, a. a. O.

Abschreckung oder Entspannung?

Günther Gugel/Rainer A. Rotz (Hrsg.): Herausforderung Frieden, Waldkirch 1976, S. 190 f.
F. J. Degenhardt/W. Neuss/H. D. Hüsch/D. Süverkrüp: Da habt ihr es!, Reinbek 1970, S. 77 f.
Aus der Schlußakte der Konferenz über Sicherheit und Zusammenarbeit vom 1. August 1975. Bundesanstalt für gesamtdeutsche Aufgaben, Bonn, o. J., S. 8 f.
Schüler in der Bundesrepublik über Wiedervereinigung und deutsche Einheit, in: Der Spiegel Nr. 15/1978
Sicherheit und Zusammenarbeit in Europa. Aufgabe beider deutscher Staaten. Friedrich-Ebert-Stiftung (Hrsg.), Bonn-Bad Godesberg 1974, S. 8
Klaus Franke/Otto Reinhold: Friedliche Koexistenz und Klassenkampf, Berlin (Ost) 1974, S. 26
Kurt Fassmann (Hrsg.): Gedichte gegen den Krieg, München 1961, S. 300 f.

Sag nein, wenn Du nicht töten willst

Wolfgang Borchert: Gesamtwerk, a. a. O., S. 359
Jugend in Selbstzeugnissen, Baden-Baden 1960, S. 146
Dieter S. Lutz: Wehrpflicht, Kriegsdienstverweigerung und Verteidigungsfähigkeit, Hamburg o. J. (1978), S. 1
Parlamentarischer Rat, Sitzungen des Hauptausschusses, Bonn 1948/49, Protokoll der 43. Sitzung vom Januar 1948, S. 545 f.
Aus dem Urteil des Bundesverfassungsgerichts vom 20. 1. 1960
Der Spiegel, 23. 1. 1978, S. 40 f.
Jugend in Selbstzeugnissen, a. a. O., S. 147
W. von Bredow: Entscheidung des Gewissens. Kriegsdienstverweigerer heute, Köln 1969, S. 85 f.
Frankfurter Allgemeine Zeitung, 4. 11. 1977
H. J. Schultz (Hrsg.): Der Friede und die Unruhestifter, Frankfurt 1973, S. 284 f.

Frankfurter Allgemeine Zeitung, 14. 4. 1978
Frankfurter Allgemeine Zeitung, 9. 11. 1977
Deutsche Volkszeitung, 1. 12. 1977
W. W. Rausch/C.Walther (Hrsg.): Evangelische Kirche in Deutschland und die Wiederaufrüstungsdiskussion in der Bundesrepublik 1950—1955, Gütersloh 1978, S. 150 f.
P. Glotz/W. R. Langenbucher (Hrsg.): Versäumte Lektionen, Gütersloh 1965, S. 315
Gerda Konietzky/Peter Schütt/Wolf-Dietmar Stock (Hrsg.): Frieden & Abrüstung, a. a. O., S. 186
Ebd. S. 192
Albert Krölls: Kriegsdienstverweigerung. Grundrecht zwischen Gewissensfreiheit und Kriminalität, 2. Aufl., Leverkusen 1977, S. 105
Ebd. S. 150 f.
Franz Josef Degenhardt: Laßt nicht die roten Hähne flattern ehe der Habicht schreit, Gütersloh 1974, S. 15 f.
Gerda Konietzky/Peter Schütt/Wolf-Dietmar Stock (Hrsg.): Frieden & Abrüstung, a. a. O., S. 192
Klaus Mannhardt/Winfried Schwamborn: Schwarzbuch der Kriegsdienstverweigerung, Köln 1974, S. 85
Die Wehrstruktur in der Bundesrepublik Deutschland, hrsg. von der Wehrstrukturkommission der Bundesregierung, Bonn 1972/73, S. 153 f.
Bundespräsident Scheel in einer Ansprache „Über die sittlichen Grundlagen von Verteidigungsbereitschaft und demokratischem Bewußtsein“ auf der 22. Kommandeurstagung der Bundeswehr in Saarbrücken am 5. April 1978
Karl Hans Frank: Stolperstellen. Gedichte und Prosa, Hamburg/Düsseldorf 1968, S. 98

Zivildienst als Friedensdienst

Der Spiegel, 23. 1. 1978, S. 34
Frankfurter Allgemeine Zeitung, 10. 6. 1977
zündstoff aus der nicht ganz freien hansestadt bremen 2, hrsg. von der Werkstatt Bremen im Werkkreis Literatur der Arbeitswelt, Bremen o. J. (1977), S. 33 f.
Originalbeitrag
Günter Walpuski: Verteidigung + Entspannung = Sicherheit. Texte und Materialien zur Außen- und Sicherheitspolitik, Bonn 1975 (Verlag Neue Gesellschaft), S. 95
Gesetzblatt der Deutschen Demokratischen Republik, Berlin, 16. September 1964, Teil I, Nr. 11, S. 129 f.
Die Nationale Volksarmee. Ein Antiweißbuch zum Militär in der DDR, hrsg. von der Studiengruppe Militärpolitik, Reinbek 1976, S. 161 f.
Ebd. S. 170
Presseerklärung der Gesellschaft für Menschenrechte e. V. vom 21. 3. 1978
antimilitarismus information 8. 9/1978
Aus einer Sendung des Berliner Rundfunks der DDR, März 1978, unter dem Titel „Neue Soldatenlieder im Gespräch“, in: DIE ZEIT, 30. 6. 1978, S. 9
Die Nationale Volksarmee, s. o., S. 124 f.
Ebd. S. 128
Hans Helmut Maier: Asche und Psalm, Darmstadt 1978, S. 13
Wolf Biermann: Deutschland. Ein Wintermärchen, Berlin 1972, S. 25

Didaktische Hinweise

Die folgenden Anmerkungen sollen in Form von stichwortartigen Hinweisen Anregungen für den praktischen Gebrauch der Texte im Unterricht geben. Das bedeutet, daß weder alle denkbaren Verwendungsmöglichkeiten aufgezeigt, noch die knappen Hinweise zu Skizzen von Modellstunden ausgearbeitet werden konnten.

Für einen Einsatz der Texte kommen die Fächer Religion, Geschichte, Sozialkunde und Deutsch auf Sekundarstufe II, teilweise auch auf Sekundarstufe I in Frage.

Da die neuen Lehrpläne der reformierten Oberstufe sich, was die Kernforderungen angeht, in den verschiedenen Bundesländern durchaus decken, erscheint es gerechtfertigt, auf Parallelhinweise zu den verschiedenen Länder-Lehrplänen zu verzichten und es dem Benutzer zu überlassen, die folgenden Vorschläge (die sich auf Formulierungen der baden-württembergischen Pläne stützen) je nach den Schwerpunkten der für ihn maßgeblichen Pläne zu modifizieren oder zu erweitern.

Die Quellen der vorliegenden Sammlung lassen sich in zwei Hauptgruppen einteilen, die hier getrennt behandelt werden, und zwar einmal die beschreibenden Texte, sodann die Arbeitstexte.

I. Die beschreibenden Texte (Erlebnisschilderungen und Augenzeugenberichte sowie erzählerische Darstellungen)

Die Augenzeugenberichte können entweder im Geschichtsunterricht auf Sekundarstufe I die Not und das Elend einer bestimmten kriegerischen Epoche lebendig machen oder auf Sekundarstufe II das Wesen und die Auswirkungen des Phänomens Krieg im jeweiligen Kontext illustrieren und verdeutlichen. Derartige Schilderungen vermögen zweifellos manche Schüler betroffen zu machen und so die Bahn für gedankliche Auseinandersetzung mit den jeweiligen Themen zu bereiten. Denkbar ist aber auch — und diese Gefahr sollte nicht unterschätzt werden! —, daß die Berichte über Greuel und Unmenschlichkeiten nur die Sensationslust befriedigen und als Horror-Lektüre genossen werden. Von daher gesehen sollten die Texte dieser Gruppe in Verbindung mit den Arbeitstexten im Unterricht benutzt werden.

Bei den literarischen Darstellungen (die Nummern 10, 11, 16, 21 der unten folgenden Liste) bietet sich auf den ersten Blick eine ideologiekritische Untersuchung an, vor allem dann, wenn es sich um Paralleltexte von Verfassern verschiedener Einstellung handelt (Jünger/Remarque!). In der Unterrichtspraxis wird jedoch selten genügend Zeit zur Verfügung stehen, um eine solche einigermaßen zeitraubende Untersuchung gründlich durchführen zu können, so daß diese literarischen Beispiele exemplarisch eingesetzt werden sollten.

Folgende Texte bzw. Textreihen gehören zu Gruppe I:

1 Gott allein kennt die Zahl der Scheiterhaufen (S. 15 f.)
2 Ich kann's nicht länger ausstehen (S. 21)
3 Gefangen, geschlagen, gefoltert (S. 21 f.)
4 Hungersnot und Seuchen (S. 22)
5 Und die Schuldigen sitzen in stolzer Ruhe (S. 23)
6 Die verdammten Barbaren (S. 24 f.)
7 Das Menschenschlachthaus (S. 31 ff.)
8 Begeisterung (S. 36 f.)
9 Ernüchterung (S. 38 ff.)
10, 11 Der Krieg im Roman (S. 40—47)
12 Guadalajara (S. 52—56)
13 Tragödie von Guernica (S. 65 ff.)
14 Schicksal des Theodor Kroliczek (S. 68 f.)
15 Jahrgang 1930 (S. 70)
16 Literarische Vorbilder (S. 71)
17 Werwölfe (S. 74)
18 Ein Riß geht durch die Welt (S. 75)
19 Dieses Experiment macht Ihr Sohn nicht mit (S. 75)

20 Briefe aus der Festung Stalingrad (S. 79)
21 Drei Monate nichts als Dreck und Blut (S. 79 ff.)
22 Mit dem Urlaub wird es nun wohl nie wieder etwas werden (S. 81 ff.)
23 Es ist ein viehisches Sterben (S. 83)
24 Der Weg in die Gefangenschaft (S. 84)
25 Suchantrag H. Pfropfe (S. 85)
26 Herrlichstes Stukkawetter (S. 86 f.)
27 Bombenwerfen wie im Kino (S. 88 f.)
28 Zerstörung von Dresden (S. 97)
29 Kaum einer kam mit dem Leben davon (S. 98 f.)
30 Nur wo Krieg ist, gibt's ordentliche Listen und Registraturen (S. 99 f.)
31 Vor meinen Augen wurde es finster (S. 100—104)
32 Bilanz des Krieges (S. 104, 109)
33 Hunger (S. 110 f.)
34 Das Brot (S. 111 f.)
35 Die Geigerzähler (S. 129—133)
36 Und dann sah ich die ersten Panzer (S. 140 f.)
37 Alles zum Wohl der Nation (S. 148 f.)
38 Vergewaltigungen und Morde gelten nicht als Verbrechen (S. 162)
39 Wirkung der Giftgase (S. 167)

In folgenden Unterrichtseinheiten können die Texte illustrativ eingesetzt werden (die Ziffern beziehen sich jeweils auf die obige Aufzählung):

Sekundarstufe I, *Geschichte:*

Kreuzzüge (Text 1); Dreißigjähriger Krieg (Texte 2—5); Französische Revolution (Text 6); I. Weltkrieg (Texte 7—11); Nationalsozialismus und II. Weltkrieg (Texte 12—31); Nachkriegszeit in Deutschland (Texte 32—34); Ostblock nach Stalins Tod (Text 36); Vietnam-Krieg (Texte 37—39).

Sekundarstufe II, *Religion:*

Krieg und Frieden (Unterthema: Eskalierung der Vernichtungsmethoden durch die Jahrhunderte; moderne Anonymität des Tötens). Alle Texte, besonders wichtig 27—31, 35, 39.
Menschenrechte — Menschenwürde (Unterthema: Beispiele der Unmenschlichkeit aus Vergangenheit und Gegenwart). Texte 1—39, dabei wichtig Nr. 12 als einziges positives Beispiel vom Sieg über Unmenschlichkeit.
Recht und Sittlichkeit (Teilziel: Zerstörung des Menschen durch totale Verkehrung des Rechtsbewußtseins deutlich machen). Texte 1, 26—29.

Sekundarstufe II, *Geschichte:*

Krieg und Friedensschluß im 19. und 20. Jahrhundert (Teilziele: Eskalation des Krieges 1914 bis 1918 verdeutlichen; Fähigkeit und Bereitschaft wecken, das Ausmaß des Leidens in eine Gesamtbeurteilung des Krieges hineinzubeziehen; Barbarisierung des Krieges 1939—1945 konkretisieren). Texte 7—11; 15—31.
Deutschland nach 1945 (Teilziel: Folgen des Krieges illustrieren). Texte 32—34.

Sekundarstufe II, *Deutsch:*

Wallenstein (Illustration durch beschreibende Texte). Texte 2—5.
Barockliteratur (Grimmelshausen; A. Gryphius-Sonette).

II. Die Arbeitstexte

Die Texte dieser Gruppe, in Länge, Gewicht und Aussagekraft sehr unterschiedlich, eignen sich zu gründlicher Textarbeit. Im folgenden sollen den wichtigsten dieser Texte — wobei eine solche Auswahl stets subjektiv bleibt — die jeweiligen Unterrichtseinheiten zugeordnet werden, für die sie brauchbare oder entscheidende Aussagen bringen.

Heiligerr Krieg (S. 14 f.)

Sekundarstufe I, *Geschichte:* Kreuzzüge.

Sekundarstufe II, *Geschichte:* Wirtschaftliche, gesellschaftliche und politische Strukturen des europäischen Mittelalters (Heiliger Krieg als eine Ausdrucksform der sakral legitimierten Staats- und Gesellschaftsordnung, aber auch als Beginn eines Kreuzzugsdenkens, das sich — säkularisiert — bis in die Gegenwart fortsetzt. Vgl. Motto S. 14, 26).

Sekundarstufe II, *Religion:* Islam (Verhältnis Islam/Christentum).

Vision eines christlichen Friedens (S. 17 f.)

Sekundarstufe II, *Geschichte:* Krieg und Friedensschluß im 19. und 20. Jahrhundert (Unterthemen: Ansätze zur Friedenssicherung, religiöse und ideologische Ansätze; Grundgedanken des Pazifismus. Vgl. S. 24 f., S. 29 f.).

Sekundarstufe II, *Religion:* Krieg und Frieden (Teilziel: Methoden zur Herstellung und Sicherung des Friedens kritisch werten).

Sekundarstufe II, *Religion:* Strukturen christlichen Lebens (Teilziel: herausragende Beispiele christlichen Engagements kennenlernen. Vgl. auch S. 77).

Sekundarstufe II, *Religion:* Recht und Sittlichkeit (Teilziel: Situationen beschreiben, in denen die Spannung zwischen Vorschriften und dem sie begründenden Recht als Konflikt erlebt wird).

Soziale und ideologische Kriege I: der deutsche Bauernkrieg (S. 19 f.)

Sekundarstufe I, *Geschichte:* Zeitalter der Reformation (Unterthema: soziale Unruhen).

Sekundarstufe II, *Geschichte:* Erschütterung der mittelalterlichen Welt und Übergang zur Neuzeit (Unterthema: Luther und der Bauernkrieg).

Sekundarstufe II, *Religion:* Soziale Gerechtigkeit (Teilziele: Abhängigkeit des Menschen von den sozialen Verhältnissen begreifen; die soziale Praxis der Kirche in Vergangenheit und Gegenwart darstellen. Sekten als Herrschaftsopposition).

Friedensbewegung der Aufklärer (S. 24 f.)

Sekundarstufe II, *Geschichte:* Krieg und Friedensschluß im 19. und 20. Jahrhundert (Unterthema: ideologische Ansätze zur Friedenssicherung).

Sekundarstufe II, *Religion:* Krieg und Frieden (Teilziel: Methoden zur Herstellung des Friedens kritisch werten).

Sekundarstufe II, *Religion:* Menschenrechte — Menschenwürde (Teilziele: Unmenschlichkeit in Vergangenheit und Gegenwart aufzeigen; die Geschichte des Ringens um die Menschenrechte darstellen).

Sekundarstufe II, *Deutsch:* Aufklärung als literarische Epoche. Einführung in literarische Formen — Satire.
Text: Wider die heroische Schlächterei (S. 24).

Soziale und ideologische Kriege III: Französische Revolution und Befreiungskrieg (S. 26—28)

Sekundarstufe II, *Geschichte:* Französische Revolution (Teilziele: Zusammenhang von politischer Partizipation und Nationalbewußtsein. Wende der Kriegsführung durch das neue, vom Nationalbewußtsein getragene Volksheer).

Sekundarstufe II, *Geschichte:* Staat und Gesellschaft in Deutschland im 19. und 20. Jahrhundert (Unterthema: nationale und antidemokratische Traditionen. Hier: Umschlagen des Tyrannenhasses in Völkerhaß).

Pazifismus und Antimilitarismus vor 1914 (S. 29—31, S. 33)

Sekundarstufe I, *Sozialkunde:* Frieden schaffen und sichern (Unterthema: Krieg, ein Naturgesetz?).

Sekundarstufe II, *Geschichte:* Krieg und Frieden im 19. und 20. Jahrhundert (Unterthemen: Ansätze zur Friedenssicherung, religiöse und ideologische Ansätze; Grundgedanken und Bewegungen des Pazifismus).

Sekundarstufe II, *Religion:* Krieg und Frieden (Teilziel: Methoden zur Schaffung und Sicherung des Friedens kritisch werten).

Sekundarstufe II, *Religion:* Strukturen christlichen Lebens (Unterthema: herausragende Beispiele christlichen Lebens).

Imperialistische Kriege I: der I. Weltkrieg. Psychologische Vorbereitung (S. 34 f.)

Sekundarstufe II, *Geschichte:* Krieg und Frieden im 19. und 20. Jahrhundert (Unterthema: I. Weltkrieg. Ideologische Voraussetzungen und sozialpsychologische Vorgänge aus zeitgenössischen Quellen).

Sekundarstufe II, *Religion:* Krieg und Frieden (Unterthema: Methoden zur Herstellung des Friedens. Hier: Negativ-Bild „Erziehung zur Gewalt").

Text: Theologische Aufrüstung (S. 35 f.).

Sekundarstufe II, *Religion:* Menschenwürde — Menschenrechte (Unterthema: Unmenschlichkeit aus Vergangenheit und Gegenwart. Hier: christliche Stellungnahme für Krieg).

Radikaler Pazifismus 1919—1933 (S. 48—51)

Alle Texte sind in denselben Unterrichtseinheiten zu verwenden wie beim Abschnitt „Pazifismus vor 1914" (s. dort).
Zusätzliche Verwendungsmöglichkeit:
Nie wieder Krieg (S. 49 f.) und Fantasie von übermorgen (S. 51).

Sekundarstufe I und II, *Deutsch:* Politische Lyrik.

Imperialistische Kriege II: der II. Weltkrieg. Indienstnahme der Jugend

Texte: Das Leben fordert hart zu sein (S. 72 f.), Schuljugend im Abwehreinsatz (S. 73 f.).

Sekundarstufe I und II, *Geschichte:* Nationalsozialismus (Unterthemen: Struktur des totalitären Führerstaates; Erziehung im Dienst der völkischen Ziele).

Sekundarstufe II, *Religion:* Krieg und Frieden (Unterthema: Methoden zur Herstellung des Friedens. Hier: Negativ-Bild „Erziehung zur Gewalt").

Sekundarstufe II, *Deutsch:* Reflexion über Sprache (Sprache und Politik).

Aufklärung — Verweigerung — Widerstand

Texte: Setzt den Kriegstreibern Widerstand entgegen (S. 74 f.), Imperialistischer Machtgedanke ... (S. 76), Ich werde dem Befehl nicht gehorchen (S. 77).

Sekundarstufe I und II, *Geschichte:* Nationalsozialismus (Unterthema: Widerstand gegen das System).

Sekundarstufe II, *Religion:* Strukturen christlichen Lebens (Teilziel: Martyrium als letzte Konsequenz der christlichen Existenz erkennen).

Sekundarstufe II, *Religion:* Gesellschaft — Staat — Kirche (Unterthema: Widerstandsrecht).

Der Krieg im Osten und das Ende

Texte: Wir führen nicht Krieg (S. 77 f.), Operationsbefehl Hitlers (S. 78 f.), Befehl Hitlers (S. 81), Das Ende (S. 82 f.), Schulter an Schulter (S. 83).

Sekundarstufe I und II, *Geschichte:* Nationalsozialismus (Unterthema: Ideologie und Struktur des totalitären Führerstaats, Propaganda im Dienst der völkischen Ziele).

Sekundarstufe I und II, *Deutsch:* Textinterpretation (appellative Sprache; Propaganda und Wirklichkeit; politische Rhetorik).

Bilanz des Krieges

Text: Draußen vor der Tür (S. 113—116). Ergänzend: Das Brot (S. 111 f.).

Sekundarstufe I und II, *Deutsch:* Nachkriegsliteratur.

D e r K a m p f g e g e n d i e W i e d e r a u f r ü s t u n g 1 9 4 5 — 1 9 5 2 (S. 117—123)

Sekundarstufe I, *Geschichte:* Deutsche Nachkriegsgeschichte.

Sekundarstufe II, *Geschichte:* Deutschland nach 1945, Neubeginn und Kontinuität (Teilziel: Fähigkeit wecken, verschiedene Hypothesen über die deutsche Nachkriegsentwicklung zu vergleichen und zu beurteilen unter dem Gesichtspunkt der demokratischen Tradition als Fortführung der Weimarer Republik oder als politischen und gesellschaftlichen Neuansatz).

Sekundarstufe II, *Geschichte:* Das Militär in der Demokratie.

Verwendung einzelner Texte:
An die Herren der Kriege (S. 122 f.):

Sekundarstufe II, *Religion:* Jesus Christus (Unterthema: Antwort der Zeitgenossen auf Anruf des Geistes Christi).

Sekundarstufe II, *Sozialkunde:* Konfrontation und Integration (Unterthemen: Rüstungswettlauf, Verteidigungshaushalt und Sozialprodukt).

S t o p p t d i e B o m b e (Texte S. 124, 133—138)

In verschiedenen Fächern: Umweltschutzproblematik.

Sekundarstufe II, *Sozialkunde:* Internationale Beziehungen und weltgeschichtliche Probleme (Unterthemen: Technologische Entwicklung; Rüstungswettlauf; Rolle von Militär, Industrie und öffentlicher Meinung; „Kampf dem Atomtod“).

Sekundarstufe II, *Geschichte:* Krieg und Frieden im 19. und 20. Jahrhundert (Teilziel: Einsicht in die Struktur des Wettrüstens).

I m p e r i a l i s t i s c h e K r i e g e I I I : Einmarsch in die CSSR (S. 141, 143—147)

Sekundarstufe I, *Geschichte:* Der Ostblock nach Stalins Tod.

I m p e r i a l i s t i s c h e K r i e g e I V : V i e t n a m k r i e g

Texte: In diesem Glauben bin ich erzogen worden (S. 149 f.); Ich fing an, mich zu ändern (S. 163).

Sekundarstufe II, *Religion:* Krieg und Frieden (Unterthema: Methoden zur Herstellung des Friedens. Hier: Negativ-Bild einer Erziehung zur Unmenschlichkeit und Gewalt).

A b s c h r e c k u n g o d e r E n t s p a n n u n g (Texte S. 175—178)

Sekundarstufe II, *Geschichte* Krieg und Friedensschluß im 19. und 20. Jahrhundert (Unterthemen: Aufrüstung und Gleichgewicht des Schreckens; Abrüstung und Rüstungsbegrenzung).

Sekundarstufe II, *Sozialkunde:* Internationale Beziehungen und weltpolitische Probleme (Unterthema: Ursache und Folgen des Rüstungswettlaufs).

S a g n e i n , w e n n D u n i c h t t ö t e n w i l l s t ; Z i v i l d i e n s t a l s F r i e d e n s d i e n s t (Texte S. 180—206)

Sekundarstufe I, *Sozialkunde:* Wehrdienstverweigerung (eventuell im Zusammenhang mit Thema Menschenrechte).

Sekundarstufe II, *Religion:* Gesellschaft, Staat, Kirche (Unterthema: Widerstandsrecht).

Sekundarstufe II, *Religion:* Recht und Sittlichkeit (Unterthema: Konflikt zwischen Vorschriften und dem sie begründenden Recht).

Sekundarstufe II, *Religion:* Menschenrechte — Menschenwürde.

Sekundarstufe II, *Religion:* Freiheit — Verantwortung — Schuld (Unterthema: Instanz des Gewissens in der erlebten Verantwortung).

Sekundarstufe II, *Geschichte:* Krieg und Friedensschluß im 19. und 20. Jahrhundert (Unterthema: Möglichkeit des einzelnen Menschen heute, zur Friedenssicherung beizutragen. Teilziel: Bereitschaft wecken, trotz entmutigender geschichtlicher und politischer Erfahrungen nicht zu resignieren).

Zusätzliche Verwendungsmöglichkeit der Texte S. 201, 203, 204 und vor allem S. 205:

Sekundarstufe I und II, *Sozialkunde:* Vergleich der politischen Systeme der Bundesrepublik und der DDR (Unterthema: Selbstverständnis und Anspruch des DDR-Systems).

Sekundarstufe II, *Religion:* Krieg und Frieden (Unterthemen: Aggressionstheorien; Erziehung zur Gewalt).

III.

Wenigstens hingewiesen werden soll auf die kleingedruckten Zitate, Gedichte, Epigramme usw., die jeweils als „Motto" unter den Kapitelüberschriften stehen und gerade in ihrer Prägnanz sehr lohnendes Arbeitsmaterial bieten. Als Beispiele seien herausgegriffen: Brissot, Gedanke des Heiligen Kriegs (S. 26), Törne (S. 70) als Kontrast zur Heroisierung des Kriegs; Leserbrief (S. 71) als Kontrast zur Schilderung von Kriegsgreueln, z. B. Stalingrad; Gebet eines Feldgeistlichen (S. 100) als moderne Parallele zu Text S. 35 (totale Verkehrung des Rechtsbewußtseins).

IV.

Zusammenfassend sollen nochmals die Unterrichtseinheiten der Sekundarstufe II aufgeführt werden, zu denen der vorliegende Band Arbeitsmaterial liefert:

Religion:	Krieg und Frieden Menschenrechte — Menschenwürde Recht und Sittlichkeit Strukturen christlichen Lebens Soziale Gerechtigkeit Freiheit — Verantwortung — Schuld Gesellschaft — Staat — Kirche Jesus Christus
Geschichte:	Strukturen des europäischen Mittelalters Übergang zur Neuzeit Französische Revolution Krieg und Friedensschluß im 19. und 20. Jahrhundert Staat und Gesellschaft in Deutschland im 19. und 20. Jahrhundert Deutschland nach 1945 Militär in der Demokratie
Sozialkunde:	Internationale Beziehungen und weltpolitische Probleme: Konfrontation und Integration Vergleich der politischen Systeme der Bundesrepublik und der DDR
Deutsch:	Barockliteratur Wallenstein Literarische Formen — Satire Aufklärungsliteratur Textinterpretation: appellative Sprache; politische Propaganda; Reportage und Dokumentarliteratur Nachkriegsliteratur Politische Lyrik

Carla Kramer